Wilfried Haslauer: Rede und Antwort

Wilfried Haslauer: Rede und Antwort

VERLAG ANTON PUSTET

Impressum

Bibliografische Information der Deutschen Nationalbibliothek
Die Deutsche Nationalbibliothek verzeichnet diese Publikation in der Deutschen Nationalbibliografie; detaillierte bibliografische Daten sind im Internet über http://dnb.ddb.de abrufbar.

Layout: Tanja Kühnel
Lektorat: Anja Zachhuber
Druck: Druckerei Theiss, St. Stefan im Lavanttal
Gedruckt in Österreich

ISBN 978-3-7025-0614-8

www.pustet.at

Fotonachweis:
Foto Seite 54, 66: Franz Neumayr, LPB
Foto Seite 124: Regina Recht
Foto Seite 140: Concordia Sozialprojekte
Alle anderen Fotos: Büro Haslauer

Inhaltsverzeichnis

Beeindruckt! Begegnungen mit Persönlichkeiten

Rede und Antwort

Wenn man hört, was Wilfried Haslauer sagt und liest, was Wilfried Haslauer schreibt, dann weiß man, da ist einer, der es ernst meint, die Menschen und die Sache ernst nimmt. Und: einer, der etwas will, etwas bewegen will. Auch verändern will.

Verändern aber nicht um der Veränderung willen, nur damit etwas anders wird, nur als vordergründiger Aktionismus. Sondern verändern im Sinne des großen europäischen Schriftstellers Giuseppe Tomasi di Lampedusa, der uns vor einem halben Jahrhundert gesagt hat: „Wenn wir wollen, dass alles so bleibt, wie es ist, wird sich alles ändern müssen." Könnte es sein, dass Wilfried Haslauer auch so denkt? Ein moderner Konservativer, dem es wie Gustav Mahler nicht um die Anbetung der Asche, sondern um die Bewahrung des Feuers geht?

Für einen Mann in seinem Alter ist noch nicht die Zeit gekommen, seine Memoiren zu schreiben. Seine Ideen aber und seine Gedanken zu unserer Zeit, zu Politik und Gesellschaft sind heute schon klar. Sie finden sich in Reden und Aufsätzen, in Diskussionsbeiträgen. Es lohnt sich, diesen nachzugehen, man wird dann besser verstehen, was dieser Mann denkt und will. Auf welchem Boden er steht. Und so wird einiges davon, wenn auch in komprimierter Form, in diesem Buch vorgelegt.

Kultur und Wirtschaft sind naturgemäß Schwerpunkte. Das kulturelle Engagement zeigt sich in großer Spannweite von den Salzburger Festspielen über die Museumslandschaft bis hin zum Saalfeldener Jazzfestival. Sie seien hier beispielhaft herausgegriffen. Nur soviel sei außerhalb der Texte dieses Buches angemerkt: Haslauer ist sich der Bedeutung der Salzburger Festspiele für dieses Land und weit darüber hinaus bewusst. Und so ist er auch bereit, den Tourismusfonds, einen der Träger der Festspiele, im Kuratorium zu vertreten und über Spielplan und Budget ebenso wie über die wichtigsten Personalentscheidungen mitzubestimmen. Hier steht er ganz in der Reihe aller Salzburger Landeshauptleute seit es die Festspiele gibt. Ihnen allen

waren diese Spiele als kultureller und wirtschaftlicher Motor der Region immer ein zentrales Anliegen. In guten wie in weniger guten Zeiten. In Zeiten freudiger Zustimmung wie in jenen kritischer Distanz. Für Haslauer ist aber auch klar: Die Hochkultur steht nicht über der Volkskultur, sie wächst aus ihr. Hugo von Hofmannsthal hat die Festspiele als Friedenswerk gerade hier in Salzburg gewollt, weil bei uns Musik und Theaterspielen wie nirgendwo sonst in Europa daheim sind. Ein Land mit mehr Musikkapellen als Gemeindeämtern.
Haslauer hat vor einigen Jahren einen Museumsleitplan für Salzburg in Auftrag gegeben, der kein Plan geblieben ist, vielmehr immer konkretere Ergebnisse zeigt. Hohensalzburg – längst mehr als eine Burg – zählt zu den meistbesuchten Museen Österreichs. Das Salzburg Museum am Mozartplatz steht prächtig da. Und jetzt wird der Rundgang, der den Dom mit St. Peter, der Franziskanerkirche und der Residenz verbindet, Schritt für Schritt Wirklichkeit. Nach Jahrhunderten wieder für alle begehbare Räume tauchen auf. Haslauer hat darüber nachgedacht, geredet, es aber auch durchgesetzt.
Das Jazzfestival in Saalfelden, weit über Salzburgs und Österreichs Grenzen hinaus beachtet und geschätzt, war vor ein paar Jahren am Ende. Haslauer hat es gerettet. Es steht auf neuen Beinen und ist wieder sehr erfolgreich. Das sind, wie gesagt, nur Beispiele.

Und die Wirtschaft, die Wirtschaftspolitik? Niemand wird meinen, Haslauer rede der Planwirtschaft das Wort. „Marktwirtschaft“ sagt er. Aber welche meint er? Die Liberale Marktwirtschaft ist es nicht. Dem Markt, dem freien Spiel der Kräfte von Angebot und Nachfrage darf nicht alles überlassen werden, weil damit Strukturen vernichtet werden, die aus anderer Sicht als wichtig und notwendig erkannt sind. Haslauer sagt das deutlich und klar Jahre vor der großen Wirtschaftskrise, in der wir uns befinden. Und manch kritisches Wort über Börsen, Kapitalverkehr und den Shareholder-Value fällt schon damals. „Der Tanz um das Goldene Kalb ist schon einmal schief gegangen, wir wollen ihn kein zweites Mal und schon gar nicht in Salzburg.“ (November 2004!) Sätze, die heute in jedermanns Mund, damals aber noch ungewöhnlich waren. Wenn andere „Marktwirtschaft“ sagen, sagt Haslauer „Soziale Marktwirtschaft“. Mit Alfred Müller-Armack, dem Vater dieser Idee, ist auch er der Meinung, dass diese kein fertiges System, kein Rezept sei, das einmal gegeben, für alle Zeiten gleich wäre, sondern eine evolutive Ordnung, die sich gemäß den Anforderungen einer sich wandelnden Zeit weiterzuentwickeln habe. Gleich bleiben die Grundpfeiler: Freiheit, sozialer Ausgleich und die kirchlich grundierte Sozialethik, die in die Soziale Marktwirtschaft eingeflossen sind. Haslauer sieht auch deutlich, dass sich die Gesellschaft in ihrer Komplexität geändert hat. „Neben den wohl immer gleichbleibenden Anforderungen ‚Vollbeschäftigung' und ‚Wohlstand für alle' sind zusätzliche Kriterien hinzugetreten, etwa im Bereich der Umweltfragen und der Nachhaltigkeit, die Herausforderungen im sozialen Gefüge – denken Sie an die demografische Entwicklung – die gesamte Thematik der Chancengleichheit der Geschlechter, die Integrationsfragen (etwa das merkwürdige Phänomen, dass wir ausländische Arbeitskräfte unbedingt benötigen, ihre Integration aber nicht bewerkstelligen und sie politisch zum Teil auch ablehnen)."

Die Ziele der Sozialen Marktwirtschaft sind für Haslauer „Freiheit und sozialer Ausgleich, dazu aber Ressourcenverantwortlichkeit und regionale Verwurzelung". Staaten, Organisationen, Unternehmen, aber auch jeder Einzelne sind daran zu messen, inwieweit sie fair, rücksichtsvoll und verantwortungsbewusst handeln.

Da spiegelt sich eine Idee, ein Konzept, das vor zwei Jahrzehnten von Österreich aus zumindest Europa hätte erobern müssen. Die Idee der Ökosozialen Marktwirtschaft des Josef Riegler. Hätte müssen. Hat sie aber nicht. War das ein Gedanke, der zu früh dran war? Haben wir ihn in seiner Tragweite nicht erkannt oder ganz einfach zu wenig für ihn getan?

Zurück zum Alltag. Wie hält es ein Mann, der täglich im harten politischen Konkurrenzkampf steht, mit den Menschen, die ihm dort begegnen? Wir finden eine Reihe von Äußerungen, die zeigen, dass Wilfried Haslauer ganz in jener Tradition des politischen Wettbewerbs steht, die einmal das „Salzburger Klima" genannt worden ist. Dieses hat viel dazu beigetragen, dass Salzburg vom einst ärmsten Kronland der Monarchie an die Spitze der österreichischen Bundesländer gelangt ist. Eine Position, die dort und da ein wenig zu bröckeln scheint. Wie vielleicht auch das Salzburger Klima. Von Wilfried Haslauer gibt es da ganz klare Bekenntnisse. Wer feste Überzeugungen hat, muss wissen und respektieren, dass sie der andere auch hat. Nur eben nicht die gleichen, aber mit derselben subjektiven Überzeugung, dass es die richtigen seien. Niemand ist im Alleinbesitz der Wahrheit.

Jede Auseinandersetzung muss so geführt werden, dass man sich nachher wieder in die Augen schauen kann. Fairness muss sein. Immer. Die Handschlagqualität als Vertrauensbasis ist ihm eine ganz wichtige in der politischen Arbeit. Nie eine Demütigung des Widerparts. Alles in einem Klima, in dem Gegner nie zu Feinden werden.

Auch persönliche Bekenntnisse gibt es. Über seinen Weg zur Musik, der anfängt, wie er als kleiner Bub am Schoß der Mutter in die Flachgauer Winterlandschaft schaut, während Dietrich Fischer-Dieskau Schuberts Winterreise singt. Oder, welche Bücher er gelesen hat und jetzt liest, auch mit welchen er nicht zurande, zum Ende gekommen ist. Das gibt selten jemand zu, schon gar nicht einer, der in der kritischen Öffentlichkeit steht, die dem Politiker ohnedies am liebsten nur das Zweitbuch zubilligen würde. Wahrscheinlich beantwortet das vorliegende Buch auch die Frage, warum vor über einem halben Jahrzehnt einer der erfolgreichsten Salzburger Anwälte Politiker geworden ist. Eines wird er selbst damals schon gewusst haben: „You either can be king or rich."

Sicher ist, dass Haslauer jenes Schlagwort Lügen straft, das kürzlich in einer Zeitung gestanden ist. „Die Besten bewerben sich nicht mehr für die Firma Österreich." Für Salzburg stimmt das jedenfalls nicht.

Ein Nachwort des Vorwortschreibers
Er wünscht dem Autor, dass er dann, wenn er eines Tages wirklich seine Memoiren schreiben wird, mit Sir Karl Popper hoffen kann: Ein wenig weniger ungerecht und ein wenig weniger leidvoll sei es geworden auf der Welt, in Salzburg auch durch seine Arbeit.

Und einen Rat möchte der Alte dem noch viel Jüngeren geben, wissend, dass ein Rat nur den freut, der ihn gibt. Der Rat kommt von Novalis: „Wenn man einen Riesen sieht, so untersuche man erst den Stand der Sonne und gebe acht, ob es nicht der Schatten eines Zwerges ist."

Dr. Heinrich Wiesmüller
Salzburg, im Oktober 2009

Zu diesem Buch

Dieses Buch ist ein sehr persönlicher Zugang zu den angesprochenen Themen; ich habe es nicht geschrieben, um der unendlichen Zahl an politischen Büchern ein weiteres hinzuzufügen, es ist vielmehr aus Reden und Betrachtungen zusammengestellt, aus Überlegungen zur Geschichte unseres Landes, zu einzelnen prägenden Persönlichkeiten und dem Stellenwert der Kultur in unserer Gesellschaft.
Der Großteil ist also nicht deshalb entstanden, weil ich ein Buch schreiben wollte, sondern aus Lust an der politischen, der emotionalen und der inhaltsreichen Rede, aber auch aus der Freude am Beobachten und dem Vergnügen mit Sprache zu arbeiten.

Professor Alfred Winter hat mich animiert, diesen Querschnitt durch meine Gedanken in Buchform zu veröffentlichen; es ist ein Querschnitt, der Aufschlüsse über meine politischen Ansichten und über mich selbst gibt. Die Arbeit zu den einzelnen Beiträgen hat mir viel Freude bereitet.

Kommerzialrat Dr. Heinrich Wiesmüller bin ich für seine Einführung zu diesem Buch sehr zu Dank verpflichtet; er hat dies in einer Weise und in Worten getan, die mich verlegen machen. Dem Verlag Anton Pustet, MMag. Gerald Klonner, und der Lektorin Mag. Anja Zachhuber, danke ich für ihre Mühe bei meinem „Erstlingswerk“; Mag. Mona Müry-Leitner und Julia Brennsteiner haben mich bei dem Grundkonzept sehr unterstützt, ich danke ihnen dafür von Herzen, wie auch Mag. Thomas Kerschbaum, der mich immer wieder zur Weiterarbeit an diesem Buch angehalten hat, und meiner Assistentin Barbara Volk für ihre Unterstützung bei der Niederschrift.

Dieses Buch widme ich meinen Eltern, denen ich alles verdanke.

Dr. Wilfried Haslauer
Salzburg, im Mai 2010

Salzburg – Ein sehr persönlicher Zugang

Rede zur Präsentation der Marke „Salzburg. feel the inspiration!" am 16. Mai 2006

Die Einheit von Stadt und Land

Diese Stadt und dieses Land tragen einen gemeinsamen Namen: Er heißt Salzburg. Vom Land kam das Salz, das der Stadt den Reichtum beschert hat; und von der Stadt kam für das Land die Sicherheit mit der gigantischen Burg, der Festung Hohensalzburg. Nirgends kommt die Einheit von Stadt und Land so sehr zum Ausdruck wie im gemeinsamen Namen „Salzburg".

Die Regierung des Landes sitzt in der Stadt; und die großartige Fußballmannschaft der Stadt spielt ihre Heimspiele am Land, in der Gemeinde Wals-Siezenheim. Die Stadtbevölkerung fährt in ihr Land, um die Seen zu genießen oder in den Bergen Wintersport zu treiben. Die Landbevölkerung kommt in die Stadt, um ins Theater zu gehen, Opern zu hören oder Konzerte zu besuchen. Sie bringen ihre Firmlinge in den Dom der Stadt und die städtischen Firmlinge werden zu Ausflügen ins Land Salzburg eingeladen.

Wenn wir von den Leistungen unserer Unternehmen sprechen, von den Erfolgen im Export, von den Innovationen, dann sprechen wir von Salzburger Unternehmen und wir machen keinen Unterschied, ob das Unternehmen am Land oder in der Stadt angesiedelt ist.
Heute sind es Unternehmergeist und Fleiß unserer Salzburgerinnen und Salzburger, die uns Wohlstand und Sicherheit geben, egal ob sie am Land oder in der Stadt arbeiten oder wohnen; unsere Gäste sind von der Schönheit der Stadt und des Landes, von der Freundlichkeit, der exzellenten Qualität unserer Gastronomiebetriebe in der Stadt und am Land begeistert. Für sie ist beides eine Einheit, nämlich Salzburg.
Stellen Sie sich vor, diese Stadt wäre nicht in die grünen Hügel und die Bergsilhouette seines Landes eingebettet. Stellen Sie sich vor, dieses Land hätte nicht seine Hauptstadt mit ihrem überwältigenden barocken Antlitz und der mächtigen Festung. Was wäre dieses Land Salzburg ohne seine Hauptstadt Salzburg mit ihrem unvergleichlichen Flair, ihren Mozartwochen, den Festspielen, dem Jazzherbst, dem Adventsingen? Was wäre diese Stadt ohne die Seen, die imposanten Berge, ohne die touristische Kraft des Landes und ohne die Vitalität der ländlichen Bevölkerung, die uns vornehme Städter gelegentlich ein bisschen blass aussehen lässt?

Beide, Stadt und Land, stehen jeweils für sich selbst, sie haben ihren besonderen Stellenwert aber nur in der Gemeinsamkeit, in der Einheit. Das Ganze ist mehr als die Summe seiner Teile, nirgendwo trifft dies wohl so zu, wie auf Stadt und Land Salzburg, die wie ein glückliches Ehepaar aufeinander eifersüchtig sind, einander gelegentlich misstrauen, aber ohne einander nicht sein können, einander ergänzen und bedingen. Nur in der Gemeinsamkeit, nur in der Einheit ist dieses Salzburg so außergewöhnlich, so einzigartig und so unnachahmlich, wie es eben ist.

Meine Damen und Herren, dies ist ein Plädoyer für die Zusammengehörigkeit, es ist ein Plädoyer für unseren Stolz auf das Besondere.

Die Marke

Zusammengehöriges braucht Symbole – die haben wir mit den Landesfarben Rot, Weiß und unserem Landeswappen. Aber ein Wappen steht allein für geschichtliche und politische Einheit, es steht nicht für das Selbstbewusstsein einer Region, ihr touristisches Angebot, die Qualität ihrer Produkte, ihr Lebensgefühl, ihre kulturelle Stärke, ihre Schönheit, ihre Erneuerungs- und Innovationskraft. Dafür brauchen wir eine gemeinsame Marke, ein gemeinsames Zeichen, ein gemeinsames Logo, einen Claim, der der Welt, aber auch uns selbst sagt, das ist Salzburg, das kommt aus Salzburg, das ist unsere Gemeinsamkeit!
Es geht also um die gemeinsame Stadt-Land-Marke „Salzburg“ über die seit 80 Jahren ergebnislos diskutiert, gestritten, entworfen, verworfen wurde. Warum ist man an diesem Vorhaben bislang gescheitert? Ist es Angst vor Veränderung? Das Festhalten an gewohnten kleinen Strukturen? Der Argwohn des Landes, neben der Stadt nicht mehr wahrgenommen zu werden oder die Befürchtung der Stadt, etwas abgeben zu müssen?
All das möglicherweise ein bisschen, vor allem aber ein weitverbreitetes Missverständnis. Eine gemeinsame Marke soll niemanden schwächer, sondern alle stärker machen. Die vielen unterschiedlichen, vielfältigen Botschaften der Orte, Städte und Regionen dieses Landes und der Stadt Salzburg selbst sollen ihre maßgeschneiderte Individualität nicht verlieren, sie sollen aber unter eine gemeinsame Klammer, eine gemeinsame, ganz starke Botschaft gestellt werden, eine Botschaft, die auf alle zutrifft. Und damit sind wir schon bei der Aufgabe: Diese

Aufgabe heißt Mut zur Klarheit, Mut zur Reduktion. Je mehr ich mich mit der Frage der gemeinsamen Marke befasst habe, umso größer wurde meine Überzeugung, dass wir unbedingt eine gemeinsame Marke für Stadt und Land Salzburg benötigen.

Abschluss und Beginn eines Weges

Nach 80 Jahren ergebnisloser Diskussion ist es Zeit, Fakten zu schaffen. Heute ist der Abschluss und gleichzeitige Beginn eines Weges. Der Abschluss der ersten Etappe, nämlich herauszufinden, was wir eigentlich als Botschaft transportieren wollen und wie wir diese Botschaft in ein Zeichen, also in ein Logo und einen Claim gießen, kurzum, daraus eine Marke machen. Das werden wir Ihnen heute präsentieren.

Ich weiß genau, was auf uns zukommen mag. Für die Skeptiker, die Zweifler, die Kommentatoren ist die Versuchung groß, in eine Grafikdiskussion einzutreten, so nach dem Motto „Des hätt i a zambrocht!“ oder „Gfoit da die Farb?“, „I weiß net warum die Schrift so sein muaß!“ Meine Damen und Herren, wir reden heute nicht über Geschmack, wir reden nicht über Gestaltung, wir reden über eine Botschaft, der Ausdruck verliehen wird.
Deshalb ist die heutige Präsentation aber auch erst der Beginn eines Weges. Es liegt an uns allen, dieser Marke Bedeutung und Gewicht zu verleihen, in dem wir sie verwenden, in dem möglichst viele bedeutende Unternehmen, Institutionen aus Wirtschaft und Tourismus, aber auch im Non-Profit-Bereich eine gemeinsame Marke als starkes Bekenntnis zu unserem Salzburg verwenden. So wird gleichzeitig für Salzburg geworben, aber auch aus der Marke Salzburg für sich selbst Werthaltigkeit gezogen.
Es geht also um die Botschaft einer Region. Seht her, das sind wir, das verkörpern wir, das strahlen wir aus, das Angebot unserer Produkte, die Schönheit unseres Landes und unserer Städte, die Qualität an Bildung und an Lebensfreude, unsere besonderen Lebensmittel, unser Willkommen an die Gäste in Stadt und Land!

Ein sehr persönlicher Zugang

Haben Sie schon einmal darüber nachgedacht, was dieses Salzburg für Sie ist? Für jeden Einzelnen von Ihnen bedeutet? Was fasziniert so

viele an Salzburg? Erlauben Sie mir einen sehr persönlichen Zugang. Für mich war Salzburg einfach immer da. Für mich, der ich bis zu meinem zehnten Lebensjahr am Land aufgewachsen und dann in der Stadt zur Schule gegangen bin und nach ausbildungsbedingten Jahren in Wien und im Ausland in Salzburg lebe, arbeite und Familie habe, sind es zunächst einmal Eindrücke und Stimmungsbilder, die eingraviert wurden. Die sonnenschweren Tage am Wallersee, eingebettet in seine sanfte Hügellandschaft, die ohne Aufhebens in sich ruht; die ersten Septembertage, Altweibersommer genannt; die Abschiedsstimmung, die für mich als Kind vor allem mit dem bevorstehenden Schulbeginn zusammenhing; die Touristen und Gäste abgereist, das Gefühl, das Land für sich allein zu haben; der ewig betrunkene Briefträger mit den legendären Stürzen auf seinem Puch-Motorrad und der jähzornige Pfarrer, dessen Ausbrüche nur von seiner nachfolgend bedauernden Gutmütigkeit übertroffen wurden; die Fahrten in die Stadt, Eis im Tomaselli mit extra viel Schlag und Hohlhippen; die Besuche bei Onkel Lois und Tante Trude, den Bäckern in der Brodgasse und Wagner-Liebhabern; der übermächtige Dom, der tiefe Ton seiner Glocken wie eine verborgene Sage, eine Botschaft über unsere Köpfe ins Land hinein; und die Geschichten des Vaters, von der uneinnehmbaren Festung, den Bauernaufständen, den Erzbischöfen mit ihrer ganzen Macht. Von der Mutter die herrlichen Butterbrote mit Radieschen und Schnittlauch an einem müde gewordenen Sommerabend oder die an Altersschwäche verstorbenen und daher ungemein zähen Suppenhühner der von uns Buben sehr gemochten Großmutter; und der gütige Großvater, der selbst für diese Zumutung noch lobende Worte fand.
Der tiefe Eindruck, zum ersten Mal die Berge gesehen zu haben, und noch dazu im Winter, man „brettelte" damals hinauf. Die Wettfahrten, Slaloms, verwegene Sprünge über selbst gebaute Schanzen mit dem Bruder, nicht ohne vorher laut „Aus der Bahn!" und „I bin der Karli Schranz" gerufen zu haben.

Was gehen Sie eigentlich meine Kindheitserinnerungen an? Dieses Land und diese Stadt sind für mich ein Salzburg des Feierns, der barocken Lebenslust, des Miteinanderseins. Die Trachtenmusiker ziehen ihre steifen Röcke aus und trinken Bier, zu Begräbnissen gehen alle gerne, weil nach den Tränen des Abschieds beim Wirt unendlich gelacht werden kann; Taufen, Kindergeburtstage, Hochzeiten, die dörf-

lichen Feste, die Aufmärsche in Stadt und Land, die Sportereignisse, aber auch das Selbstbewusstsein der Stadt, die feinen Gesellschaften. Es wird inszeniert, es muss alles sein Gesicht haben und danach ewiges Sitzenbleiben: Ausrauchen, austrinken wird man wohl noch dürfen!
Spät, aber umso bewegender: Die Entdeckung Mozarts, vielleicht, wie Harnoncourt dies sagte, der Atem Gottes und damit eine Ahnung von Unendlichkeit, Grenzenlosigkeit in diesem kleinen Land mit seinen hohen Bergen, den engen Gassen der Bürgerstadt und der Eleganz ihres Domviertels. Der erste Rosenkavalier bei den Salzburger Festspielen, was für ein Erlebnis! Und Shakespeares Schlachtengemetzel auf der Pernerinsel. Die Salzburger Festspiele, Salzburgs Herzschlag und Atemlosigkeit zugleich.
Dann das Militär: Ein nicht ganz freiwilliges Naturerlebnis der Sonderklasse. Wer hat schon Gelegenheit, bei minus 25 Grad in den Flanken des Hochkönigs zum Dientner Sattel hin im Schnee nächtigen und frieren zu dürfen?
Die jungen Leute aus allen Teilen dieses Landes, aus allen Schichten seiner Bevölkerung, ihre Zähigkeit, ihre Improvisationsgabe, ihr gegenseitiges Weiterhelfen und ihr Humor, der auch dem städtischen Bürgersöhnchen keine Gelegenheit zum Selbstmitleid ließ.
Nie vergessen werde ich das Gefühl, als ich als 16-Jähriger in London einen mir bis dahin unbekannten Film sah, der „Sound of Music“ heißt. Seitdem fühle ich mich, um Waggerl zu zitieren, als Vagabund an der langen Leine, und diese Leine heißt Heimweh.
Es ist ein freudiges Heimweh, eine unglaubliche Freude heimzukommen, in Stadt und Land Salzburg, es ist mehr als ein Heimkommen, es ist ein Nach-Hause-Kommen, immer wieder erneut einzutauchen in die Erkenntnis, dass dieses Land, dass diese Stadt, dass dieses Salzburg außergewöhnlich, einzigartig und unnachahmlich ist.
Wer von uns hat nicht diesen Stolz in sich, wenn er auf die Frage, woher er denn komme, „Salzburg“ antworten darf und zugleich der Reaktion sicher ist: „How beautiful, how lucky you are.“
Und jetzt als Regierungsmitglied: das Erkennen der ganzen Vielschichtigkeit von Stadt und Land, die vielen Unternehmen, ihre tollen Mitarbeiter, das Qualitätsbewusstsein, die Innovationskraft. Der Reichtum an Kultur, an menschlicher Solidarität, an Herzlichkeit, die Kostbarkeit der Natur und der Umwelt, unser verwurzelter Bauernstand und unsere

Chancenschmieden, die Schulen, Fachhochschulen und Universitäten! Was für ein großartiges Land, was für eine einmalige Stadt!

Und übrigens: Stadt und Land Salzburg brauchen eine gemeinsame Marke. Es liegt an uns allen, ihr jenes Gewicht zu geben, die unserem Salzburg entspricht. Helfen Sie uns dabei! Nach 80 Jahren der Diskussion ist es Zeit, Fakten zu schaffen. Heute Abend ist es so weit!

Essay

Spuren aus der Vergangenheit, Wege in die Zukunft

Der Salzburger Erzbischof Karl Berg hat im Gedenkjahr 1988 zu „50 Jahre Einmarsch oder Eingliederung Österreichs an Deutschland", einen sehr klugen Satz gesagt. „Ein Bedenkjahr soll helfen, mit der Vergangenheit in ihrer Größe, aber auch in ihrem Versagen uns dazu zu führen, dass wir aus der Vergangenheit lernen, die Gegenwart mit Verantwortung zu gestalten."

Der 11. März 1938 war ein lauer Frühlingstag. Die Menschen saßen im Mirabellgarten. Es war eine äußerlich friedliche Stimmung, in Wahrheit der Vorabend der Apokalypse.
Kurt Schuschnigg, Bundeskanzler der Republik Österreich, hielt seine Abschiedsrede:
„Der Herr Bundespräsident hat mir aufgetragen, dem österreichischen Volke mitzuteilen, dass wir der Gewalt weichen. [...] So verabschiede ich mich in dieser Stunde mit einem deutschen Wort und einem Herzenswunsch: Gott schütze Österreich!"
Im Morgengrauen des 12. März 1938 marschierten deutsche Truppen in unser Land ein. „Die Grenzen fallen" – die Hitlerjugend entfernte beim Zollamt Walserberg den Schlagbaum zum Anschluss an Großdeutschland. Viele jubelten, manche trauerten.

Sieben Jahre und neun Monate später gab es wieder eine Radiorede, die in die Geschichte eingegangen ist. Es war der Weihnachtstag des Jahres 1945, an dem Bundeskanzler Leopold Figl folgende Worte an Österreich richtete: „Ich kann euch zu Weihnachten nichts geben. Ich kann euch für den Christbaum, falls ihr überhaupt einen habt, keine Kerzen geben, kein Stück Brot, keine Kohle zum Heizen, kein Glas zum Einschneiden. Wir haben nichts. Ich kann euch nur bitten: Glaubt an dieses Österreich!"

In den sieben Jahren und neun Monaten, die zwischen diesen beiden Reden lagen, hat Österreich und auch Salzburg Unglaubliches durchmachen müssen. 10.000 Salzburger sind in der Deutschen Wehrmacht gefallen, 67 Todesurteile an politisch Verfolgten wurden vollstreckt, 15 Bombenangriffe haben 46 Prozent des Wohnraumes in der Stadt zerstört und über 500 Menschen das Leben gekostet. Die Zahl der toten Salzburger in Konzentrationslagern und in den Anhaltelagern ist nicht genau bekannt. Allein im Kriegsgefangenenlager St. Johann sind 3500

Russen verhungert, an Krankheiten gestorben oder umgebracht worden. Es war eine Zeit, die niemand für möglich gehalten hätte.

Vergangenheit

Der Kirchenlehrer Augustinus hat einst geschrieben: „Die Erinnerung ist die Gegenwart der Vergangenheit." Wenn im Gedenkjahr 2005 60 Jahre Kriegsende, 50 Jahre Staatsvertrag, 10 Jahre EU-Beitritt gedacht wird, so sollten auch wir uns besinnen, aus der Vergangenheit die Erkenntnis und die Kraft zu schöpfen, die Gegenwart mit Verantwortung zu gestalten. Wir sollten gedenken und mit der Gnade der späteren Geburt Einsicht und Mut haben, nicht mit der Hochnäsigkeit einer jüngeren Generation zu urteilen und zu verdammen.

Das Leben ist nicht schwarz und weiß. Es ist durchdrungen von Ängsten, Hoffnungen, von Beziehungsgeflechten und Erwartungen.

Die Beurteilung dieser Zeit aus der Sicht einer späteren Generation ist so eine Sache. Der Historiker weiß, was herausgekommen ist. Die Zehntausenden, die damals jubelten, wussten es nicht. Manche erahnten es, Kurt Schuschnigg und andere. Die Hunderttausenden, die am Wiener Heldenplatz standen, haben nicht dem Krieg und der Vernichtung und sicher nicht dem Tod von sechs Millionen Menschen zugejubelt. Sie haben der Hoffnung zugejubelt, dass es besser werden könnte, dass sie ein besseres, ein sorgenfreieres, vielleicht ein weniger gedemütigtes Leben führen könnten. Sie haben sich der Hoffnung hingegeben, dass sie aus einem Staat, den niemand wollte, zu dem sich letztlich auch die Bevölkerung selbst nicht bekannte, herausfinden könnten in klare Verhältnisse. Ein trügerischer Traum, wie sich herausstellen sollte.

Heute ist es an uns, versuchen zu verstehen. Was nützt es heute unserer Eltern- und Großelterngeneration vorzuwerfen, ihr hättet es anders, besser machen sollen. Wir kennen heute die Ursachen und Auswirkungen und müssen versuchen, für uns Lehren aus der Geschichte zu ziehen.

Warum? Warum hat so etwas stattfinden können? Warum ist ein Volk, ein deutsches, ein österreichisches Volk, warum ist dieses ganze Europa von der Humanität zur Bestialität gekommen? Wie können sich Menschen so wandeln? Es gibt wohl verschiedene Ursachen, die zusammengespielt haben, politische, gesellschaftliche, historische. Von großer Bedeutung dafür war mit Sicherheit die hohe Arbeitslosigkeit und die ökonomische Instabilität, zunächst galoppierende Inflation, dann eine durch überzogene Hartwährungspolitik ausgelöste wirtschaftliche Depression. Aber es waren nicht nur die naheliegenden, logisch nachvollziehbaren Tatsachen, die Menschen mussten auch gegen ein tiefes Gefühl der Orientierungslosigkeit ankämpfen, die sich nach dem Ersten Weltkrieg weit über 1918 hinaus fortgesetzt hat und den Blick auf Antworten, auf Identität verstellte. Wie viele Familien gab es damals, in denen Nationalsozialisten, Sozialdemokraten, Christlichsoziale, Kommunisten vertreten waren und den politischen Streit ganz tief in die Familien selbst hineingetragen haben? Mit der überzogenen Hassrhetorik, mit Aufmärschen und der Bewaffnung von Parteiarmeen wurde das Gefühl vermittelt, dass nicht der Mensch und seine Würde in der Mitte stehen, sondern der Kampf um die Durchsetzung politischer Konzepte bei gleichzeitiger radikaler Ablehnung aller anderen. Toleranz war damals vermutlich ein Schimpfwort.

Schließlich setzten sich die Nationalsozialisten durch. Statt dem Klassenkampf haben sie die Volksgemeinschaft gepriesen, um den Einzelnen in der Gesamtinszenierung der Uniformität der Massen untergehen zu lassen. Was für eine psychologische Meisterleistung! Wer hätte sich entziehen können? Mit dem auf fast überirdischer Ebene inszenierten Führermythos hatten sie die Biertischphilosophie, die ebenso einfach wie gefährlich ist, zur Staatsphilosophie erhoben und in virtuoser Weise Modernität und Regression vernetzt. Die ideologische Verkitschung von Blut und Boden gingen Hand in Hand mit einem ausgeprägten „Konzept an Schuldigen“, wie etwa „Die Juden sind an allem schuld, die Kirche und die Kommunisten.“ Auf der anderen Seite gaben richtungsweisende wirtschaftspolitische Maßnahmen mit ökonomischer Weitläufigkeit, wie etwa der Autobahnbau, die Bauernentschuldung, die Beseitigung der Arbeitslosigkeit (insbesondere durch die Rüstungsindustrie) den Menschen Hoffnung.
So waren die Menschen, auch die Salzburger, damals beides: Opfer und Täter, alle haben aber den Preis bezahlt. Ich verbeuge mich in tiefem Respekt und Ehrfurcht vor jenen, die Opfer waren, Opfer als politisch, rassisch Verfolgte, als Soldaten oder Zivilisten; vor jenen, die ihre Heimat, ihre Angehörigen verloren haben. Wir sollten jenen die Hand reichen, die einsichtig geworden sind und die mit großem Einsatz nach 1945 auch aus später Einsicht und selbst geprüft ihren Beitrag

zum Aufbau des Landes geleistet haben. Seien wir christlich und versuchen Vergebung, auch den Tätern gegenüber. Aber wir sollten auch ganz klar den Unbelehrbaren sagen, dass wir mit wehrhafter Demokratie für unsere Werte stehen und Grenzen und Schranken gegen jene aufziehen, die glauben, Ewiggestrige sein zu müssen.

Heute sollten wir vorsichtig sein, wenn wir über jene urteilen, die damals gejubelt haben. Seien wir vorsichtig, wenn wir Moralität in Situationen voraussetzen, von denen kein Einziger von uns weiß, wie er selbst gehandelt hätte.

Kann es so etwas wieder geben? Kann so etwas wieder passieren? Kann es wieder sein, dass wir alle hineinfallen – aus der Hoffnung in die Vernichtung, aus der Humanität in die Bestialität? Kann es wieder sein, dass Menschen in unserem Land gequält, erniedrigt, gedemütigt, gefoltert, umgebracht werden? Machen wir uns keine Illusionen, es kann wieder passieren. Seien wir vorsichtig, befassen wir uns mit dieser Zeit, mit ihrer Vorgeschichte, mit ihren menschlichen und unmenschlichen Komponenten. Schlagen wir das Buch der Geschichte nicht zu, verdrängen wir es nicht, stellen wir Fragen, auch heute noch. Reden wir darüber! Und ziehen wir daraus Lehren und Aufträge an unsere eigene Politik. Im Vordergrund muss Arbeit für alle und Wohlstand für unsere Bevölkerung stehen. Bildung kommt dabei eine entscheidende Bedeutung zu. Aber Bildung als reine Fähigkeit der Mechanik, des aufgesaugten Wissens ist zu wenig, auf Herzensbildung und Wertebildung kommt es an!

Immer wieder gibt es im Laufe der Geschichte Männer und Frauen, die sich mit dem Elend, der Unterdrückung, der Aussichtslosigkeit nicht abfinden und nicht nur an sich, an ihr eigenes Überleben, denken, sondern mit Mut und Weitsicht Gesellschaft gestalten, Wege in die Zukunft aufzeigen, begehbar machen. So auch in Salzburg am Ende des Zweiten Weltkrieges.

Am 30. April 1945 haben sich am Salzburger Waagplatz zwei Männer getroffen. Es waren Adolf Schemel, der schon in der Regierung des legendären Landeshauptmannes der Zwischenkriegszeit, Franz Rehrl, Landeshauptmannstellvertreter war, und Franz Huber, der Leiter des

Widerstandes und später Präsident der Finanzlandesdirektion wurde. Es war noch Krieg. Salzburg war noch in der Hand der Nationalsozialisten, trotzdem forderte Huber bei diesem Gespräch am Waagplatz Adolf Schemel auf, er solle sich für den Aufbau einer neuen Landesregierung bereithalten. Schon am 3. Mai trafen in der Wegleitnervilla eben jener Adolf Schemel und Anton Neumayr, Sozialdemokrat, zusammen und fassten gemeinsam den Beschluss, dass in der neuen Landesregierung Schemel Landeshauptmann und Neumayr Landeshauptmannstellvertreter sein solle.

Warum ist das so bemerkenswert? Das Besondere liegt in dem deutlich konsensualeren Klima in Salzburg, das auch schon in der Zwischenkriegszeit herrschte. Franz Rehrl war mit dem totalitären Kurs Dollfuß' nicht einverstanden und die Sozialdemokraten in Salzburg waren keine marxistisch ausgerichtete Klassenkampfbewegung, sondern eine Reformbewegung, wodurch man sich als Gesprächspartner viel leichter tat.
Am 4. Mai haben die Amerikaner Salzburg eingenommen. Hier muss eines Mannes gedacht werden, der unter Einsatz seines eigenen Lebens Großartiges geleistet hat. Oberst Hans Lepperdinger fasste den Beschluss, die Stadt kampflos den Amerikanern zu übergeben und damit die totale Zerstörung der ohnedies schon schwer in Mitleidenschaft gezogenen Stadt zu verhindern. Er rettete dadurch Tausenden das Leben.
Wenig später traten die Parteien zusammen. Es gründete sich am 7. Mai die Österreichische Volkspartei, damals noch als Christlichsoziale Partei, getragen von ihrem staatstragenden Identitätsgefühl. Bereits am nächsten Tag kam es im Mozarteum zu einer illegalen Versammlung, bei der rund 120 Christlichsoziale einen neuen Parteiobmann wählen sollten. Da jeder, der gefragt wurde, dankend ablehnte, fiel die Wahl auf den, der gerade nicht anwesend war: Adolf Schemel. Dieser Adolf Schemel hat es dann mit seinen Freunden in sehr kurzer Zeit geschafft, salzburgweit eine Volkspartei aufzubauen.
Nicht anders lief es bei den Sozialdemokraten ab. Das erwähne ich auch deshalb, weil es so ungemein wichtig war, dass die demokratischen Parteien sich aus der Erkenntnis der Lagerstraßen von Mauthausen mit einem demokratischen Grundverständnis gefunden haben. Denn man wusste ja nicht: Was passiert mit diesem Österreich? Was passiert mit diesem Salzburg? Bleibt man wirklich amerikanisch besetzt? Was wird

mit der kommunistischen Partei werden? Gibt es überhaupt noch ein Österreich? Oder gibt es diesen mitteleuropäischen Staat, der damals in den Köpfen herumgeisterte. Salzburg, Tirol, Vorarlberg, Bayern, Südtirol, Oberösterreich bis zur Demarkationslinie an der Enns. Es war im Chiemseehof, als im September des Jahres 1945 die Regierungen der westlichen und südlichen Bundesländer den Entschluss gefasst haben: Wir bekennen uns zur Gesamtstaatlichkeit Österreichs, trotz ungewisser Zukunft und trotz Teilung des Landes.

Heute ist all jenen zu danken, die dazu beigetragen haben, wie sich unser Land aus chaotischen Verhältnissen heraus entwickelt hat. Es waren rund hunderttausend Flüchtlinge im Land. Die Ernährungslage war katastrophal. Die Industrie war kaputt, die Wohnungsnot enorm. Die Krankenversorgung war mehr als schwierig. Viele Männer waren als Wehrmachtsangehörige im Kriegsgefangenenlager. Es war ein steiniger, dornenreicher Weg aus diesem Chaos. Heute können wir darauf zurückblicken, was seitdem in Salzburg geschaffen und welche richtungsweisenden Entscheidungen getroffen wurden:
80 Prozent der Wohnungen wurden nach dem Krieg errichtet, die Festspielhäuser, die Universität, der Flughafen, Kraftwerke, Straßen, vieles andere mehr, vor allem aber: der Ausbau der Krankenanstalten und die Errichtung eines sozialen Netzes an Geborgenheit und Hilfe, das in dieser Form früher unvorstellbar gewesen wäre. Dazu haben viele beigetragen, viele Persönlichkeiten in den Betrieben, den Familien, den sozialen Einrichtungen, vor allem aber auch im öffentlichen Dienst, an ihrer Spitze die Landeshauptleute Adolf Schemel, Albert Hochleitner, Josef Rehrl, Josef Klaus, Hans Lechner, Wilfried Haslauer, Hans Katschthaler und Franz Schausberger. Diesen Generationen und ihren Leistungen sind wir zu großem Dank verpflichtet, etwas, was nur allzu leicht vergessen wird.

Gegenwart
Augustinus hat auch noch geschrieben, „Die Anschauung ist die Gegenwart der Jetztzeit“. Wo stehen wir heute? Wir sind eine der reichsten Regionen Europas. Und wenn wir schon Gedenktage dazu nützen, über die Gestaltung der Gegenwart mit Verantwortung nachzudenken, so steht es uns gut zu Gesicht, auch einmal zu sagen: Wie dankbar können wir sein, dass wir nicht hungern müssen, dass wir ein Dach über

dem Kopf haben, eine geheizte Wohnung, dass wir Arbeit und unsere Kinder alle Chancen auf ein sinnerfülltes Leben in Sicherheit, Frieden und Wohlstand haben.

Wenn wir diese Gegenwart mit Verantwortung gestalten wollen, dürfen wir auch nicht die Augen vor jenen verschließen, die an diesem Wohlstand nicht teilhaben, die in stiller Armut leben, die krank oder einsam sind. Wir dürfen auch die Augen nicht davor verschließen, dass es nicht amerikanische Bombenflotten oder deutsche Panzer sind, die uns heute bedrohen, sondern andere Gefahren und andere Feinde. Es ist der Egoismus. Es ist die Gier nach immer mehr. Es ist der falsch verstandene Individualismus und eine fehlinterpretierte Selbstverwirklichung, die zur Negation der Menschlichkeit wird. Es ist aber auch ein Wirtschaftsdenken, das sich ausschließlich in Gewinnen ohne soziale und regionale Verantwortung definiert und keine Rücksichten auf natürliche und ökologische Ressourcen in unserem Land nimmt.

Zukunft

Ein weiterer Satz von Augustinus lautet: „Die Erwartung ist die Gegenwart der Zukunft." Was erwarten wir von unserer Zukunft? Vergleichen wir, wie die Zukunft unserer Eltern und Großeltern im Jahre 1945 ausgesehen hat, und vergleichen wir unsere Erwartungen mit ihren. Haben wir wirklich das Recht, jammernd in diese Zukunft zu gehen, voller Angst? Ich habe noch nie gesehen, dass jemand mit Angst etwas bewältigt hat. Ich habe nur gesehen, dass mit Zuversicht, mit Mut, mit Fröhlichkeit und mit Fleiß, aber auch mit Demut Zukunft gestaltet werden kann. Die Schlüssel zur Zukunft heißen Solidarität, Personalität und Subsidiarität als Grundzüge unserer Politik.

Solidarität: Im Mittelpunkt all unseres Handelns muss immer der Mensch stehen, der Respekt vor seiner Einmaligkeit und Würde.

Subsidiarität: Erkennen wir doch, dass der Staat kein Allheilmittel ist und sein kann. Ein Wegrücken von der Kaskogesellschaft, die für alles einen Verantwortlichen hat und für alles beim Staat Problemlösungen sucht, ist ein Gebot der Stunde. Fördern wir wieder mehr die persönliche Leistungsfähigkeit, belassen wir die Verantwortung dort, wo sie hingehört, in der persönlichen Gestaltung des eigenen Lebensbereiches. Stärken wir dort die sozialen Netze, wo sich der Einzelne selbst nicht mehr zu helfen vermag.

Personalität: Die Politik lebt durch und von ihren Persönlichkeiten. Sie lebt nicht von anonymen Machtapparaten und abstrakten Gedankengebäuden. Wenn ich das sage, dann meine ich damit, Politik kann nur erfolgreich sein, wenn die in ihr tätigen Persönlichkeiten auch etwas ausstrahlen, an dem man sich orientieren kann. Dies hat mit politischem Charakter, aber auch mit Stil zu tun. Achten wir zum Beispiel auf unsere Sprache und auf unsere Worte! Schreiten wir an die rhetorische Abrüstung! Worte sind oft scharf wie Messer, sie hinterlassen tiefe Verletzungen und sie provozieren, dass sie noch schärfer und noch gnadenloser zurückkommen. Achten wir darauf, dass der politische Streit nicht bei der Bevölkerung einen derartigen Unwillen auslöst, dass nicht nur die Politik und die Politiker als „zum Vergessen“ angesehen werden, sondern plötzlich die Frage in den Raum gestellt wird, ob diese Form der Demokratie überhaupt noch gebraucht wird und der Ruf nach einem „Starken Mann“ laut wird, der auf den Tisch haut, aufräumt und – wie gehabt – unter dem wohlgefälligen Nicken der Massen die Biertischphilosophie zur Staatsphilosophie erhebt.

Spuren aus der Vergangenheit, Wege in die Zukunft?

Da fallen mir Gedanken von Christine Busta unter dem Titel „An einen jungen Menschen zwischen Tür und Angel“ ein: „Lass Dich vom Leben nicht kleinlaut machen. Sei von Anfang an leise und Du wirst besser hören, was auf uns alle zukommt. So zwischen Staunen und Furcht wirst Du Dir und anderen Freude retten und Trauer, die Not tut.“

Zwei große Reden haben unvergesslich geendet: „Gott schütze Österreich“ und „Glaubt an dieses Österreich“. Heute können wir sagen: „Schauen wir auf unser Österreich – und auf unser Salzburg!“

Teile dieses Essays stammen aus Landtagsreden vom 11. Mai 2005 (Festliche Sondersitzung: „60 Jahre Ende Zweiter Weltkrieg, 50 Jahre Staatsvertrag, 10 Jahre EU-Mitgliedschaft“) und vom 12. März 2008 (Feierliche Landtagsgedenkstunde: „70 Jahre Wiederkehr des 12. März 1938“).

25 Jahre Alternativer Nobelpreis

Rede anlässlich des Festaktes in der Residenz am 9. Juni 2005

Sehr geschätzte Damen und Herren!

Albert Einstein hat einmal angesichts der Weltwirtschaftskrise 1929 gesagt:
„Die Probleme, die es in der Welt gibt, sind nicht mit der gleichen Denkweise zu lösen, die diese Probleme erzeugt hat.“ Und der schwedisch-deutsche Menschenrechtler, Umweltschützer, Publizist, Philatelist und ehemalige Europa-Abgeordnete Jakob von Uexküll, dessen Traum wir die „Right Livelihood“-Stiftung verdanken, hat folgenden Ausspruch geprägt: „Es gibt viel zu viele Möglichkeiten, als dass man Pessimist sein kann. Es gibt natürlich auch allzu viele Krisen, als dass man einfach Optimist sein kann. Ich sage immer, ‚Ich bin Possibilist, ich sehe die Möglichkeiten‘.“
Diese beiden Denkweisen verbinden alle Preisträgerinnen und Preisträger, die heute mit uns das Jubiläum 25 Jahre Alternativer Nobelpreis feiern. Wir sind hier im Kreise von couragierten Menschen, die angesichts von Fehlentwicklungen und Ungerechtigkeiten nicht wegschauen, sondern vielmehr den kritischen Zustand der Welt erkennen und trotzdem das tun, was möglich ist. Sie sind diejenigen, die „Ja“ zu Träumen und Visionen sagen, die die gesamte Menschheit in sich trägt.

Jakob von Uexküll war der Erste von Ihnen: Als der Vorstand der schwedischen Nobel-Stiftung seinen Vorschlag, sein persönliches Vermögen zu verwenden, um einen neuen Nobelpreis für Umwelt und Menschenrechte zu ermöglichen, ablehnte, entschied er sich, mit einer eigenen Stiftung einen Preis für die richtige Lebensweise auf den Gebieten der Arbeit für Frieden, Verbesserung der sozialen Gerechtigkeit, Förderung der Menschenrechte und Erhaltung der Umwelt auszuschreiben. 25 Jahre später ist der Right Livelihood Award als Alternativer Nobelpreis in aller Welt bekannt.
Die Vorstellungen und Visionen der Preisträger der letzten Jahre stehen für einen Aufbruch in eine andere, nachhaltigere Welt. Sie zeigen aber auch auf, welchen Schaden unsere Umwelt erlitten hat und wie viele Millionen Menschen an Hoffnungslosigkeit, Rechtlosigkeit, Verzweiflung und Armut leiden. Die Wirkungsbereiche der Preisträgerinnen und Preisträger beziehen sich auf die vielfältigsten Bereiche des menschlichen Lebens.

Welchen großen Stellenwert der Alternative Nobelpreis in unserer heutigen Zeit hat, lässt sich auch daran erkennen, dass man ihn längst mit dem wichtigsten Wissenschaftspreis der Welt, dem Nobelpreis, vergleicht.
Der heutige Abend ist den „Helden der Gegenwart" gewidmet. Heute werden jene vor den Vorhang geholt, deren Motivation die Wunden unserer heutigen Welt sind, deren Antriebskraft die Lösung der dringendsten Probleme der Gegenwart ist. Sie alle sind getrieben von einem Prinzip, das die gesamte Menschheit verbindet und das doch Millionen von uns fehlt: dem Prinzip Hoffnung.

Liebe Festgäste, es liegt an uns, nicht bloß den hoffnungslosen Zustand der Welt zu beklagen, sondern auch Pioniere zu werden – Pioniere in unserem persönlichen Umfeld –, die bei Fehlentwicklungen nicht den Kopf in den Sand stecken. Wir müssen uns berühren lassen von den Nöten, Sorgen und Ängsten, die unsere Mitmenschen haben, von den ökologischen, sozialen und politischen Ungerechtigkeiten unserer Zeit. Wir müssen Schlagworte wie „nachhaltige Entwicklung", „ökologisches Bewusstsein", „soziale Gerechtigkeit" mit Leben füllen. Wir müssen unseren Lebensraum schätzen und die Menschenwürde muss in das Zentrum unseres Handelns gerückt werden.

Der Salzburger Preisträger Leopold Kohr prägte das Weltbild „Small is beautiful" und galt mit seiner Ansicht, dass die Grenze für alles Handeln das menschliche Maß sei, als Wegbereiter für Regionalisierung und Dezentralisierung. Die „Helden der Gegenwart" beschreiten alle regional eigenständige Entwicklungswege, die nicht einem globalisierten Markt gerecht werden, sondern den jeweiligen kulturellen Traditionen, den ökologischen Gegebenheiten und den klimatischen Verhältnissen. Auch das kleine Land Salzburg hat diesen Weg gewählt.
Die durchschnittliche Größe eines bäuerlichen Betriebes im Land Salzburg beträgt 12 Hektar, ein Großteil der Betriebe befindet sich in benachteiligten Gebieten, viele davon im Berggebiet. Dennoch oder gerade deswegen ist unser Land die führende Region im Bereich ökologische Bewirtschaftung in ganz Europa. 42 Prozent unserer landwirtschaftlichen Flächen werden biologisch bewirtschaftet, 92 Prozent der bewirtschafteten Fläche wird ohne Spritzmitteleinsatz oder leicht löslichem Handelsdünger bestellt.

Als Gemeinde- und Wirtschaftsreferent der Salzburger Landesregierung ist es mir ein Anliegen, in der gesamten Breite der ökonomischen Erfordernisse auch weiterhin ein kleinteiliges Wirtschaften zu ermöglichen, die Gemeinden als die wichtigen Auftraggeber unserer Wirtschaft zu stärken und das Bewusstsein für unsere regionale Identität zu fördern. Wir können stolz sein auf unsere innovativen Klein- und Kleinstbetriebe. Wir müssen weiter den Weg in Richtung lokale Unabhängigkeit und Ressourcen-Schonung gehen. Ich denke dabei unter anderem an Solarenergie und Energieeinsparung, sodass wir auch unseren kommenden Generationen eine lebenswerte Umwelt hinterlassen.

Sehr geehrte Damen und Herren, lassen Sie uns an einer Ethik arbeiten, die der Natur und uns Menschen Lebensqualität sichert, und die geistigen Werte vor den Materialismus und den Konsum stellt. Lassen Sie uns „berührt sein" von den Problemen unserer Welt und lassen Sie unser Handeln bestimmt sein von Mitgefühl, Nächstenliebe und Solidarität.

Essay

Soziale Marktwirtschaft – Gibt es sie noch?

Überlegungen zu unserem Wirtschaftssystem

Neben den Anforderungen des Tagesgeschäfts bleibt oft wenig Zeit grundsätzlichen Fragestellungen und Strömungen nachzugehen, wie etwa der der Marktwirtschaft.
Und gleich stellt sich die nächste Frage: Welche Marktwirtschaft ist denn gemeint?
An zumindest assoziativ erster Stelle findet sich wohl die heute in breiten Kreisen unbestrittene Soziale Marktwirtschaft. Hier fallen unwillkürlich die Namen Ludwig Erhart und Alfred Müller-Armack ein, die Konstrukteure und Konzeptionisten dieser Wirtschaftsordnung. Kürzlich habe ich in einer Ausgabe des Spiegels vom 9. September 1953 geblättert; darin war ein ausführlicher Artikel mit dem Titel „Soziale Marktwirtschaft – die Flucht nach vorne" abgedruckt. Höchst interessant ist es, die Sicht der Dinge im damaligen Kontext zu sehen.
Ludwig Erhart muss ein Mann mit eisernen Nerven und großer Unbeirrbarkeit gewesen sein. Dies zeigt auch die Geschichte eines Unfalles, in den er verwickelt war. Sein Chauffeur Stadler lenkte den Mercedes – damals in den 1950er-Jahren – in den Straßengraben, das Auto überschlug sich. Als Stadler aus dem Auto kletterte, stand der Zigarren-Kettenraucher Erhart bereits neben dem Auto, klopfte sich die Asche vom Revers und sagte zu Stadler: „Die Zigarre ist mir ausgegangen, geben Sie mir bitte Feuer. Und dann machen wir, dass wir weiter kommen, ich muss dann noch reden."
Erhart als damals zuständiger Wirtschaftsdirektor in der amerikanischen Besatzungszeit wurde erst fünf Tage vor der geplanten Währungsreform am 20. Juni 1948 von dieser informiert. Am Vortag der Währungsreform verkündete er über das Radio die Aufhebung aller Bewirtschaftungen und Rationierungen fast aller Warengruppen. Empört wiesen ihn die Amerikaner darauf hin, dass bei der vorhandenen Produktionskapazität der deutschen Industrie ein Einwohner 18 Jahre auf ein Hemd, 29 Jahre auf ein paar Strümpfe und 98 Jahre auf einen Anzug warten müsste, wie er sich denn angesichts dieser Umstände erlauben könne, Bewirtschaftungsregeln zu ändern?
Erhart antwortet: „Ich habe sie nicht geändert, ich habe sie aufgehoben" und konnte in stundenlangen Gesprächen General Clay von der Richtigkeit seiner Maßnahmen überzeugen. Wenn auch in der Folge die Preise explodierten, so war damit der Grundstein für das berühmte deutsche Wirtschaftswunder gelegt: eine neue werthaltige Währung und die Aufhebung der Zwangsbewirtschaftung.

Zwar steht heute die Soziale Marktwirtschaft in fast allen Parteiprogrammen außer Diskussion, das war aber nicht immer so, sie war bis zu Beginn der 1960er-Jahre heftig umstritten. Gerade der sozialdemokratische Widersacher von Erhart, Prof. Dr. Erik Nölting, hielt immer wieder Brandreden gegen die Soziale Marktwirtschaft und behauptete „die Marktwirtschaft macht die Reichen reicher und die Armen ärmer". Ein Argument, das wir auch, manchmal gegen besseres Wissen, in der heutigen politischen Diskussion immer wieder zu hören bekommen. Doch Erhart behielt Recht, „Wohlstand für alle" war sein Ziel und er hat dies in einem für die Generationen unserer Großväter unvorstellbaren Ausmaß erreicht.

Wie sieht es heute damit aus?

Bei der Vielzahl an wirtschaftspolitischen Maßnahmen ist im heutigen Geschehen nicht immer erkennbar, ob dahinter wirtschaftspolitische Konzepte stehen, ob die großen Regelungsmodelle wie Planwirtschaft, Liberale Marktwirtschaft oder Soziale Marktwirtschaft überhaupt noch präsent sind.

Sie haben nach wie vor Bedeutung, was an Beispielen leicht belegt werden kann, etwa anhand der Diskussion um Einkaufszentren. Die eine Seite erklärt im Sinne einer klassischen neoliberalen Marktentwicklung mit dem Argument „Der Konsument stimmt mit den Füßen ab" jeder strukturwahrenden Ordnungspolitik die Absage, die andere Seite – zu der ich mich zähle – hat dagegen schwerste Bedenken. Mit dem an sich richtigen Prinzip, den Markt dem freien Spiel der Kräfte von Angebot und Nachfrage zu überlassen, werden auch Strukturen vernichtet, die aus einem anderen Blickwinkel notwendig sind; etwa die kleinen Handelsstrukturen in den Ortskernen, die durch ihr Verschwinden zur Verödung der Zentren unserer Städte und Gemeinden und damit zu höchst nachteiligen Auswirkungen für die Bewohner, den Tourismus, den Immobilienwert führen.

Dieselbe politische Partei, die mit dem populistisch anmutenden „Der Konsument stimmt mit den Füßen ab" Neoliberalismus in Reinkultur präsentiert, verlangt andererseits die staatliche Preisregelung für Benzin und Diesel und Wirtschaftsförderung für Diskonttankstellen mit dem Ziel, durch Ausschaltung des Wettbewerbes und Einheitspreise Treibstoff günstig zur Verfügung zu stellen. Sie setzt damit staatliche Bevormundung gegen den Wettbewerb, der aus seinem Grundver-

ständnis die Preisrelation eben schon durch Vorhandensein unbeeinflussten Wettbewerbes zugunsten des Konsumenten steuert.
Dies sind nur zwei Beispiele, welche die Bruchlinie zwischen Ordnungswirtschaft und dem Prinzip Freiheit als neben dem sozialen Ausgleich tragenden Element der Sozialen Marktwirtschaft sichtbar werden lässt.

Allerdings hat schon Alfred Müller-Armack, der Schöpfer der Sozialen Marktwirtschaft, geschrieben, dass die Soziale Marktwirtschaft kein fertiges System, kein Rezept sei, das einmal gegeben für alle Zeiten gleich wäre, sondern vielmehr eine evolutive Ordnung, die sich gemäß den Anforderungen weiterzuentwickeln habe. Gleich bleiben die Grundpfeiler: Freiheit, sozialer Ausgleich und die kirchlich grundierte Sozialethik, die in die Soziale Marktwirtschaft eingeflossen sind.

Es lohnt, darüber nachzudenken, was sich denn in den letzten 50, 60 Jahren geändert hat, seitdem die Soziale Marktwirtschaft entwickelt wurde, aus heftig umstrittenen Anfängen den Grundstein für das deutsche Wirtschaftswunder gelegt hat und zum heutigen von breitem politischen Konsens umfassten Schlagwort-Konzept einer breit akzeptierten Wirtschaftsordnung geworden ist.

Können wir davon ausgehen, dass die Rahmenbedingungen gleichgeblieben sind, oder hat sich nicht vielmehr die Gesellschaft, die Wirtschaftsentwicklung, die Technologie in einem unerhörten Ausmaß geändert?
Unsere Gesellschaft hat sich von der Bedürfnisdeckungsgesellschaft zur Bedürfniserweckungsgesellschaft entwickelt. Im Gegensatz zu damals sind heute in weiten Bereichen Überproduktionskapazitäten vorhanden. Es geht nicht darum, die Grundbedürfnisse des Marktes, der Menschen zu decken, sondern vielmehr darüber hinaus – an sich nicht vorhandene – Konsumbedürfnisse zu wecken.
Unsere Gesellschaft hat sich ferner von der Industrie- zur Dienstleistungsgesellschaft geändert. Rund 72 Prozent aller Beschäftigten im Land Salzburg sind im tertiären Sektor, also im Dienstleistungsbereich tätig, nur rund 27 Prozent in der Sachgüterproduktion.
Völlig geändert hat sich gegenüber der Situation um 1950 auch die Tatsache, dass nicht mehr nationale Märkte ausschlaggebend sind, sondern weltweite Märkte. Vor allem das Kapital ist weltweit eingesetzt,

die sogenannte Globalisierung hängt wesentlich mit der Digitalisierung der Kommunikationsmedien zusammen und damit mit Geldflüssen über 24 Stunden am Tag weltweit.
Die Verbörsung der Weltwirtschaft ist ein anderes Beispiel; nie war so viel Kapital unterwegs, das angelegt werden möchte, das nach Wertsteigerung giert, zugleich aber nicht dem Konsum zugeleitet wird, sondern in mehr oder weniger geschlossenen Kreisläufen, die sich als „Finanzindustrie" bezeichnet, zirkuliert.
Ein bemerkenswertes Thema ist auch der Trend zur Entstaatlichung und Entmonopolisierung im Bereich der Daseins- und Grundversorgung. Die Zuführung des Krankenanstaltenwesens, der Telefonie, der Postleistungen, von Fernsehen und Rundfunk – um nur einige zu nennen – zum Markt, also die Einführung marktwirtschaftlicher und wettbewerblicher Grundsätze in all diese Bereiche ist etwas, was zumindest in Österreich vor 25 Jahren noch undenkbar gewesen wäre. Hier scheinen keine wirklichen Konzepte griffig zu sein. Kann es wirklich eine grenzenlose Zuführung des Gesundheitssystems zur Marktwirtschaft geben? Kommt es nicht gerade im Bereich der Krankenanstalten neben einem grundsätzlich zu bejahenden Leistungswettbewerb sehr wohl auch auf die Grundversorgung abseits marktwirtschaftlicher Kriterien an? Und schließlich: Gibt es nicht strategische Schlüsselunternehmen im Bereich der Daseinsvorsorge, an denen die öffentliche Hand zur Wahrung ihrer Interessen zumindest mehrheitlich beteiligt sein sollte?
Zudem hat sich noch die Gesellschaft in ihrer Komplexität geändert. Neben den wohl immer gleichbleibenden Anforderungen „Vollbeschäftigung" und „Wohlstand für alle" sind zusätzliche Kriterien hinzugetreten, etwa im Bereich der Umweltfragen und der Nachhaltigkeit, die Herausforderungen im sozialen Gefüge – denken Sie an die demografische Entwicklung – die gesamte Thematik „Chancengleichheit der Geschlechter", die Integrationsfragen (etwa das merkwürdige Phänomen, dass wir ausländische Arbeitskräfte unbedingt benötigen, ihre Integration aber nicht bewerkstelligen und sie politisch zum Teil auch ablehnen).
Immer mehr in den Vordergrund treten Fragen des regionalen Ausgleichs, der Unterstützung für benachteiligte, abgelegene Regionen. Immer stärker zutage tritt auch das Auseinanderklaffen von Leistungs- und Entschleunigungsgesellschaft. Gerade in urbanen Bereichen stel-

len wir zunehmend einen Hang zu Verzicht, zur Rückbesinnung auf Werte des bewussten Menschseins, zu einer Art wirtschaftlichem und sozialem Cocooning fest – bezeichnend sind die unterschiedlichen Abstimmungsergebnisse zu Fragen der Olympia-Bewerbung am Land und in der Stadt!
Diese Entwicklung ist in einer auf Wachstum ausgerichteten Wirtschaftsgesellschaft nicht zu unterschätzen und geht Hand in Hand auch mit einer starken Individualisierung, die zugleich aber steigendes Anspruchsdenken und eine Art Verantwortungsverlagerung in sich trägt – der andere ist schuld, und „die da" haben dafür zu sorgen, dass es einem gut geht.

So stellt sich also die Frage, wie das Konzept der Sozialen Marktwirtschaft angesichts der Änderungen in der Wirtschaft und der Gesellschaft an die Bedürfnisse unserer Zeit adaptiert werden soll?
Franz Kafka hat einmal geschrieben, die Menschheit sei eine Tunnelgesellschaft. Am Ende steht ein Licht und wer dieses Licht nicht sieht, übersieht die Ziele der Sozialen Marktwirtschaft: Freiheit und sozialer Ausgleich! Dies sind die Fundamente unseres Erfolges, denen aus meiner Sicht noch zwei weitere Fundamente anzufügen sind: Ressourcenverantwortlichkeit und regionale Verwurzelung.

Meiner Überzeugung nach hatte die Soziale Marktwirtschaft mehr Berechtigung denn je; ihre größte Herausforderung liegt wohl darin, den Etikettenschwindel jener Wirtschaftsphilosophien aufzudecken, die das Wort „sozial" als Feigenblatt für die rücksichtslose Durchsetzung ihrer eigenen, ausschließlich gewinnmaximierenden Interessen verwenden. Eine Neubelebung der Sozialen Marktwirtschaft hat mit Ethik zu tun und auch damit, dass erfolgreiches Wirtschaften immer auch ein hohes Maß an Verantwortung für andere Menschen in sich trägt, dass Freiheit, Wettbewerb und sozialer Ausgleich keine Widersprüche sind, sondern Begriffe, die einander bedingen!

Dieser Essay stammt in Teilen aus einer Rede anlässlich der Hypo Wirtschaftsgespräche am 18. September 2006 in der Salzburger Residenz.

Mythos Salzburg

Stiftung und Verleihung des Wolfgang-Schüssel-Preises an Prof. Dr. Peter Ruzicka aus Anlass „25 Jahre Internationale Salzburg Association – ISA“. Rede zum Festakt am 29. September 2007

Lassen Sie mich etwas weiter zurückgehen, eigentlich sollte ich so beginnen „Vor 25 Jahren ...“ Ja, was war vor 25 Jahren, wie sah unser Leben aus, wie war die Welt? Und wenn wir diesen Blick zurückwerfen, dann können wir aus heutiger Sicht feststellen, dass sich in den letzten 25 Jahren die Welt in ihren politischen, ökonomischen und sozialen Erscheinungsformen dramatisch geändert hat, ja unser eigenes Umfeld, unser eigenes Leben auch, es ist uns nur nicht so bewusst, weil wir die vielen Veränderungen und Neuerungen in dieser Zeit für uns adaptiert oder selbst mitgestaltet haben.
1982 zog sich noch der Eiserne Vorhang durch Europa und trennte wie eine Machete der Unmenschlichkeit über Jahrhunderte Zusammengehöriges. China war ein schlafender Riese, die UdSSR ein wankender aber immer noch kommunistischer Monolith mit seinen Ostblockstaaten. Es gab kein Internet, keine Mobiltelefonie, nicht einmal Telefax, kein Satellitenfernsehen, keinen Euro. Vielfältige Währungen, Kursschwankungen, Zölle innerhalb Europas beeinflussten oder behinderten wirtschaftliche Entwicklungen.
Bundeskanzler war damals übrigens Bruno Kreisky mit seinem vierten Kabinett und dem Vizekanzler Fred Sinowatz. Bundespräsident war Rudolf Kirchschläger. Seitdem gab es elf Bundesregierungen und vier Bundespräsidenten. In Salzburg war Wilfried Haslauer, mein Vater, Landeshauptmann, seine Stellvertreter waren Herbert Moritz und Hans Katschthaler, der später selbst Landeshauptmann und Präsident der ISA wurde und heute unser Ehrenpräsident ist.

Die Welt war fest gefügt. Es gab die großen politischen Blöcke im Inneren und im Äußeren, die Wirtschaft entwickelte sich zufriedenstellend. Wenn man aber durch die Momentaufnahmen hindurch, die Trends, Risse und Sprünge sah, die sich da und dort auftaten, die neuen Entwicklungen, die sich ankündigten und greifbar wurden, konnte erkannt werden, dass Europa reif für Veränderung war und dass sich das nächste Vierteljahrhundert als Zeitalter der Transformation von Gesellschaft, Politik, Wirtschaft und sozialer Zustände ankündigte.

Und in genau dieser Phase des Bewusstwerdens, eigentlich mehr des Erahnens künftiger Entwicklungen fiel der Entschluss zur Gründung der ISA, der Internationalen Salzburg Association; dies aus der Erkenntnis heraus, dass die wahre Bedeutung Salzburgs nur dann gelebt und weiterentwickelt werden kann, wenn sie erkannt, von außen betrachtet und von innen gefühlt wird.

Der Mythos Salzburg und die Gründung der ISA

Gibt es einen Mythos Salzburg? Gibt es vielleicht sogar mehr als das, nämlich eine historische Sendung, eine Mission unserer Stadt, unseres Landes, einen Auftrag, mehr zu sein als eine hübsche Kleinstadt, die neben der Lieblichkeit noch die Geschäftstüchtigkeit ihrer Bewohner als Vorzüge aufzuweisen hat?
Was unterscheidet uns von ähnlichen mitteleuropäischen Städten mit rund 150.000 Einwohnern, einem historischen Stadtkern, den Bausünden der Nachkriegszeit an der Peripherie und einer gut entwickelten klein- und mittelständischen Wirtschaft?
Es gibt einen Mythos Salzburg und es gibt eine Sendung für Salzburg und beides definiert sich aus über Jahrhunderte Gewachsenem.
Da ist zunächst einmal die geopolitische Lage. Zwischen Nord und Süd aber auch West und Ost im Herzen Europas. Da ist der aus dem Bergbau stammende Reichtum von Gold, Silber und Salz, der all dies ermöglichte, was wir heute als so einmalig empfinden. Da ist die historische Funktion der Salzburger Erzbischöfe als Mittler zwischen Päpsten und Kaisern, da sind absolutistisch regierende Erzbischöfe, die die Macht des feudalen Adels in Grenzen hielten und damit ein selbstbewusstes, händlerisch aktives Bürgertum ermöglichten.
Da ist der Weitblick einzelner historischer Persönlichkeiten, wie etwa eines Paris Lodron, der es mit kluger Diplomatie aber auch Rüstungspolitik verstand, Salzburg vom 30-jährigen Krieg verschont zu halten, oder der großen Bauherren wie Wolf Dietrich oder der Grafen von Thun.
Da ist die Verbindung der weltlichen und religiösen Macht – sozusagen Himmel und Erde in einer Hand – die in einer baulichen Prachtentfaltung und einem höfischen Leben Ausdruck fand, von dem wir heute noch profitieren. Der Prunk diente dazu, weltlich zu demonstrieren, dass man sich Gottes Herrlichkeit nahe fühlte, indem man vorgab, die ganze Pracht zu seinem Wohlgefallen zu veranstalten, möglicherweise aber auch lediglich im Bemühen um den eigenen Nachruf.
Da ist die Förderung und die Erkenntnis der Bedeutung der Kunst auf höchster Qualitätsstufe bei der Prachtentfaltung, was wohl Pracht von Protz unterscheidet, durch Berufung von Künstlern von Weltruf an

den fürsterzbischöflichen Hof, wie etwa Johann Bernhard Fischer von Erlach, Johann Lucas von Hildebrandt oder Johann Michael Rottmayr.

Nur in diesem Umfeld war es etwa möglich, dass ein Leopold Mozart nach Salzburg kam und Wolfgang Amadeus Mozart letztlich hier geboren wurde.
Die alte Benediktiner-Universität hatte eine enorme Ausstrahlung bis nach über 1000 Jahren Salzburg als selbstständiger Staat zum Spielball damaliger Großmächte wurde, die sich reichlich aus dem hier Vorhandenen bedienten. Zunächst die Franzosen, dann die Habsburger mit der Toskanalinie, dann die Bayern und schließlich die Habsburger aus Wien.
Über Jahrzehnte wurde das durch Kriegswirren und den Verlust des erzbischöflichen Hofes verarmte Land von Oberösterreich aus verwaltet. Sicherlich mag schon damals eine Verklärung der vorigen Zustände eingetreten sein. Spätestens aber mit Errichtung der Mozartstatue und der Liebeserklärung Alexander von Humboldts an Salzburg hat sich um Salzburg ein Mythos entwickelt und dieser Mythos heißt Schönheit, heißt das Gefühl, dass dem menschlichen Genie trotz seiner Endlichkeit gerade hier die Bühne gemacht wird, und die Demut gegenüber der Seelenhaftigkeit zu finden ist, denn ohne sie ist die bauliche Schönheit dieser Stadt geistlos und banal; er heißt aber auch die Begegnung mit Fragen unserer Zeit, von Geschichte und Zukunft, „heraus aus dem Alltag!“ und zugleich die Warnung „Jedermann“ von den Türmen und Kuppeln der Stadt, von der Festung. Jedermann soll sich seiner Vergänglichkeit bewusst sein. Jedermann muss wissen, dass jeder Erfolg auch den Keim der Niederlage in sich trägt und für Jedermann ist einmal Zahltag, das Schließen der Bücher und das Ziehen der Bilanz.

Ein Mythos bedarf der Realität, sonst ist er Träumerei, Sentimentalität oder bestenfalls vermarktbarer Etikettenschwindel.
So gilt es heute für Salzburg aus einer europäischen Vision seine eigene Mission zu sehen, seine Sendung neu zu definieren. Eine Mission, die in den Gründern der Salzburger Festspiele Hugo von Hofmannsthal und Max Reinhardt ihre geistigen Vorväter hat.

Diese Mission besteht aus einer Erkenntnis, einer Botschaft und einem Auftrag.

Aus der Erkenntnis von Kreativität als zentraler Gnade der Schöpfung, von Kultur als Inkarnation der Nachdenklichkeit und von gebauter Geschichte als Zeugnis gelebten Erbes.

Aus der Botschaft der Menschlichkeit und Menschenfreundlichkeit als christlich-abendländisches Anliegen dieser Welt schlechthin, der Gastfreundschaft als praktizierter Nächstenliebe und der Vielfalt ohne Identitätsverlust.

Und schließlich ist sie ein Auftrag, die Fassade dieser Stadt durch das von ihr behütete Leben zum Leuchten zu bringen, die Kulisse durch den Geist zu einer Einheit von Form und Inhalt zu verschmelzen, und letztlich eine Stadt der Begegnung zu sein, einzuladen, dem Rätsel unserer Existenz auf die Spur zu kommen, Zeit des Innehaltens, der Festesfreude, des Begreifens und Offenheit zu schenken. Und damit Geschichte, Gegenwart und Zukunft in einem Lebensgefühl zu verdichten, das wir auch als Europa begreifen – als ein Europa der Geisteshaltung!

Die ISA in den letzten 25 Jahren

Die Gründungsväter der ISA haben den Mythos empfunden und die Mission erfasst. Vielleicht haben sie an einen Satz von Aristoteles gedacht, „Die Demokratie reicht so weit wie der Ruf ihrer Herolde", und diesen Satz auf Salzburg übertragen.
So war es vor 25 Jahren, als nur wenige sich eine EU der 27 mit überwiegend gemeinsamer Währung, das friedliche Hinwegfegen des Eisernen Vorhanges, des Kommunismus, das Entstehen neuer Volkswirtschaften vorstellen konnten, eine Tat enormen Weitblicks, bedeutenden nationalen und internationalen Freunden Salzburgs hier Gastfreundschaft zu zeigen und Begegnungen mit Gleichgesinnten zu verschaffen.

Mein Dank gilt heute den Gründungsvätern der ISA, die in all diesen Jahren Freunde und zugleich Gastfreunde, aber auch Salzburgs Herolde waren und Persönlichkeiten, die gemeinsam mit den vielen Mitgliedern und Freunden der ISA weiter daran gearbeitet haben, den Mythos Salzburg zu pflegen, die Mission dieser Stadt zu entwickeln, den Inhalt noch zu vertiefen und der Stadt dieses Besondere zu geben, was ihre Faszination ausmacht.

Ich kann und will hier keine Aufzählung geben, was die ISA alles in den 25 Jahren an kultureller Unterstützung geleistet hat. Die Selbstrühmung entspricht nicht dem Selbstverständnis der ISA und ihrer Mitglieder, lassen Sie es mich daher bei dem Satz bewenden: Die Unterstützungen waren und sind bemerkenswert und beträchtlich!

Der Wolfgang-Schüssel-Preis

So haben wir uns überlegt, aus Anlass des Jubiläums der ISA einen Preis auszusetzen und entsprechend zu dotieren; einen Preis, der wiederkehrend verliehen wird, und zwar an außergewöhnliche Persönlichkeiten für besondere Leistungen im Begegnungsschnittpunkt von Wirtschaft, Wissenschaft und Kultur mit besonderem Salzburgbezug, und zwar unter dem Gesichtspunkt einer offenen und toleranten, jedoch der europäischen Kultur verpflichteten Geisteshaltung.

Heute findet erstmalig die Verleihung dieses Preises statt und wir haben diesen Preis „Wolfgang-Schüssel-Preis der ISA“ benannt, natürlich mit Zustimmung von Wolfgang Schüssel. Warum? Wolfgang Schüssel war der Kanzler der Zeitenwende, der Transformation Österreichs im beginnenden Jahrtausend. In der Zeit der großen Umbrüche und Veränderungen hat er scharfsinnig die Notwendigkeit erkannt, Österreich in seiner internationalen Einbindung, in seiner Wirtschaft, in der Verfassungsrealität, in der Wissenschaftspolitik und der Gesellschaft auf die neuen Herausforderungen einzustellen. Wolfgang Schüssel hat vieles für Salzburg ermöglicht, sein Name steht für die Politik eines Unbequemen, der unser Land in einem sich stark ändernden Umfeld von alten Schulden zu neuen Chancen geführt hat; für den Mut, das langfristig Notwendige kurzfristig mehrheitsfähig zu machen, auch wenn dafür ein politischer Preis zu bezahlen ist; für das Gespräch mit und das Hören auf Intellektuelle, Künstler, Wissenschafter; für das Zusammenführen großer Persönlichkeiten aus Wirtschaft, Wissenschaft und Kultur, um daraus Erkenntnisse für künftige Entwicklungen und Handlungsnotwendigkeiten ableiten zu können, also um nicht bloß die Bäume, sondern den gesamten Wald erkennen zu können; die in Salzburg abgehaltenen Triloge sind ein derartiges Forum; für Internationalität; als ehemaliger Außenminister und am Höhepunkt seines politischen Wirkens als Ratspräsident der EU hat er nicht nur viel zur Weiterentwicklung der EU beigetragen, sondern vor allem den außenpolitischen Wert Österreichs nach der Waldheim-Kampagne und den sogenannten Sanktionen zu einem lange nicht da gewesenen Ansehen geführt; für die Abkehr von Selbstbetrug, wie etwa dass wir eine von Lipizzanern und Sängerknaben geprägte Insel der Seligen wären, sondern dass die Wirklichkeit vom Wettbewerb der Erfolgreichen gestaltet wird; für Bescheidenheit, für künstlerisches und kulturelles Interesse; ein talentierter Karikaturist, Cellospieler – ob dies bis zur Festspielreife gediehen ist, weiß ich allerdings nicht – er steht für unbeugsame Energie, für Weitblick und für Intellektualität.

Es ist dies, meine Damen und Herren, kein politischer Preis; es gilt nicht, die politischen Leistungen des Auszuzeichnenden zu bewerten, oder gar seine politische Einstellung oder Herkunft zu beurteilen. Die Stiftung des „Wolfgang Schüssel Preises der ISA“ und die Benennung nach Dir, lieber Wolfgang, ist ein Versuch, einen bescheidenen Dank abzustatten.

Der Preisträger Professor Dr. Peter Ruzicka

Die heutige erstmalige Verleihung des „Wolfgang-Schüssel-Preises der ISA“ ergeht an Professor Dr. Peter Ruzicka. Er hat all diese Eigenschaften, von denen ich gesprochen habe: Er ist unbequem, er ist intellektuell, er ist ein Spurensucher des Neuen, ihm ist es wichtiger zuzuhören als zu sprechen, er hat einen Blick über kleine Details hinweg zu den großen Zusammenhängen und er hat als Intendant der Salzburger Festspiele nach der Ära Mortier gemeinsam mit Festspielpräsidentin Dr. Helga Rabl-Stadler und ihrem Team die Erfolgsgeschichte der Salzburger Festspiele in künstlerischer Hinsicht weiter ausbauen können. Er beweist auch, dass man mit Unaufgeregtheit Großes erreichen kann.
Er war es, der auf „Mozart 22“, also dem kühnen Unterfangen bestanden hat, alle 22 Mozart-Bühnenwerke im Mozartjahr 2006 im Rahmen der Salzburger Festspiele aufzuführen. Eine unglaubliche logistische Leistung, muss doch für jedes Bühnenwerk, eine eigene Regie, entsprechende Besetzung, Kostüme, Proben gefunden, entwickelt und abgehalten werden. Vielmehr aber ist es eine unglaubliche künstlerische Leistung, weil all dies auf dem für die Salzburger Festspiele gewohnten höchsten Niveau gelungen ist.
Auf den Einwand, dies wäre unmöglich, antwortete er mit einem kurzen „wo, wenn nicht in Salzburg“. Damit war alles gesagt und der Be-

ginn gesetzt und das Ergebnis und der Erfolg sprachen für sich: Mit „Mozart 22“ konnte Salzburg im Mozartjahr 2006 ihre Position als die Mozartstadt eindeutig ausbauen und verfestigen. Allen Bedenkenträgern, dass Wien und Prag und andere mehr Geld, mehr Infrastruktur, mehr Ideen, mehr öffentliches Engagement aufwenden würden, wurde Unbeirrtheit entgegengehalten und ein konsequenter großer Wurf präsentiert.
Auch das eine Gemeinsamkeit mit Wolfgang Schüssel: Mut zu großen Würfen, nicht das Gewohnte, das vielfach Erprobte, nein, das Außerordentliche stellt Weichen!

So komme ich zum Schluss. 25 Jahre nach Gründung der ISA denke ich mit Dankbarkeit an meinen Vater, den Gründungspräsidenten und seine Weggefährten. Die Gründer haben ihr Vorhaben, ohne jegliche öffentliche Mittel einen persönlichen Beitrag zu leisten, damit Salzburg seine von Geschichte, Kunst und Kultur aufgetragene Verpflichtung erfüllen kann, in die Tat umgesetzt. Sie sind uns Vorbild und Auftrag.

Anton-Wallner-Schützen Gedenkfeier 2005

20. Februar 2005 – Bramberg

Hohe Geistlichkeit! Hoch geschätzte Festgäste!

Es ist mir eine ganz persönliche Freude, erstmals für die Salzburger Landesregierung an einer Anton-Wallner-Gedenkfeier teilnehmen und die Grüße der Landesregierung und der Frau Landeshauptfrau überbringen zu dürfen. Ich grüße die 103 Fahnenabordnungen der rund 5000 Salzburger Schützen und ich grüße und danke den Panzl-Schützen, die heute die Ehrenformation stellen.

Anton Wallner wurde 1768 als neuntes Kind des Hinterlehengutbauers in Krimml geboren. Krimml hatte damals 326 Einwohner und 51 Häuser. Anton Wallner war ein Mann der Tatkraft, bereits mit 18 hat er das elterliche Gut übernommen und wenig später die Waldwirts-Tochter Theresia Egger geheiratet, mit der er 16 Kinder hatte. 1791 erwarben die Ehegatten Wallner das Aichberger Wirtshaus in Windisch-Matrei, das damals genauso wie das Zillertal zu Salzburg gehörte.
Anton Wallner steht für viele Salzburger Freiheitskämpfer als leuchtendes Beispiel. Seine militärische Laufbahn kann in vier Abschnitte unterteilt werden. Zunächst die Gefechte im Mai 1809 um den Pass Lüftenstein, bei denen er sich mit außerordentlicher Tapferkeit ausgezeichnet hat; dann die erneute Erhebung im Pinzgau im Gefolge des Sieges der Österreicher bei Aspern am 22. Mai 1809 und der Tiroler unter Andreas Hofer am Bergisel am 25. und 29. Mai 1809, wobei es am 26. Juni 1809 zum legendären Gefecht an der Halbstundenbrücke in Taxenbach kam. Anton Wallner schlug fünf wütende Angriffe von rund 7000 Bayern mit nur 400 Salzburger Schützen jeweils zurück, bestand also gegen eine 17-fache Übermacht. Schließlich kam es am 13. August 1809 erneut – wiederum durch einen Sieg der Tiroler gegen die Franzosen am Bergisel motiviert – zu einem gemeinsamen Angriff der Pinzgauer und Pongauer Schützen; Sie konnten sich nicht mit der Teilung des Landes abfinden und griffen vom Pinzgau und Pongau aus an, eroberten den Pass Lueg, Hallein und kamen bis Grödig. Letztlich wurden die Salzburger Schützen aber in der Talschlacht bei Mellek in der Nähe von Unken geschlagen.
Noch einmal führte Wallner im Dezember 1809 eine Volkserhebung an und zwar in Windisch-Matrei, focht bei der Lienzer Klause und eroberte das Pustertal, ehe er jedoch flüchten musste und in tiefer Verzweiflung am 15. Februar 1810 nur 42-jährig in Wien verstarb.

Warum haben Männer wie Wallner, Strucker, Panzl, Struber, Sieberer, Steger und viele andere ihr Leben riskiert? Männer, die bei Gott selbst nicht zu den Begüterten gehörten, sondern zumeist Bauern waren und das wenige, was sie hatten, auch noch aufs Spiel setzten?

Es war wohl das in einem freien Bauernstand tief verwurzelte Freiheitsgefühl, das es nicht hinnahm, in einem zweigeteilten Land von fremden Mächten ausgepresst zu werden und die eigenen Söhne in fremden Armeen zum Dienst schicken zu müssen. Erich Kästner wusste 130 Jahre später: „Man darf nicht warten, bis der Freiheitskampf Landesverrat genannt wird." Das hat wohl Anton Wallner intuitiv gespürt und fest entschlossen zur rechten Zeit die Initiative ergriffen. Ihm und seinen Mitstreitern war aber auch bewusst, was Jean Anouilh im 20. Jahrhundert geschrieben hat: „Freiheit ohne Gerechtigkeit ist Willkür."
Und es mag diesen Männern wohl auch und in erster Linie um ihre Heimat gegangen sein. Heimat ohne Freiheit, ohne Selbstbestimmung, ohne Verständnis für die eigene Identität, die eigene Kultur und Geschichte verdient nicht „Heimat" genannt zu werden, es verkommt ein Land dann zur bloßen Region, wo man lebt. „Heimat ist nicht nur dort, wo man wohnt, sondern wo man liebt und geliebt wird".

Und es war die Gemeinschaft, die diese Männer zusammengeschweißt hat, viele von ihnen haben alles riskiert: ihr Leben, sie haben ihre Familien, ihre Frauen und Kinder zurückgelassen und auch ihr materielles Hab und Gut, ihre Höfe. Weil sie einander nicht im Stich lassen wollten, weil sie füreinander eingestanden sind, weil sie einander die Treue gehalten haben.

So haben uns Anton Wallner und seine Mitstreiter die vier Säulen der historischen Schützengemeinschaften, der Schützenkompanien, der Garden und Prangerschützen vorgelebt.
Es ist dies unsere Geschichte: Wer die eigene Geschichte nicht kennt, versteht die Gegenwart nicht und kann die Zukunft nicht gestalten. Und Anton Wallner steht dafür, dass die Tradition von heute das Risiko von gestern ist!
Es ist dies die Heimat; ein Begriff, der oft missbraucht wurde und der heute neu definiert ist. Ich möchte nochmals betonen: „Heimat ist nicht nur dort, wo man wohnt, sondern wo man liebt und geliebt wird",

wo man die eigenen Wurzeln hat, wo man sich in Nähe und Geborgenheit wiederfindet.

Es ist die Gemeinschaft, das Geben und Nehmen, das Bereitsein, Verantwortung zu übernehmen, aber auch Verantwortung zuzuteilen, Verständnis füreinander zu haben, standpunktgetreue Toleranz zu leben. Und es ist schließlich der Glaube, „Glaube ist Gewissheit ohne Beweise“, die Gewissheit, eine letzte Rechenschaft für sein Leben ablegen zu müssen, eines Tages Bilanz ziehen zu müssen, Gewissheit auf Gerechtigkeit. Glaube ist aber auch Hoffnung, Hoffnung, die uns jeden Tag neu anfangen lässt, die uns aufrecht hält, die uns nicht aufgeben lässt und die uns auch Vergebung verspricht.

Ich bekenne mich ausdrücklich zum Schützenwesen im Lande Salzburg als Teil unserer Kultur, als lebendige Tradition, die uns die Geschichte vor Augen führt, die Heimat mit ausmacht, gelebte Gemeinschaft ist und auch ein offenes Bekenntnis zum Glauben ablegt.

Heute bekämpfen wir keine Franzosen und Bayern mehr mit Vorderladern, sie sind nicht unsere Feinde, sondern ganz im Gegenteil unsere Freunde und als Gäste in unserem Land hochwillkommen. Heute sind es andere Gefahren, die unseren ganzen Mut erfordern, nicht im direkten Kampf Mann gegen Mann, sondern im Kampf gegen oftmals unsichtbare Feinde, deren Heimtücke und Gefährlichkeit einem oftmals erst später, manchmal zu spät, bewusst werden:
Es ist die Gleichgültigkeit in unserer Gesellschaft und gegenüber dem Nächsten, dem Leben, auch dem ungeborenen Leben, gegenüber der Natur; es ist der Egoismus, der nur sich selbst im Mittelpunkt sieht und unter dem Deckmantel persönlicher Freiheit den Schwachen, den Hilfsbedürftigen alleine lässt; es ist die Schwester des Egoismus, die Rücksichtslosigkeit, die alles aus dem Weg räumt, nur um die eigene Gier, die Sucht nach immer mehr und mehr zu befriedigen.
Es ist die Verlogenheit und Heuchelei, die leugnet, dass wer Gutes bewahren will, manches verändern muss.
Es ist die Feigheit, die sich als Vorsicht oder Rücksicht tarnt und uns schweigen lässt, wenn wir unsere Stimme erheben sollten, dies aber nicht tun und es zulassen, dass andere für uns bestimmen und es ist die Rastlosigkeit, die keine Zeit mehr füreinander oder für sich selbst

zulässt, weil im Getriebensein unserer Zeit manchmal die Demut auf der Strecke bleibt.

Wenn wir diese Feinde in unserer Gesellschaft nicht rechtzeitig erkennen und bekämpfen, dann werden wir einen hohen Preis bezahlen: Einsamkeit, Verwahrlosung, Kälte werden unser Land, unsere Gesellschaft prägen und wir werden unsere Heimat verloren haben und dieses Land eines Tages nicht mehr wiedererkennen. Denn Heimat ist nicht nur dort, wo man wohnt, sondern wo man liebt und geliebt wird.

Darum rufe ich Euch Schützen zu:
Seid wachsam!
Erhebt Eure Stimme, wenn es notwendig ist!
Haltet zusammen!
Bekennt Euch zu Eurer Geschichte, zu Eurer Heimat, zur Gemeinschaft und zum Glauben!
Seid nicht gleichgültig!
Bringt Euch ein in die Gesellschaft, in die Gemeinschaft, in unsere Demokratie und seid wehrhaft gegen Verlogenheit, Egoismus und Rücksichtslosigkeit.

Salzburger Schützen!
Ich bin stolz auf Euch, wir zählen auf Euch, wir brauchen Euch!

Politik heute: wertefrei – wertlos?

Ist eine wertefreie Politik überhaupt vorstellbar, ja verantwortbar?
Ist eine wertefreie Politik im Sinne eines Staatsmanagements, also der ausschließlich technokratischen Führung des Unternehmens Staat, überhaupt denkbar?
Und ist eine solche Politik ohne Werte nicht nur wertefrei, sondern wertlos – ohne Gewicht und ohne Gehalt?

Weshalb ist diese Fragestellung in den wohlhabenden westeuropäischen Industriestaaten im Begriff, die zentrale Dimension der politischen Diskussion für sich zu vereinnahmen? Wir leben in einem nie da gewesenen Wohlstand, sind nicht von Krieg bedroht, verfügen über gespannte soziale Netze, das Rechts- und Anspruchsdenken fußt auf engmaschigen gesetzlichen Grundlagen, die Lebenserwartung ist so hoch wie nie zuvor und Freizeit, Selbstverwirklichung, Unterhaltung, Reisen und die Leistbarkeit von vielem, was früher undenkbar gewesen wäre, ist alltäglich geworden.
Die Delle im Wirtschaftswachstum oder die Substitution des Mangels oder des Übermaßes an Beschäftigung durch Sinnfragen ist es wohl nicht. Auch können wir in unseren Gesetzen, vor allem in den Verfassungsgesetzen, in der Menschenrechtskonvention, im Staatsgrundgesetz und in der Bundesverfassung eine Vielzahl an Wertebestimmungen feststellen, die selbstverständliches Gedankengut der westlichen Welt geworden sind: Das Recht auf Leben, das allerdings an beiden Rändern seiner Existenz, und zwar vor der Geburt und im Bereich der Euthanasie infrage gestellt ist, das Recht auf körperliche Integrität, auf Eigentum, auf persönliche Meinungsfreiheit, das allgemeine, gleiche, aktive und passive Wahlrecht, die Gleichheit vor dem Gesetz, das Recht der freien Ein- und Ausreise, der Mobilität und vieles andere mehr; diese Rechte verkörpern Werte, die in dieser Allgemeingültigkeit vor 1945 keine Selbstverständlichkeit waren. Es sind dies Grundrechte, die den Wert des Menschen in einer demokratischen und pluralistischen Gesellschaft nachdrücklich zum Ausdruck bringen und im Wesentlichen auch, gelebt, praktiziert, judiziert und als selbstverständlich, ja geradezu als naturrechtlich vorausgesetzt sind.

Worin liegt also die viel zitierte geistige, psychische, moralische, ethische Verarmung und Verwahrlosung unserer materiell wohlhabenden Gesellschaft?

Ein bemerkenswertes Beispiel aus den USA: Ein Wirtschaftsprofessor einer nicht unbedeutenden amerikanischen Hochschule bat seine Studenten eine Woche lang mit folgender Übung zu leben: „Nehmen Sie an, Sie hätten nur noch dieses eine Semester zu leben. Führen Sie Tagebuch, wie Sie es verbringen."

Es tauchten plötzlich Werte auf, die vorher – ich möchte nicht sagen, unbekannt waren, aber sehr an den Rand gedrängt gewesen sind. Die Studenten schrieben Ihren Eltern und besuchten sie, versöhnten sich mit Geschwistern und Freunden, hatten einen völlig veränderten Umgang miteinander. Werte wie Liebe und Dankbarkeit und Zeit füreinander zu haben, wurden zur Hauptsache. All das bekam plötzlich eine neue Wertigkeit, weil sie die Dinge auf einmal vom Ende her betrachteten. Ein bemerkenswerter Ansatz, nicht wahr? Was würdest Du tun, wenn Du wüsstest, dass Du nur noch drei oder vier Monate zu leben hättest? Wie würdest Du Dein Leben ändern, Deinen Umgang mit dem Nächsten?

Eine deutsche Kabarettgruppe, das Ensemble des „Düsseldorfer Komödchens" hat zum modernen Menschen Folgendes zu sagen:

„Lebensangst und Kreislaufstörung,
Hasten, Jagen, Kampf und Gier,
was stabil ist, ist die Währung,
was labil ist, das sind wir.
Lass die Puppen schneller tanzen,
ohne Ziel in dem Getriebe,
hoch gepeitscht durch Dissonanzen,
ohne Glaube,
ohne Hoffnung,
ohne Liebe."

Da sind wir schon, im Dreiklang des Apostels Paulus, „Glaube", „Liebe", „Hoffnung", darum geht es. Und noch vor 30 Jahren verkündete Günther Grass stolz, diese drei wären „die Ladenhüter des Neuen Testaments". In gleicher Weise schrieb die Süddeutsche Zeitung, wahrlich kein linkes Revoluzzerblatt, unter der beliebten Rubrik „in/out" zur Prioritätenlage der Gegenwart:

„IN sind demnach Erfolg, Karriere und Schönheit
Als OUT gelten Glaube, Liebe und Hoffnung."

Und damit stellt sich die Frage, die der deutsche Bundespräsident Roman Herzog so trefflich formulierte: „Was bieten wir den Menschen jenseits voller Schaufenster?"

Elisabeth Noelle-Neumann vom Allensbach-Institut hat als die für sie persönlich erschütterndste Tendenz bei ihren jahrzehntelangen demoskopischen Untersuchungen festgestellt, dass es immer weniger Eltern wichtig ist, die Werte weiterzugeben, die für sie selbst wesentlich waren. Sie wollen ihre Kinder gar nicht mehr beeinflussen, sprich erziehen, am wenigsten im Glauben, in ihren Überzeugungen, in ihren Werten. Ein für Eltern und Kinder trauriger Weg.
Erfolg, Reichtum, Schönheit, Karriere sind relative Dinge, vergängliche Annehmlichkeiten: „Ein Spießbürger ist, wer ein absolutes Verhältnis zu relativen Dingen hat", sagt Sören Kierkegaard. Nein, es sind Glaube, Liebe und Hoffnung, die die nicht sichtbaren, nicht greifbaren, gesetzlich nicht regelbaren, dafür aber in Wahrheit einzig stabilen Fundamente einer sinnerfüllten menschlichen Existenz und der Gesellschaft darstellen und sie sind schleichend und unbemerkt in unserer hastigen Zeit zu Mangelressourcen geworden.

Glaube, Liebe, Hoffnung
Es geht bei der Frage nach dem Glauben natürlich in erster Linie um die Frage einer religiösen Bindung und damit um die elementaren Fragen unseres Lebens: Woher kommen wir? Wohin gehen wir? Gibt es ein Leben nach dem Tod? Wie war die Geschichte der Schöpfung wirklich? Ist die Genesis nur eine zurechtgezimmerte Erklärung, die den Urknall in der Bibelstunde verschleiern soll? Mit anderen Worten, gibt es einen Gott, gibt es etwas Höheres, als der Mensch ist, etwas Ewiges, Unendliches? Gibt es etwas oder jemanden, dem wir am Ende unserer Tage, am Ende des Seins, Rechenschaft abzulegen haben, einen, der uns zwingt, Bilanz zu ziehen? Eine Summe von Fragen, die die westliche Gesellschaft zurzeit nicht sonderlich bewegt.

In der bisher größten repräsentativen Internetumfrage in Deutschland gemeinsam von ZDF, Stern, T-Online, McKinsey unter Einbindung von

356.000 Bundesbürgern haben sich nur noch 39 Prozent als religiös bezeichnet; auf die Frage, wem sie am meisten vertrauen würden, kam die überwältigende Antwort: den gelben Engeln des ADAC, dem deutschen Gegenstück unseres ÖAMTC. Priestern, den Kirchen, vertrauen noch knapp 14 Prozent.
Offensichtlich sind Wohlstand und Religiosität umgekehrt proportional und man verfährt mit dem Glauben so, wie mit dem heiligen Antonius, der nur dann angerufen wird, wenn man eben gerade Verlorenes verzweifelt sucht und nicht findet.

Kunst ersetzt die Theologie und Ökologie die Spiritualität. Die Kunst ist relativ, sie ist ein Ausdruck menschlicher Kreativität und ökologischer Fundamentalismus ist nichts anderes als die Anbetung der Ergebnisse eines Schöpfungsaktes, wobei man auf den Schöpfer selbst vergisst.

Wenn schon Glaube, dann legt sich jeder seinen eigenen, maßgeschneiderten Gott zurecht, der so wenig als möglich mit der sogenannten „Amtskirche“ zu tun haben soll, den man ganz individuell her- und wegzappen und wie auf einem Computerscreen nach persönlichen Bedürfnissen modellieren kann. Man schwingt sich selbst zum Schöpfer seines Schöpfers auf und dokumentiert damit Hybris, Mangel an Demut, Verdrängung und Anpassungsfähigkeit bis zur Charakterlosigkeit.
Es ist aber nicht nur der Mangel an religiösem Glauben, es ist das Wegbrechen des Glaubens an Werte, das unserer Gesellschaft so sehr zu schaffen macht, Werte wie Liebe, Hoffnung, aber auch Mitmenschlichkeit, Selbstlosigkeit, Wissbegierde, Demut, Respekt vor anderen, Dankbarkeit, Solidarität, Lebensmut und die Kraft des Glaubens an die eigenen Fähigkeiten.
Der Mangel des Glaubens an Gott geht Hand in Hand mit dem mangelnden Glauben an innere Werte, die die Voraussetzungen für ein sinnvolles menschliches Zusammenleben schaffen und der Humus dafür sind, dass das Leben von jedem Einzelnen von uns Sinn ergibt, dass jede Persönlichkeit für sich genommen Achtung verdient, Aufmerksamkeit und Zuneigung.

Meine Überlegungen sind nicht die eines Theologen, der ich nicht bin – sondern eines politischen Menschen, eines Mitglieds der Landes-

regierung, das erkannt hat, dass die seelische Vereinsamung, die Sinnentleerung in der Spaßgesellschaft, der Materialismus der Konsumgesellschaft uns in eine geistige und psychische Einöde führt, wenn wir nicht alles daransetzen, aus den seichten brackigen wieder in tiefgründige Gewässer zu kommen, in denen wir neue Fahrt, neue Dynamik, neue Zuversicht, neue Lebensfreude finden.
Lebensfreude, darum geht es, nicht um Spaß. Wenn wir an nichts mehr glauben, vor nichts mehr Achtung haben, für nichts mehr Dankbarkeit empfinden, das gesamte Leben nur aus Fun und Unterhaltung besteht, aber nicht aus einem Geben und einem Nehmen, wer wird uns dann in der Stunde der Not, der Krankheit, der Armut, des Leidens zur Seite stehen, woran glauben wir dann?

Der Mensch braucht den Glauben, er braucht die Kirche mehr denn je, aber die Kirche braucht auch die Menschen. Und dass die Kirche und mit ihr der Glaube als alltägliches Gut, das uns von unseren Eltern schon in die Wiege gelegt wurde, im Begriff ist, aus unserem Leben zu verschwinden, hat mit einer Bring- und einer Holschuld von beiden Seiten zu tun. Nur dann, wenn es der Kirche gelingt, sich anstelle des Hervorhebens von Verboten, anstelle des erhobenen Zeigefingers, des „Du darfst nicht", des in den Vordergrundstellens von Strafe und ewiger Verdammnis die Freude, die Hoffnung und die Fröhlichkeit auf ihre Fahnen zu heften, wird sie ein echtes Angebot, eine Lebenshilfe im wahrsten Sinn des Wortes, ein Versprechen sein.
Ich weiß schon, dass es an uns liegt, das Angebot Glaube, das Angebot Kirche anzunehmen. Es liegt an jedem Einzelnen von uns, aber mit dem modernen englischen Satz „take it or leave it" wird es nicht getan sein. Ich bin felsenfest davon überzeugt, dass wir einen neuen Missionsauftrag, vermutlich den wesentlichsten Missionsauftrag der Kirche in den letzten tausend Jahren überhaupt benötigen, nämlich die Mission durch die Kirche in den katholischen Kernländern, in Österreich, in Deutschland, in Italien, in Europa und in den westlichen Industriestaaten!

Ich fordere aus aufrechter Sorge um die Entwicklung unserer Gesellschaft ein Zugehen der Kirche auf die Menschen, das Ausstrecken der Hand und auch ein Überdenken von Positionen, die viele von der Teilnahme an der Kirche ausschließen. Ich denke hier etwa an Fragen der

Zulassung wieder verehelichter Geschiedener zu den Sakramenten, aber auch die Prüfung von Möglichkeiten, inwieweit Seelsorge durch nicht dem Zölibat verpflichtete Priester möglich sein könnte. Unsere Gesellschaft braucht Seelsorge mehr denn je und dazu braucht es Seelsorger, in jeder Gemeinde mindestens einen. Nur so lässt sich der neue Missionsauftrag erfüllen, nur so können wir der seelischen Verarmung, der Vereinsamung, der Sinnentleerung, dem Verlust an christlichen, an humanitären, an abendländischen Werten Einhalt gebieten.

Ich wünsche mir eine politische – keine parteipolitische – Kirche, die den Satz von Paulus „Es ist die Güte und die Menschenfreundlichkeit erschienen" in den Mittelpunkt ihres Handelns stellt.

Ich fordere aber auch eine Kirche, die dem technologischen Fortschritt mit großer Aufgeschlossenheit gegenübersteht und zur Kenntnis nimmt, dass die Entwicklung unserer Gesellschaft in einem Ausmaß wie nie zuvor davon bestimmt ist und bestimmt sein wird. Dieser Fortschritt wird sich mit oder ohne Kirche beschleunigen und er wird sich mit oder ohne Kirche global weiterentwickeln und die entscheidende Frage ist, welches Bild, welche ethische Prägung die Menschheit den Produkten dieses Fortschrittes und damit dem Menschenbild selbst gibt.

Ein Beispiel: Mit der Erforschung des menschlichen Gens und der Zellforschung ist es in der Biomedizin auch gelungen, Antworten auf die bis dahin ungeklärten Fragen zu bekommen, wie sich aus einer befruchteten menschlichen Eizelle Leberzellen, Nierenzellen, Hirnzellen und so weiter entwickeln.
Einem chinesischen Forscher ist es gelungen, einer Maus die Stammzelle eines menschlichen Großhirns einzupflanzen. Die damit zusammenhängenden Fragen liegen offen auf der Hand: Was ist dieses Wesen? Tier oder Mensch? Welche Schutzrechte kommen diesem Lebewesen zu? Die Empörung der westlichen Wissenschaft über diese Entwicklung wird in Asien nicht verstanden. Dort wird der Übergang zwischen den einzelnen Erscheinungsformen des Lebens als fließend betrachtet. Wenn es der westlichen Welt nicht gelingt – und hier kommt dem christlichen Glauben und damit auch und vor allem der katholi-

schen Kirche eine zentrale Rolle zu – ihre christlichen, humanen Werte in sich selbst so zu verfestigen und von Generation zu Generation weiterzugeben, so werden wir in der globalen Auseinandersetzung, welche Sicht des Menschen und des Lebens die prägende sein wird, nicht genügend Kraft aufbringen, unsere Positionen durchzusetzen.

Unser gemeinsames politisches Ziel muss dabei sein: Der Mensch steht im Mittelpunkt, die menschliche Würde, das menschliche Leben, in seiner Einzigartigkeit, mit seinen Stärken und Schwächen und in seiner ganzen Großartigkeit – womit wir bei der Liebe wären.

Von Mutter Theresa stammt der Satz: „Das Schlimmste sind nicht Pest und Cholera. Das Schlimmste ist, von niemandem beachtet und geliebt zu werden."
Und wir werden noch sehr viel Liebe brauchen, wenn wir die Herausforderungen, die auf uns zukommen, bewältigen wollen. Ich darf nur darauf hinweisen, dass heute rund 70 Prozent aller Pflegefälle noch in Familien betreut werden, aber bereits 50 Prozent aller Ehen geschieden werden; in wenigen Jahren wird über ein Drittel der Salzburger älter als 60 Jahre sein; die Lebenserwartung steigt, die Geburtenrate sinkt, die demografische Entwicklung stellt sich wie eine auf den Kopf gestellte Pyramide dar.
Immer mehr Menschen werden von immer weniger erhalten werden müssen, die Finanzierbarkeit unseres Pflege- und Sozialsystems stößt bereits derzeit an seine Grenzen und es wird nicht lange dauern, dann wird öffentlich darüber diskutiert werden, wie sehr alte pflegebedürftige Menschen eine Gesellschaft belasten und wann die Grenze der Zumutbarkeit dieser Belastung erreicht sein wird. Wie wollen wir diese Fragen ohne Liebe, ohne Dankbarkeit und ohne die demütige Erkenntnis, dass auch wir dereinst in der Position des Schwachen sein werden, beantworten?

Schon heute werden in Schweden gewisse Eingriffe wie etwa Kniegelenks- oder Hüfttransplantate von der Sozialversicherung ab einem gewissen Alter des Patienten nicht mehr bezahlt. Schon heute sind in den Niederlanden rund 3 Prozent der Todesfälle euthanasisch. Die Entwicklung geht in die Richtung, dass zunehmend die Angehörigen und damit die Erben über entsprechenden Druck das „Aus" des „ansonsten nicht mehr geliebten", alten, behinderten, hilflosen Menschen bestimmen. Wann kommt diese Entwicklung auch auf uns zu? Wer schiebt ihr einen Riegel vor, wer schützt den Menschen? All diese Fragen würden sich nicht stellen, wenn Liebe ein tragender Wert in unserer Gesellschaft wäre.

Wie mag es sich wohl bei Abtreibungen verhalten? Nach den Hochrechnungen werden in den Salzburger Landeskrankenanstalten jährlich 785 Abtreibungen durchgeführt. Das entspricht rund 35 Volksschulklassen, genauso vielen Volksschulklassen, wie der Salzburger Tennengau hat. Ein weiterer Kommentar dazu erübrigt sich.

Sigmund Freud hat einmal gesagt, „Der Verlust von Scham ist das erste Anzeichen von Schwachsinn". Oft hat man den Eindruck, dass die Liebe in unserer Gesellschaft zur Eigenliebe, zur Egozentrik, die unter dem Tarnwort „Selbstverwirklichung" betrieben wird, verkommen ist. Sie gebiert Wortungetüme wie „Lebensabschnittspartner", also das Eingehen von Beziehungen, die schon von vornherein mit Ablaufdatum versehen sind, und Ulrich Becker, der deutsche Soziologe, schildert dies so treffend, indem er zur „Selbstverwirklichung" sagt: „Wir gehen Joggen, beenden die besten Ehen, wechseln unsere Therapeuten und Selbsthilfegruppen und am Ende graben wir unsere Wurzeln aus, um nachzusehen, ob sie noch intakt sind."
Zur Liebe gehört die Toleranz, das bedeutet aber nicht, dass man sich selbst dabei aufgibt. Die Forderung, andere Überzeugungen zu achten, wird inzwischen zur Forderung, keine eigenen Überzeugungen mehr zu haben. Und wer sie dennoch vertritt, gilt als intolerant. Wir sollten uns wieder viel stärker auf politische Standpunkte besinnen, getragen von „standpunktgetreuer Toleranz": Respekt vor der Meinung der anderen, die eigene Position aber mit Nachdruck und Überzeugung vertreten!

Ich glaube, dass Liebe ein tragendes Element der Politik sein muss: die Liebe zu einem Land, aber vor allem zu seinen Menschen. Im Mittelpunkt steht der Mensch, und jede Form der Politik, der Wirtschaftspolitik, der Sozialpolitik, der Forschungspolitik, der Bildungspolitik, hat der zentralen Frage nachzugehen, was nützt sie dem Menschen und welche Chancen können wir der nächsten Generation geben?

Damit sind wir bei der Hoffnung angelangt. Teilhard de Chardin sagte: „Die Zukunft gehört denen, die den nachfolgenden Generationen Grund zur Hoffnung geben."
Es ist Aufgabe der Politik, Hoffnung zu vermitteln und Politik wird nur erfolgreich sein, wenn sie ein Versprechen ist, das Vertrauen rechtfertigt, weil es eingelöst wird. Dabei kommt es auch darauf an, mit Ehrlichkeit darzulegen, dass nicht alles gestaltbar ist, unsere Handlungsspielräume eng sind. Möglicherweise haben wir in unserem Wahn, alles regeln zu können und zu müssen, weit über das Ziel hinausgeschossen und im Wohlfahrtsstaat dem Menschen die Eigenverantwortung genommen. Der Staat hat ja angeblich ohnedies für alles aufzukommen und zu sorgen. Wir haben eine Kaskomentalität gezüchtet, die wohl in die Krise der Selbstbewältigungskraft führt.
Seien wir selbstbewusst, übernehmen wir Verantwortung! Geben wir aber auch Verantwortung! Achten wir darauf, dass die persönliche Freiheit ein ganz wichtiges zentrales Gut ist, das an der Freiheit des anderen seine Grenze findet und untrennbar mit Verantwortung verbunden ist, Verantwortung für sich selbst aber auch für andere. Und halten wir es mit dem Lebensmotto von Alfred Herrhaus: „Wir müssen das, was wir denken, auch sagen. Wir müssen das, was wir sagen, auch tun. Wir müssen das, was wir tun, auch sein."

Ist also eine Politik ohne Werte wertlos? Ich antworte uneingeschränkt mit „Ja". Sie ist wertlos, weil sie beliebig ist, weil sie ohne Fundamente steht, weil sie krisenanfällig und nicht nachhaltig ist, zur Politikverdrossenheit führt und im globalen Wettstreit der Kulturen zur Frage der Wertigkeit der menschlichen Existenz letztlich kein Konzept anzubieten hat. Und schließlich hat ein reines Technokratentum noch nie die Fragen beantworten können: Wozu sind wir auf dieser Welt, was ist unsere Aufgabe, was sind unsere Ziele, „was bieten wir den Menschen jenseits voller Schaufenster?"

Ich denke, dass Glaube, Liebe und Hoffnung die Kernwerte sind, unter die sich alle anderen subsumieren lassen; auch Begrifflichkeiten, die durchaus wieder in die Politik gehören wie Nachhaltigkeit, Hingabe, Anständigkeit, Menschlichkeit, Freude, Kampfeslust, Geradlinigkeit, Achtung, Verantwortung, Weitblick, Bescheidenheit, Konsequenz, Fleiß, Standhaftigkeit, Zusammenhalt, Begeisterung, nach den Sternen zu greifen, zu seinem Wort zu stehen, die Leute zu mögen und sein Land zu lieben, sich einzusetzen, nicht erpressbar zu sein, nicht zu verletzen und Zeit zu haben für andere, aber auch für sich.

Ich bin der festen Überzeugung, dass die Politik die Menschheit nur auf Dauer für sich gewinnen kann, wenn unsere Waffen Glaube, Liebe und Hoffnung, Güte und Menschenfreundlichkeit heißen. Dieses Rüstzeug tragen wir alle in uns. Wir können unendlich davon geben, ohne es je zu mindern.

Aus einem Vortrag vor den Rittern vom Heiligen Grab am 25. Juli 2005.

Wirtschaft 2010 – Das Ende der Gestaltbarkeit?

Rede vor dem Wirtschaftskammerparlament
der Wirtschaftskammer Salzburg am 22. November 2004

Lassen Sie mich zu Beginn eines Referates, das mit einer in die Zukunft gerichteten Fragestellung übertitelt ist, in die Vergangenheit blicken: Gehen wir 20 Jahre zurück; wer hätte 1984 den Zusammenbruch des Ostblocks und die Osterweiterung der EU vorhergesagt? Wer wusste damals, was Internet ist? Wer konnte sich vorstellen, dass vom Volksschüler bis zum Altersheiminsassen das Leben ohne Mobiltelefone undenkbar geworden ist. Bargeld aus dem Automaten war nahezu unbekannt und mit einem PC oder Laptop arbeitete niemand.

Was ich damit sagen will: Fragen nach Gestaltungsräumen in der Zukunft müssen rechtzeitig gestellt werden. Nicht erst dann, wenn einen die Entwicklung bereits überrollt hat oder noch schlimmer, ohne einen stattfindet. Dabei haben wir mit dem Problem zu kämpfen, dass Zukunft nur prognostizierbar, nicht aber vorhersehbar ist. Nehmen Sie etwa, welche gewaltigen Umwälzungen sich in wirtschaftlicher, politischer, gesellschaftlicher und sozialer Hinsicht in den letzten 20 Jahren ereignet haben; wer hätte damals gedacht, dass „Konsum" Pleite gehen kann, die Post Gewinne schreibt, es private Telefongesellschaften gibt? Wer hätte sich vorstellen können, dass die ÖBB in die Eigenwirtschaftlichkeit entlassen wird und man seiner Großmutter E-Mails senden kann? Man sollte also nicht den Fehler machen, den Prognose- und Planungszeitraum zu weit auszudehnen, sonst wird aus der Prognose Fantasterei und aus der vermeintlichen Weichenstellung Illusion.

Wirtschaft 2010 – Das Ende der Gestaltbarkeit?

Meine Damen und Herren, es geht uns gut. Wir liegen in Fragen der Beschäftigung im Spitzenfeld, nach der jüngsten Eurostat-Studie hat Salzburg die zweitgeringste Arbeitslosigkeit in Europa nach der Region Bozen, unser Wirtschaftswachstum im Jahr 2003 war wesentlich über dem österreichischen und vor allem über dem europäischen Durchschnitt. Viele Indikatoren sprechen für eine Konjunkturbelebung, wir haben ein dichtes soziales Netz, eine medizinische Versorgung, die weltweit im Spitzenfeld liegt. Man kann sagen, dass dieses Land von hohem Wohlstand breiter Bevölkerungsschichten, sozialem Frieden und ausgesprochen guter Lebensqualität geprägt ist.

Und dieser Befund sollte uns sehr, sehr vorsichtig und aufmerksam machen, denn nichts ist so schmerzvoll wie böses Erwachen und nichts ist so schwierig, wie eine einmal verlorene Spitzenposition wieder zurückzugewinnen.

Was können wir tun, um dieses Land nicht nur auf dem derzeitig hohen Niveau zu halten, sondern dieses Niveau noch zu steigern, noch besser, noch effizienter, noch wohlhabender zu werden? Sind wir eine Insel der Seligen oder sind wir bloß ein Eiland, das beim nächsten Sturm oder vielleicht schon bei der nächsten Flut in der Mittelmäßigkeit versinkt?

Die Beantwortung nach der Frage von Gestaltungsspielräumen im Jahr 2010 hat angesichts der internationalen Verflechtungen die Frage nach den wesentlichen Megatrends unserer Zeit und deren Auswirkungen auf den nationalen und regionalen Handlungsspielraum in sich.

Im Manifest der kommunistischen Partei schrieben Karl Marx und Friedrich Engels 1848: „Das Kapital hat die Bevölkerung agglomeriert, die Produktionsmittel zentralisiert und das Eigentum in wenigen Händen konzentriert. Die Arbeiter, die sich stückweise verkaufen müssen, sind eine Ware wie jeder andere Handelsartikel und daher gleichmäßig allen Wechsel fehlender Konkurrenz, allen Schwankungen des Marktes ausgesetzt.“

Die 10.000 Arbeiter, die von General Motors, Aventis, Continental oder anderen Weltkonzernen auf die Straße geschickt werden, berühren uns nicht. Wir haben Vollbeschäftigung, es geht uns gut und wir können diese Katastrophen in den täglichen Abendnachrichten genauso wegzappen wie die Opfer von Flächenbombardements – wir denken ja nicht einmal mehr „wie schrecklich“, weil ja Wetternachrichten, Seitenblicke oder der nächste Werbeblock unsere Aufmerksamkeit fordern und virtuelle Realität einfach weggeblendet werden kann. In Europa und in den USA sind 100 Millionen Menschen von Arbeitslosigkeit bedroht, na und – sind wir nicht viel tüchtiger und Vizeeuropameister, was Vollbeschäftigung betrifft?

Weltweit drei Milliarden Arme, die zusammen ein geringeres Einkommen haben, als die 400 reichsten Familien der Erde, stellen in Wahrheit einem globalen Wirtschaftssystem ein epochales Armutszeugnis aus; einem Wirtschaftssystem, das scheinbar ausschließlich dem Goldenen

Kalb Shareholder-Value verpflichtet ist und sich sozialer, volkswirtschaftlicher und teilweise auch ethischer Verantwortung entzieht.

Im Casinokapitalismus geht es nicht nur darum, ob ein Unternehmen eine solide Geschäftsbasis besitzt, sondern es geht um schnelle Gewinne. Der Zeithorizont der Anleger wird immer kürzer und gemäß dem Konzept des Shareholder-Value zählen ausschließlich Aktionärsinteressen. Die Unternehmensergebnisse des letzten Quartals haben den Erwartungen der Finanzmarktanalysen zu entsprechen – egal um welchen Preis auch immer. Die Kapitalmarktliberalisierung in den marktwirtschaftlichen Industrieländern, die im großen Stil betriebene Privatisierung von Staatsbetrieben und anlagesuchendes Kapital haben eine ungeheuere Kapitalmobilität ausgelöst. In Kombination mit den am neuesten Stand der Technologie befindlichen Informationssystemen ermöglicht diese den Anlegern sekundenschnelle Reaktionen auf Marktsignale über Kontinente und Zeitgrenzen hinweg. Eine Heerschar von Investmentbankern und auf Mergers & Acquisitions spezialisierten Anwälten sucht für das in hohem Ausmaß verfügbare internationale Kapital Anlagemöglichkeiten in Form von Unternehmen, die dann filetiert und mit Gewinn weiterveräußert werden. Ein Trend, der durchaus auch in Österreich zu beobachten ist, wenn man etwas genauer hinsieht. Ist unsere Antwort darauf: Da kann man halt nichts machen?

Wenden wir uns dem Ölpreis zu. Ist uns bewusst, dass der Ölpreis von 28 US-Dollar pro Barrel auf rund 50 US-Dollar im Laufe des Jahres 2004 angestiegen ist, was eine Steigerung von mehr als 40 Prozent[1] bedeutet. Die OPEC produziert heute täglich 25,4 Millionen Barrel mit einer Kapazitätsreserve von knapp 6 Prozent. Wenn Sie auf den chinesischen Markt blicken, werden Sie feststellen, dass China heute rund 7,7 Prozent des Weltölangebotes für sich verbraucht. 2002 gab es in China auf 1000 Einwohnern 0,45 Autos. Den Schätzungen zufolge wird es 2008 in China zumindest 1,04 Autos auf 1000 Einwohner geben, das ist ein Gesamtanstieg um über 7 Millionen Kraftfahrzeuge. Bei vorsichtiger Rechnung wird diese Zunahme zusätzlich rund 43 Millionen Barrel an

1 Im Laufe des Jahres 2008 erreichte der Ölpreis ein Rekordhoch von 146 US-Dollar/Barrel.

Öl beanspruchen[2]. Ähnliche Entwicklungen werden sich in Indien und Südostasien einstellen, das heißt, der Ölproduktion und dem Ölpreis als dem globalen Rohstoff schlechthin kommt in Hinkunft wieder weit mehr an Bedeutung zu und man darf vermuten, dass den USA bei ihrer Irakpolitik weitsichtige Überlegungen zum Thema Rohstoffsicherung nicht ganz ferngelegen waren. Kann diese Entwicklung von Salzburg aus beeinflusst werden? Wohl kaum.

Der explodierende chinesische Markt führt aber auch zu einem Staubsaugereffekt, weil der Bedarf der chinesischen Industrie an Rohstoffen aller Art die Weltmärkte leer kauft, was sich unmittelbar in den Preisen niederschlägt. Unsere Industriebetriebe leiden zum Beispiel unter den steigenden Einkaufspreisen für Ethylen, Kupfer, Aluminium, Stahl und anderen Grundstoffen. Allein im Verlaufe des Jahres 2004 kam es teilweise fast zu einer Verdoppelung der Preise (etwa Ethylen +60 %, Kupfer +72 %, Aluminium +35 %, Stahl +94 %). Wir können zusehen, mehr bezahlen oder resignieren, ist das die Antwort?

Meine Damen und Herren, neue Technologien revolutionieren die Gesellschaft, Wirtschaftssysteme, überhaupt die ganze Welt. Erst die Digitalisierung hat in den letzten 20, 25 Jahren die Voraussetzung für Globalisierung, die ihrerseits nur auf Grundlage von Deregulation möglich war, geschaffen. Ich bin kein Globalisierungsgegner, bitte verstehen Sie mich nicht falsch. Meine Fragestellung lautet, haben wir in einer globalisierten Welt – also einer Welt, die Wirtschaften unbeachtet von Staatsgrenzen und Kontinenten zur Realität macht – Möglichkeiten, unsere gut strukturierte Wirtschaft weiter erfolgreich zu halten. Haben wir selbst noch irgendwelche Gestaltungsspielräume oder wird in Wahrheit Wirtschaftspolitik so gut wie ausschließlich ohnedies nur mehr in Konzernzentralen und in den Forschungslabors entschieden, die die Weltmarktneuheiten von morgen kochen.

Nehmen Sie die Nanotechnologie, die nach dem griechischen Wort „nanos“ für Zwerg als Zukunftstechnologie schlechthin gehandelt wird. Nano ist die Dimension, die ein Atom hat, ein Nano ist ein mil-

2 Tatsächlich dürfte 2008/2009 die Motorisierung der chinesischen Bevölkerung ein wesentlich höheres Ausmaß erreicht haben.

liardstel Meter. Die Nanotechnologie hat zum Ziel, Strukturen, Geräte und Systeme zu schaffen und zu nutzen, die aufgrund Ihrer geringen Größe neue Eigenschaften und Funktionen besitzen. Leichte und extrem stabile Materialien, die hundert Mal stärker sind als Stahl, können hergestellt werden. Möglich ist dies seit Beginn der 1980er-Jahre als Gert Binding und Heinrich Rohrer vom IBM-Forschungslabor in Zürich das Rastertunnelmikroskop erfunden haben, mit dem selbst Atome sichtbar gemacht werden können. Sie haben 1986 dafür den Nobelpreis in Physik erhalten. Schon heute haben wir Materialien in Händen, die mit Nano-Technologien im Zusammenhang stehen: Nehmen Sie einen Tennisschläger, für dessen Rahmen sogenannte Nanokomposite – also Verbundwerkstoffe aus Kohlenstoffen – verwendet werden oder nehmen Sie kratzfeste Brillengläser, die mit Nanopartikel beschichtet sind und auch mit Stahlwolle geputzt werden können, ohne dass sie einen Kratzer bekommen. Die winzigen Schichtteilchen sind so klein, dass sie Licht weder beugen noch brechen, sondern ungehindert durchlassen.

In Asien gilt die Lotuspflanze als religiöses Symbol der Reinheit, von ihr perlen Flüssigkeiten ab, kein Staub bleibt auf ihr haften. Dies geschieht aufgrund von Nanopartikeln: Die winzigen Papillen weisen Wasser ab und in der Nanotechnologie wurde daraus selbstreinigende Keramik etwa für Waschbecken oder selbstreinigendes Glas.

Nanotubes, kleinste Röllchen aus Kohlenstoffatomen, sind zehnmal zugfester als Stahl und fast doppelt so stabil wie Diamant, das bislang härteste Material der Welt. Makromoleküle können in der Elektronik als Konkurrenz zu Silizium eingesetzt werden, denn sie können sich sowohl wie ein Metall als auch wie ein Halbleiter verhalten. Damit ist ein erster Schritt in eine völlig neue Richtung von Computerchips gemacht, die auf Nanotechnologie basieren und das Potenzial für eine tausendfach höhere Datendichte als herkömmliche Speichertechniken haben.

Oder nehmen Sie die neueste Entwicklung Münchner Physiker, die einen Nano-Lichtmotor entwickelt haben. Der Motor besteht aus einem einzigen Molekülstrang und kann durch Laserlicht aktiviert werden – per Knopfdruck. Der Molekülstrang arbeitet ähnlich wie ein Kolben in einem Automotor. Per Knopfdruck wird die Drehzahl aktiviert.

Warum ich Ihnen das alles erzähle: weil diese willkürlich herausgegriffenen Entwicklungen (die Arbeitslosen bei unseren deutschen Nachbarn, die Entwicklung der Öl- und Rohstoffpreise und -reserven, die technologischen Entwicklungen) – und auch ihre Gefahren – bei uns so gut wie nicht zur Kenntnis genommen werden. Wir verharren in dem Muster des Gegenwärtigen, unsere politischen, wirtschaftlichen Strategien versuchen Gedankenspiele, die den bestehenden Zustand, die bestehenden Technologien und Strukturen aus heutiger Sicht der Welt von übermorgen überstülpen, Gedankenspiele, die bei der technisch-logischen Entwicklungsbeschleunigung wohl zum Scheitern verurteilt sind.

Meine Damen und Herren, geht uns all dies nichts an, leben wir also auf einer Insel der Seligen? Sie kennen die Antwort: Mitnichten! Aufgrund der internationalen Verflechtung, der gegenseitigen Abhängigkeit werden uns internationale Trends und Krisen unmittelbar, direkt treffen, der deutsche Arbeitslose kommt eben nicht mehr nach Österreich auf Urlaub, die Liftgesellschaft wird aufgrund fallender Umsätze keine Investitionen mehr tätigen, weil sie es sich nicht leisten kann, zumal aufgrund der Steigerungen der Rohstoffe und Ölpreise die Industrie und das Handwerk ihre Produkte nur zu nicht mehr leistbaren Preisen anbieten können, und mitten drinnen sind wir in der Teufelsspirale, die sich immer schneller dreht, wenn wir nicht handeln. Technologien, die an uns vorbeilaufen und uns in die Rückständigkeit führen, sind der Anstich zur Verödung unserer Wirtschaft.

Was können wir tun, um nicht in die resignative österreichische Grundstimmung von „Da kann man halt nichts machen" bis „Es wird a Wein sein und wir werd'n nimma sein" zurückzufallen, sondern vielmehr einzugreifen, mitzuwirken, schlicht und einfach, wirtschaftspolitisch zu gestalten?

Der erste Schritt dazu ist die genaue Beobachtung der Gegenwart in gesellschaftspolitischer und wirtschaftspolitischer sowie technologischer Hinsicht, und zwar nicht auf Salzburg, Österreich oder Europa begrenzt, sondern weltweit und das Nachvollziehen und Erkennen der großen Trends und Entwicklungen. Große Konzerne machen das, wie etwa Siemens mit seiner groß angelegten Zukunftsstudie „Horizons

2020“ und das Unternehmen hat darin zehn Megatrends erkannt:
Zunehmende Globalisierung
Steigendes Lebensalter
Weniger Kinder
Größere Bedeutung von Frauen in Wirtschaft und Gesellschaft
Freie Wahl der Lebensformen
Steigende Bedeutung virtueller Communities
Vernetzung der Kommunikationsmedien
Steigende Mobilität (Entlokalisierung)
Zunehmende Migration nach Europa
Beschleunigung des technischen Wissens und der Produktzyklen

Die meisten dieser Trends sind auch bei uns erkannt worden, sie geben die Richtung vor.

Wenn wir über Gestaltbarkeit der Wirtschaft sprechen, dann sollten wir auch Ziele formulieren: Welches Wirtschaftssystem wollen wir haben und welche Gesellschaft soll gestaltet werden? Es ist eine Illusion zu glauben, dass Wirtschaft und Gesellschaft unabhängig voneinander existieren, sie bedingen einander, sie sind bis ins Detail miteinander verflochten.

Und spätestens jetzt tritt die Politik auf den Plan, die im Wesentlichen zwischen zwei gesellschaftspolitischen Szenarien in den Zielvorgaben zu wählen hat. Wollen wir die Gemeinschaft der Entschleunigung (wie sie in der Siemens-Studie bezeichnet wird) oder wollen wir die leistungsorientierte Ich-Gesellschaft.

Das eine Bild beschreibt eine Entwicklung in europäischer Tradition mit relativ starkem Staat und einer Gesellschaft, die hohen Wert auf Solidarität und Nachhaltigkeit legt und dafür auch ein geringeres wirtschaftliches Wachstum in Kauf nimmt – mit allen Folgen für ihre sozialen Systeme.

Das andere Ziel skizziert hingegen eine wirtschaftlich sehr dynamische Entwicklung, gesteuert vom Markt und dem globalen Wettbewerb. Voraussetzung dafür ist eine sehr flexible Gesellschaft mit der Bereitschaft zu hoher Eigenverantwortung und größerem sozialen Risiko.

In der Gemeinschaft der Entschleunigung ist es Staat, Politik und Gesellschaft gelungen, in den europäischen Ländern tragfähige Lösungen für die Probleme des Gesundheitswesens, der Bildung und der Altersversorgung zu entwickeln, zudem Rechtssicherheit zu gewährleisten und die Bürger weitgehend vor Terrorismus zu schützen. Das neue „Europa der 35" ist zwar noch nicht vollständig entwickelt, aber es grenzt sich als ruhige Insel im globalen Meer schon deutlich gegenüber anderen Staatengemeinschaften und Wirtschaftsblöcken ab. Die Menschen vertrauen im Wesentlichen ihren Regierungen, Parteien und Gewerkschaften. Mit einer konservativen Grundhaltung tendieren sie dazu, an Bewährtem festzuhalten und Veränderungen ebenso skeptisch gegenüberzustehen wie der Zuwanderung von Nicht-Europäern.

Die Soziale Marktwirtschaft ist in dieser Gesellschaft ein hohes Gut, ebenso die Umweltqualität und der gemeinsame Kulturraum in Europa. Sowohl Unternehmen, Organisationen als auch jeder Einzelne werden daran gemessen, inwieweit sie fair, rücksichtsvoll und verantwortungsbewusst handeln. Man fühlt sich für die nachfolgenden Generationen verantwortlich: Umweltschonende Technologien stoßen auf große Akzeptanz, eine nachhaltige Wirtschaftsführung wird gewünscht und aktiv gefördert.

Hinsichtlich der ethischen Zulässigkeit der Gentechnik hat sich Europa ebenso auf eine gemeinsame Vorgehensweise geeinigt wie bei der Nutzung der Biotechnologie, wodurch die Industrie Rechtssicherheit auf diesen Gebieten erlangte. Neuen Technologien der Überwachung oder Personenidentifizierung gegenüber ist die Bevölkerung aufgeschlossen, wenn es um die Sicherheit der Bürger geht – wohingegen alle Neuerungen, die zu einem gläsernen Konsumenten führen könnten, abgelehnt werden.

Man konzentriert sich auf das eigene Lebensumfeld, alte Menschen sind gut in die Gesellschaft integriert, Kinder sind einer der höchsten Werte überhaupt. Zwar wächst der Anteil der unterschiedlichsten Lebensformen und der Patchwork-Familien weiterhin, aber Familie und Beruf lassen sich nun relativ leicht miteinander vereinbaren. Dank moderner Kommunikationsmittel und dem wachsenden Trend zur Informations-, Wissens- und Dienstleistungsgesellschaft verlagern sich die beruflichen Arbeiten in erheblichem Umfang in die eigene Wohnung. Das intelligente Heim mit Medien-, Ruhe- und Arbeitszonen bekommt eine hohe Bedeutung – die Wohnung wird wieder zum Lebensmittelpunkt.

Insgesamt bedeuten diese Entwicklungen für große Teile Europas einen Trend zur „Entschleunigung", hin zu einer neuen Bescheidenheit, teils durch den globalen Wettbewerb erzwungen, teils freiwillig und gewünscht. Das Wirtschaftswachstum ist schwach, als Produktionsstandort kann Europa insbesondere mit den aufstrebenden Ländern Asiens nicht mithalten. In Mittel- und Nordeuropa sind der Dienstleistungs- und Informationssektor stark entwickelt, in Osteuropa die klassischen Industrien, in Südeuropa vor allem der Tourismus.

Das frei verfügbare Einkommen der Privathaushalte sinkt, auch verursacht durch die zunehmenden Anteile der Selbstfinanzierung von Gesundheit, Altersvorsorge und Sicherheit. Außerdem steigen die Mobilitätsausgaben, weil immer mehr Verkehrsinfrastruktur – von mautpflichtigen Straßen über den öffentlichen Nahverkehr bis zu den Parkgebühren – privat finanziert wird. Als Folge der sinkenden Einkommen wandelt sich der Konsum vom Statusmerkmal zum sinnvollen Einkaufen. Im privaten Bereich nehmen die Do-it-yourself-Dienstleistungen zu. Investitionsgüter werden oft gemeinsam genutzt, Kulturreisen nehmen zu, Hotels müssen Flair ausstrahlen – Selbstfindung, Meditation, stilvolles Genießen und Naturnähe sind oft die Ziele. Das Leben wird bewusster, ruhiger und auch sozial sicherer, da sich die Einkommensunterschiede zwischen Arm und Reich zunehmend verringern. Es gibt eine große Vielfalt von Arbeitszeitmodellen, die neue Wechsel zwischen Erwerbs-, Lern- und Freizeitphasen erlauben. Viele Menschen streben trotz der nötigen Zweit- und Drittjobs nach einer guten Balance zwischen Arbeit und Freizeit und versuchen, sich der ständigen Erreichbarkeit durch „Auszeiten" zu entziehen. Entspannung, der Rückzug in Gefühlswelten voller Lebensfreude und ein ganzheitliches Gesundheitsverständnis sind oft wichtiger als berufliche Karrieren.

Dem steht die leistungsorientierte Ich-Gesellschaft gegenüber: Für sie ist eine dynamische Marktwirtschaft das wichtigste Charakteristikum. Die Nationalstaaten geben nur die Rahmenbedingungen vor und beschränken sich auf eine staatliche Mindestversorgung – auch auf Gebieten, die sie in der Vergangenheit als essenziell angesehen haben. Da den Regierungen die Reformen auf den Gebieten Bildung, Gesundheit und Altersvorsorge nicht gelungen sind, wurde dies mehr und mehr von Privatfirmen übernommen. So entstanden internationale Bildungs- und Gesundheitskonzerne, und selbst um die Sicherheit gegenüber Terroristen und Netzwerk-Saboteuren kümmern sich immer mehr Privatfirmen. Der Gesundheits- und Sicherheits-Sektor sind die stärksten Motoren der Wirtschaft.

Hand in Hand mit dem Rückzug des Staates geht die Betonung von Eigenverantwortung, Leistungsbereitschaft und Flexibilität. Selbstverwirklichung gilt als höchstes Ziel, Erlebniskonsum als Wert an sich. Wandel wird positiv bewertet, Bürgerinitiativen und Selbsthilfegruppen haben deutlich an Boden gewonnen – das Streben nach dem eigenen Vorteil gilt gleichermaßen für Unternehmen wie Individuen. Das Lebensgefühl in dieser Gesellschaft ist geprägt durch großen Wettbewerb und wenig Konstanz in den Strukturen. Private wie berufliche Partnerschaften werden ebenso schnell gebildet wie aufgelöst.

Viele Planungen sind sehr kurzfristig und die Netzwerke stark fluktuierend. Mit dem einen geht man ins Theater, mit dem anderen fährt man in den Urlaub – die Welt wird zum Dorf, Freunde und Bekannte rund um den Globus sind keine Seltenheit und dank hoher Mobilität und leistungsfähiger Kommunikationstechnik auch gut erreichbar. Zugleich verliert die klassische Familie an Bedeutung, vielfältigste Beziehungen treten an ihre Stelle, Kinder und Beruf sind nur für Wohlhabende leicht miteinander zu vereinen.

Insgesamt führen diese Entwicklungen zu einer Zunahme der sozialen Probleme. Die „time poor, money rich" (also Wohlhabende mit wenig Zeit) stehen den „time rich, money poor" gegenüber, eine Bildungselite dominiert Wirtschaft und Gesellschaft. Inszenierungskonsum, Multifunktions-Erlebnisreisen und Luxusmarken gibt es ebenso wie Armut, Billigurlaub und Discountläden. Doch zugleich sind die sozialen Schichten durchlässiger, und gesellschaftlicher Aufstieg ist für Leistungswillige – zumindest im Prinzip – leicht möglich. Viele Bildungsinstitutionen konkurrieren miteinander und die meisten neuen

Arbeitsplätze entstehen im Bereich der Informationsgewinnung, -verarbeitung und -verteilung. Dank der Entwicklung zur Wissensgesellschaft – insbesondere in Kerneuropa – konnte ein mäßiges, aber stetes Wirtschaftswachstum erzielt werden. Daher ist im Durchschnitt das frei verfügbare Einkommen gestiegen und trotz des Zwangs zur zunehmenden Selbstfinanzierung von Gesundheit, Altersvorsorge, Mobilität und Sicherheit gibt es weiterhin Spielraum für privaten Konsum.

E-Commerce, der elektronische Handel, ist ebenso selbstverständlich geworden wie die Nutzung des Internets und Multimedia-Kommunikation in allen Lebensbereichen. Alle Gegenstände des täglichen Lebens sind „intelligent" und vernetzt, autonome Systeme (Roboter und Software-Lösungen) erleichtern Alltag und Beruf, die ständige Erreichbarkeit auch unterwegs und in der Freizeit ermöglicht die „Entlokalisierung des Arbeitsplatzes". Man wird überall auf der Welt arbeitsfähig, was auch die Bildung von Ad-hoc-Teams für verschiedenste Projekte erleichtert. Immer mehr Firmen arbeiten daher mit einer kleinen, fest angestellten Kernbelegschaft und einer Vielzahl von Kooperationen und freien, flexiblen Verträgen. Zugleich führt dies dazu, dass erhöhte Anstrengungen unternommen werden, um wertvolle Mitarbeiter längerfristig zu binden, denn in der Ich-Gesellschaft sinkt auch die Loyalität zum Arbeitgeber.

Jede Generation ist sich selbst die nächste, was zur Folge hat, dass generationenübergreifende Themen kaum angegangen werden. Der globale Wettbewerb um Ressourcen – Energie, Wasser, Nahrungsmittel – ist voll im Gange und führt außerhalb Europas bereits zu Engpässen. Der Umweltschutz ist zwar verbal ein wichtiger Wert, aber die meisten Menschen sind nicht bereit, höhere Ausgaben dafür in Kauf zu nehmen. In Bezug auf Bio- und Gentechnik oder medizinische Therapien hat jedes Land eigene Vorstellungen, was erlaubt ist. Es gibt daher einen zunehmenden Patiententourismus reicher Kranker, um bestimmte Behandlungen in anderen Ländern in Anspruch nehmen zu können.

Kommen Ihnen nicht beide Systeme, beide Gesellschaftsmodelle sehr bekannt vor, klingen nicht beide in Teilbereichen gut und in anderen nicht? Lassen Sie uns beginnen, eine Diskussion darüber zu führen, welches Europa, welches Österreich, welches Salzburg wir haben wollen. Es ist durchaus zulässig, nicht Modell 1 oder Modell 2 zu wählen, sondern auch Kombinationen daraus zu finden. Aber führen wir diese Diskussion, führen wir eine Grundlagendebatte, welche Gesellschaft, welches Wirtschaftssystem wir für uns als Ziel anstreben und das, meine Damen und Herren, ist eine zutiefst politische Debatte. Politik ist nichts anderes, als Gestaltung der Gesellschaft, Setzung von Schwerpunkten, Weichenstellungen für Entwicklungen. Und dann müssen wir dazu übergehen, jene Maßnahmen zu ergreifen, die wir benötigen, um die definierten Ziele zu erreichen – und nicht bloß in den Tag hinein zu wirtschaften und auf Entwicklungen bloß zu reagieren und nicht selbst zu agieren.

Wenn wir von Gestaltbarkeit sprechen, dann müssen wir zuerst die Ziele definieren, das ist der Grundlagenprozess, sonst finden wir uns wie Helmut Qualtinger wieder, der in Bezug auf sein Motorrad einmal gesagt hat: „Ich weiß zwar nicht, wo's hingeht, aber ich bin schneller dort."

Lassen Sie mich jetzt zur eigentlichen Fragestellung kommen: Können wir die Wirtschaft im Jahre 2010 noch gestalten oder sind wir wie eine Nussschale dem Treiben der globalisierten Wirtschaft und der ohne unser Zutun stattfindenden technischen Entwicklung ausgesetzt?

Ich bin zutiefst davon überzeugt, dass wir gestalten können. Es ist sogar unsere Verpflichtung und meine für mich selbst empfundene Verantwortung für dieses Land jedenfalls den beharrlichen Versuch der Gestaltung, des Findens von Freiräumen zu wagen, aber wir müssen jetzt damit beginnen. Und das heißt: Lassen Sie uns die Klugheit aufbringen, die erforderlichen finanziellen Ressourcen für Grundlagenforschung bereitzuhalten; damit meine ich die gründliche Beobachtung der europäischen und globalen Entwicklung in gesellschaftspolitischer und volkswirtschaftlicher Hinsicht, also intensive Trendforschung. Damit meine ich ferner die intensivste Beobachtung auch der technologischen Entwicklungen in ihren Megatrends. Das kostet Geld. Nur, wer sich nicht am Markt mit neuen Ideen befasst, wird untergehen, das ist sehr wohl eine volkswirtschaftliche, eine wirtschaftspolitische Aufgabe.
Nehmen wir, die wir in Politik und Wirtschaft Verantwortung tragen, uns die Zeit und befassen wir uns mit den neuen Entwicklungen. Es geht nicht um Studien, mit denen sich niemand beschäftigt, sondern

lassen wir uns in die Pflicht nehmen, lassen wir unseren Horizont durch die Wissenschafter erweitern, nehmen wir uns Zeit für sie.
Und machen wir das Ergebnis dieser Forschungstätigkeiten unserer Wirtschaft durch einen intensiven Kommunikationsprozess zugänglich. Weisen wir auf internationale Entwicklungen hin, auf neue Erfindungen, schaffen wir lokale aber auch internationale Begegnungsmöglichkeiten, Vernetzungen und schaffen wir damit die Grundlage für das Erkennen von Chancen. Unsere Wirtschaft wird Weltmärkte nie niederringen können, aber sie kann Chancen und Nischen erkennen, da können wir helfen. Und wir können insgesamt einen Bewusstseinsbildungsprozess einleiten, der eine Grundvoraussetzung des Erfolges fördert, nämlich Neugierde. Neugierde, wie die anderen das machen, Neugierde und Mut, in andere Märkte zu gehen, in neue Technologiefelder.

Das zentrale Thema für Gestaltung heißt Bildung und Ausbildung. Allerdings steht zu befürchten, dass unser Bildungssystem an den Bedürfnissen der Wirtschaft vorbeizulaufen droht. Die Bildung hat mit Sicherheit einen Eigenwert, daneben ist aber auch die volkswirtschaftliche Frage zu stellen, wie lange wir es uns mit hohem finanziellen Aufwand leisten können, Tausende Soziologen, Kunsthistoriker, Psychologen und Archäologen zu produzieren, von denen wir heute schon wissen, dass sie in ihren erlernten Berufen keine Beschäftigung finden werden. Andererseits klagen die Unternehmen, dass sie keine Facharbeiter, HTL-Ingenieure, keine Techniker, Physiker und Chemiker für ihre Unternehmen bekommen und damit Expansionsmöglichkeiten, ja auch der technologische Fortschritt gebremst werden. Daher ist es eine der Aufgaben, einen Strategieplan für Bildung zu erarbeiten. Ich sehe diesen Strategieplan Bildung nicht als ein Schulbauevaluierungs- oder Lehrerbeschäftigungsprogramm, sondern als die ganz konkrete Fragestellung. In welchen Sparten hat die Wirtschaft Bedarf an ausgebildeten Mitarbeitern und wie können wir möglichst viele Personen nach abgeschlossener Ausbildung in jenem Tätigkeitsbereich, in jenem Wissensbereich, in dem sie ausgebildet wurden, auch tatsächlich in den Arbeitsmarkt integrieren?

Einer der Gestaltungsspielräume, den wir immer haben werden, heißt Infrastruktur. Ich meine damit, dieses Land so zu gestalten, dass es für

Unternehmen interessant ist, hier zu arbeiten, zu produzieren, Mitarbeiter zu beschäftigen und auch gutes Geld zu verdienen. Präsident Julius Schmalz sagt immer „Wirtschaft sind wir alle!“ Das gefällt mir sehr gut, weil es prägnant das gemeinsame Interesse von Unternehmer und Mitarbeiter zum Ausdruck bringt – nämlich Lebensgrundlagen zu schaffen.

Ich meine damit vor allem Verkehrsinfrastruktur, technische Infrastruktur, und ich meine damit eine Energiepolitik zu betreiben, die die zu erwartenden Engpässe im Bereich der Stromversorgung nicht zulässt. Zum einen, weil die erforderlichen Leitungskapazitäten ausgebaut sind und zum anderen auch alternative Energien genützt werden und Energie insgesamt zu einem Preis zur Verfügung gestellt wird, der uns wettbewerbsfähig hält. Durch das Wegnehmen vieler ausländischer Kraftwerke vom Netz werden die Energiepreise drastisch steigen; zu den derzeitigen am Markt erzielbaren Preisen rechnet sich die Errichtung neuer Wasserkraftwerke derzeit allerdings noch nicht. Die Aufrechterhaltung der internationalen Wettbewerbsfähigkeit unserer Wirtschaft durch zur Verfügungstellung von Infrastruktur in allen Bereichen zu möglichst günstigen Preisen, das wird ein zentrales Thema der Wirtschaftspolitik im weitesten Sinn und damit auch der Wirtschaftsförderung sein. Dabei kommt der Energiepolitik wesentliche Bedeutung zu. Wir müssen selbst in der Lage sein, unsere eigenen Betriebe mit Energie zu versorgen, wir waren einmal Nettoexporteur und sind jetzt ein vom Ausland abhängiger Energieimporteur. Dies gilt es wieder umzudrehen.

Bei allem Verständnis für Internationalisierung und weltweites Handeln ist es ein Ziel, unsere Wirtschaft autark zu gestalten, das heißt so weit als möglich von internationalen Entwicklungen unabhängig zu machen. Mir ist klar, dass dies in weiten Bereichen nicht möglich ist, in manchen wird es aber gehen. Und zur Autarkie gehört auch, dass wir sehr sorgfältig darauf achten, in welches Eigentum unsere Leitbetriebe gelangen. Denn es macht einen fundamentalen Unterschied, ob die Konzernentscheidungen in Salzburg, Linz oder Wien fallen, oder aber in Berlin, London, New York, Tokio oder Peking. Unsere Banken und Versicherungsgesellschaften haben uns vorgemacht, wie es geht. Sie haben sehr gezielt die Ostöffnung genützt, um international zu werden, dies gilt übrigens auch für Salzburger Unternehmen wie Spar und Porsche, die Pappas-Unternehmensgruppe und viele andere mehr. Zahlreiche kleine und mittlere Unternehmen aus Salzburg haben inzwischen Niederlassungen im Ausland, steuern ihre Unternehmen vom Inland aus und bekennen sich dazu, ein österreichisches, ein salzburgisches Unternehmen zu bleiben. Diese Unternehmen müssen wir stützen und fördern, bei ihren Exportbemühungen stärken und auch „Headquarter Politik" betreiben; das klingt hochtrabend, ist aber von eminenter Bedeutung. Vergessen wir nicht, es sind auch diese Unternehmen, die wiederum für die Beschäftigung der kleinen und kleinsten gewerblichen Unternehmen als Zulieferbetriebe Sorge tragen.

Zur Infrastrukturpolitik gehört aber auch, und dazu bekenne ich mich ausdrücklich, unser Land lebenswert zu erhalten, mit den vielen weichen Standortfaktoren, der Schönheit der Landschaft, dem sozialen Frieden, der Sicherheit, unserem entwickelten Gesundheitssystem und unserem prägenden kulturellen Angebot. Bitte unterschätzen Sie nicht die Bedeutung von alldem für Entscheidungen, Betriebe in unserem Land zu halten oder neu anzusiedeln.

Schließlich gehört zur Infrastruktur auch Sicherheit, sowohl das Gefühl der subjektiven Sicherheit als auch die tatsächliche Sicherheit. Hier haben wir die Entwicklung sehr aufmerksam zu verfolgen und allenfalls auch Alternativen zum bisherigen Sicherheitssystem anzudiskutieren.

Meine Damen und Herren, ich habe versucht, einige Aspekte aufzuzeigen, unter deren Beachtung nach meiner Überzeugung sehr wohl wirtschaftspolitische Gestaltungsfreiräume auch in einer globalisierten und durch gegenseitige Abhängigkeiten gekennzeichneten Wirtschaft offen gehalten werden können. Dahinter steht der salzburgische Urwille, unabhängig zu sein, so viel als möglich selbst für sein eigenes Land entscheiden zu können.

Viele andere Aspekte könnten noch angefügt werden, vor allem die Bemühungen, in Richtung Forschung und Entwicklung von öffentlicher Seite Anreize zu setzen oder Überlegungen, durch eine Veränderung der Förderlandschaft im Hinblick auf Basel II[3] neue Unterstützungsstrukturen zu ermöglichen. Etwa für die Vergabe von Krediten an junge Unternehmen, die oftmals nur eine unterdurchschnittliche Bonität aufweisen und über keine ausreichenden Sicherheiten verfügen. Ziel muss dabei sein, die Eigenkapitalquote zu verbessern, also der Eigenkapitalförderung besonderes Augenmerk zu widmen.

Aber machen wir uns keine Illusionen, wir werden die erforderlichen Gestaltungsspielräume nur dann haben, wenn wir die öffentlichen Haushalte nicht weiter verschulden, ja uns sogar mit der Frage auseinandersetzen, die öffentlichen Haushalte schuldenfrei zu machen.
Die Entlastung der öffentlichen Haushalte und das Einsetzen öffentlicher Mittel in die Verbesserung der Infrastruktur ist unsere ganz große Aufgabe. Wir werden dieser Aufgabe nur dann gerecht werden, wenn es uns gelingt, die explodierenden Kosten im Gesundheitsbereich in den Griff zu bekommen.

Lassen Sie mich zum Schluss kommen. Wie in früheren Zeiten breiten sich mit zunehmender Verflechtung neue Spielregeln des Wirtschaftens aus und bringen Wohlstand und Armut, Demokratie und Abhängigkeit, hoch bezahlte Arbeitsplätze und fragwürdige Sozial- und Umweltstandards mit sich – kurzum sie schaffen Gewinner und Verlierer. Dieser Prozess und die Ergebnisse sind aber nicht gottgewollt, denn auch wenn Vieles unvermeidlich scheint, gibt es doch Gestaltungsmöglichkeiten.

Denken wir bewusster nach, wie wir die Gestaltungsfreiräume, die wir noch haben, verteidigen können, und wie wir zusätzliche Gestaltungsfreiräume wieder zurückerobern; die Möglichkeiten dazu gibt es. Trachten wir danach, innerhalb der EU den einen oder anderen Bereich von Regelungskompetenz in die regionale Wirtschaftspolitik zu retten. Die internationale Wirtschaftspolitik setzt besonders stark auf neoliberale Konzepte und fördert den Wettbewerb der Regulierungssysteme: Wer die besten – sprich geringsten – Spielregeln hat, wird vermeintlich im internationalen Standortwettbewerb gewinnen. Dies ist aber

3 Gesamtheit der Eigenkapitalvorschriften, die vom Basler Ausschuss für Bankenaufsicht in den letzten Jahren vorgeschlagen wurden.

nur eine vordergründige Sicht der Dinge, die außer Acht lässt, dass es neben dem Aktienwert eben auch für die Wirtschaft weiche Standortfaktoren gibt und auch für die Wirtschaft eine gesellschaftspolitische, volkswirtschaftliche, soziale und ethische Verantwortung. Wenn, so schreibt Ralf Dahrendorf schon 1996, „unter dem Globalisierungsdruck auch der Sozialdarwinismus wieder Einzug hält, so wirkt das Gemisch tödlich. Das staatliche Gesundheitssystem, das Recht auf Bildung, Einkommen und anderes werden im Namen eines amoklaufenden Ökonomismus geopfert". Und Dahrendorf, meine Damen und Herren, ist bestimmt kein Sozialromantiker, sondern eine der Zentralfiguren des europäischen Liberalismus.

Der Tanz um das Goldene Kalb ist schon einmal schief gegangen, wir wollen ihn kein zweites Mal und schon gar nicht in Salzburg. Ich danke für Ihre Aufmerksamkeit.

Bei der Erarbeitung der Rede wurden zahlreiche Quellen verwendet.

Die Suche nach Europa

Begrüßungsrede anlässlich einer Festakademie des Herbert-Batliner-Europainstituts zu Ehren des tschechischen Staatspräsidenten Dr. Vaclav Klaus am 28. Juli 2007

Die Geschichte der Europa

Ein lauer Frühlingstag. Europa, die schöne Königstochter, lustwandelt an der blumenübersäten Küste Kleinasiens. Zeus, der Göttliche, erblickt sie und nimmt die Gestalt eines Stieres an, um ihr Vertrauen zu gewinnen.

Interessant eigentlich, dass ein Stier in der Lage ist, vertrauensbildender zu wirken als ein Gott, der in Menschengestalt auftritt.

Der Stier war hell, fast blond, sein Atem duftete nach wilden Krokussen, seine Hörner waren klein, Edelsteinen gleich, und sein Fell samtig. Er neigte demütig sein Haupt.

Immer dann, wenn Bestien in unserer Geschichte in demütiger Schönheit die Hörner senkten, betörten, sich die Nackenhaare kraulen ließen und bereitwillig ihren Rücken zu einem Spazierritt anboten, wurden sie mit ausgebreiteten Armen angenommen. Aber das Ende war jedes Mal schrecklich! So auch dieses eine Mal. Kaum hatte Europa den Stier mit einem Blumengebinde gekränzt, raste die Bestie schon los, der Küste entgegen. Europa klammerte sich mit angstgeweiteten Augen mit der einen Hand ans Horn und mit der anderen an den Blumenkranz, die rasende Fahrt ging gen Westen, über die Gischt des Meeres und die brechenden Wellen, in den Abend hinein, in das Abendland, bis der Weg der untergehenden Sonne durch die Silhouette einer aus der Dämmerung auftauchenden Insel verkürzt wurde: Kreta, die europäische Schicksalsinsel!

Hier warf Zeus Europa ab, zwängte ihre Schenkel, nahm die Gestalt eines Adlers an, spreizte die Flügel, begattete sie – und schwebte davon! Merkwürdig, dass der Adler das am häufigsten verwendete europäische Wappentier ist.

Europa – eine Geschichte der Betörung, des Betruges und der List, der Vertreibung, eine Geschichte von Zwang und Gewalt, des sich Hinwegstehlens und des Alleingelassenseins.

Aus der Verbindung des Zeus und der Europa stammen drei Söhne: Sarpedon, dessen Spuren sich in Asien verloren, Minos und Rhadamanthys, die Hüter der Gerechtigkeit, dort wo es sie offenbar damals wie heute gab und gibt, nämlich in der Unterwelt.

Europa selbst aber blieb verschwunden. Ihr Vater, der stolze König Agenor rief seine fünf Söhne Kilix, Phineus, Thasos, Kadmos und Phönix zu sich und sprach: „Suchet mir Europa, eure Schwester, und

kehret nicht zurück, ehe ihr sie gefunden habt!" So machten sie sich auf den Weg, jeder für sich, gen Westen, in den Abend hinein, in das Abendland, aber sie fanden Europa nicht. Seit dem dauert die Suche nach Europa, und solange die Suche andauert, gibt es Europa. Ist die Suche einmal aufgegeben, ist Europa verloren.
Keiner der Söhne kam zu Lebzeiten des Vaters zurück. Phönix, den es nach Karthago verschlagen hatte, kehrte nach dem Tode seines Vaters heim und es entstand das Reich der Phönizier, das Land des purpurnen Morgens, der aufgehenden Sonne.
Phönix und Europa sind Geschwister. Das Abendland mit der im Westen untergehenden Sonne kann nur vom Osten mit der dort aufgehenden Sonne gesehen werden. Die ungleichen Geschwister bedingen einander genauso, wie sie voneinander abgegrenzt sind.
Der klügste der fünf Söhne des Agenor, Kadmos, ging gar nicht erst auf Reisen. Er befragte das Orakel, wo er denn Europa finden könnte. Die Pythia riet ihm, folge einer Kuh so lange, bis sie nicht mehr weitergeht und an dem Ort gründe eine Stadt. Kadmos tat dies und dort, wo die Kuh stehen blieb, gründete er Theben. Auch ein Beginn Europas.[4]

Herbert Batliner und Erhard Busek

Von den Anfängen Europas in der griechischen Mythologie nun zur Gegenwart, meine sehr geehrten Damen und Herren!
Herbert Batliner könnte ein Nachfahre des Königs Agenor sein. Er sucht Europa und hat als Ausgangspunkt und Ziel seiner geistigen Reise die vielleicht abendländischste Stadt Europas, Salzburg, ausgewählt.
Und Erhard Busek könnte ein Nachfahre des in Asien verschollenen Sarpedon, Sohn der Europa und des Zeus, sein. Er sieht das Abendland vom Osten her.

So ist Herbert Batliner das Herz und vielleicht auch der Bypass dieser Reisegesellschaft und ihrer Suche nach Europa und Erhard Busek der Masseur. Eine Reisegesellschaft, der wir zu großem Dank verpflichtet sind.

4 In enger Anlehnung an Konrad Paul Liessmann: Der Aufgang des Abendlandes. Eine Rekonstruktion Europas. Sonderzahl, Wien, 1994.

Staatspräsident Dr. Vaclav Klaus
Paul Valéry hat in seiner Arbeit „Die Krise des Geistes", 1956 geschrieben, dass Europa jedes Land und jede Rasse wäre, die romanisiert und christianisiert wurde und die der geistigen Strenge der Griechen – dem Logos – unterworfen sind. In der Tat grenzt Europa gerade dies zum Osten ab, der Logos, die im Mittelpunkt stehende Vernunft, der Rationalismus gegenüber dem Gottesstaat, in dem nicht das Menschenrecht, sondern das vom Menschen definierte Gottesrecht im Vordergrund steht und alles andere dominiert.

Sie haben, sehr geehrter Herr Staatspräsident, sehr kritische Worte zu Europa und zur europäischen Entwicklung gefunden. Ich möchte aber sagen, ohne dass dies sarkastisch gemeint ist, ich freue mich darüber, dass Sie sich Sorgen der genannten Art machen können. Vor 20 Jahren wäre dies nicht der Fall gewesen, damals hätte kein Mensch davon zu träumen gewagt, dass Tschechien aktive Beiträge zur Gestaltung und Weiterentwicklung Europas machen kann.
So ist dieses Ringen um die richtige Verfassung und die Fragen nach Abgrenzung der Rechte der Mitgliedsstaaten und der auf eine europäische Ebene verlagerten gemeinsamen Gestaltungsmöglichkeit eine politische Suche nach Europa, und solange sie andauert, ist Europa nicht verloren. Mindestens genauso wichtig ist aber die kulturelle, regionale, auch religiöse Suche. Und: Nur wer Fragen stellt, bekommt auch Antworten.

So danke ich allen, die in zehn Jahren Herbert-Batliner-Europainstitut mitgesucht haben, Europa zu finden, vor allem dem Gründer Herbert Batliner und dem Leiter des wissenschaftlichen Beirates, Erhard Busek, und allen, die durch wissenschaftliche Arbeit, Vorträge und in sonstiger Weise Teil dieser Reisegesellschaft waren.

Ich lade Sie alle ein, geben wir die Suche nach Europa nicht auf! Solange wir Europa suchen, ist Europa nicht verloren!

Gehasst und geliebt – Der Journalismus und Werner Mück. Eine Laudatio

„Der Journalistenberuf ist unheimlich: Der Journalist mag wohl den Auftrag kennen, doch den Auftraggeber, den kennt er nicht. Insofern nimmt sich der Journalist wie ein Geschäftsführer ohne Auftrag aus."

Ich zitiere hier aus einem vergilbten Stück Zeitung, das ich eingelegt in ein Buch in meines Vaters Bibliothek gefunden habe. Das Buch heißt „Vom Gesetzesstaat zum Richterstaat", erschien 1957 im Springer-Verlag und stammt von René Marcic. Das vergilbte Blatt ist ein Teil der Salzburger Nachrichten vom 4. Oktober 1971 und enthält den Abdruck eines Vortrages mit dem Titel „Der Auftrag des Journalisten". In dieser Ausgabe der Salzburger Nachrichten standen Nachruf auf und Würdigung von René Marcic, der mit seiner Frau Blanka bei einem tragischen Flugzeugunglück auf dem Weg von London nach Salzburg am 2. Oktober 1971 ums Leben gekommen ist.

Und übrigens: Aus dem in den Salzburger Nachrichten erschienenen umfangreichen Werkverzeichnis von René Marcic ist mir ein 1966 verfasstes Werk besonders in die Augen gestochen. Es heißt „Die Zukunft der Koalition"; vielleicht sollte ich es lesen.

René Marcic, ein Mann, der wie wenige vor und nach ihm das intellektuelle Leben in Salzburg, die publizistische Kultur, aber auch eine zutiefst ethische Grundhaltung des öffentlichen Lebens geprägt hat.

Schon als Kind und Jugendlicher – so erinnere ich mich – fiel in unserer Familie immer wieder der Name René Marcic und dies mit größter Hochachtung, da konnte ich mir noch recht wenig unter diesem Namen vorstellen. Als Student erfuhr ich, dass René Marcic nicht nur für allgemeine Staatslehre und für Verfassungsrecht habilitiert und Ordinarius für Rechts- und Staatsphilosophie war, sondern auch einer der Mitbegründer der Universität Salzburg. Diese ist heute für die Juvenilität, für das geistige Leben, aber auch das Selbstbewusstsein dieser Stadt und ihrer Bevölkerung ganz und gar unverzichtbar. Schließlich wurde mir bewusst, dass der Rechtsphilosoph René Marcic von 1959 bis 1964 Chefredakteur der Salzburger Nachrichten war. Nur einem Rechtsphilosophen kann jene Fragestellung einfallen, die René Marcic so sehr beschäftigt hat. Was ist der Auftrag des Journalisten, jenes Geschäftsführers ohne Auftrag? „Sein Vorgesetzter ist das Gewissen und der Gewissensverschleiß ist enorm", so Marcic wörtlich und „Erwägt man Last und Leid des Journalisten, versteht man, dass von den vier Aspekten der menschlichen Tugend, wie die klassische Ethik sie entwirft: Maß, Klugheit, Mut und Gerechtigkeit, der erste Gesichtspunkt, der des Maßes, den Ausschlag gibt. Das Augenmaß bewahren! – lautet das erste Gebot [...] und unerschrocken der Macht mit Macht zu begegnen, das ist das zweite Gebot."

Sind diese Überlegungen von René Marcic heute noch gegenwärtig, zeitgemäß, vertretbar und noch richtig? Kann man fast 35 Jahre später wirklich noch dem Journalismus die ethischen Tugenden Maß, Klugheit, Mut und Gerechtigkeit zugrunde legen?

Die Verhältnisse haben sich geändert: Wir leben – wie man sagt – in einer Informationsgesellschaft. Der Fortschritt der Informationstechnik ist unglaublich rasant. Neuerungen, die heute unser Vorstellungsvermögen übersteigen, sind morgen Selbstverständlichkeit unseres Alltags.

Die Gesellschaft nimmt die Welt, ihre eigene Welt, im Wesentlichen nur noch durch die Vermittlung der Medien wahr. Der Kampf um den Platz im Bewusstsein der Menschen wird mit Nachrichten geführt. Dieser indirekte Blick auf die Welt durch die Medien lässt ein Bild von der Wirklichkeit entstehen, das abstrahiert, verändert, übertrieben oder verfälscht ist. Realität und das mediale Bild von ihr haben oftmals nichts mehr miteinander zu tun, die Wirklichkeit wird virtuell und überlagert. Die wahre Wirklichkeit ist ein Wortpaar, das längst kein Pleonasmus mehr ist. Die Wirklichkeit wird ohne Aufscheinen in den Medien nicht nur nicht bewusst, sie findet gar nicht statt, à la, „quod non est in actis, non est in mundo". Sein und Schein klaffen auseinander.
Wir leben zwar in einer Informationsgesellschaft, aber keineswegs in einer informierten Gesellschaft. Noch nie waren so viele Menschen einer so großen Meldungsfülle so hilflos ausgeliefert. Nicht Information, Zeit ist die Mangelressource. Das Informationsdilemma macht eine der vornehmsten Aufgaben der seriösen Medien und deren Mitarbeiter sichtbar, nämlich im Informationsgewitter Orientierung zu geben.

Es ist müßig, darüber zu diskutieren, ob Journalismus und Medien neben den klassischen Staatsgewalten Legislative, Exekutive und

Gerichtsbarkeit eine vierte Staatsgewalt darstellen. Tatsache ist, dass Journalisten Macht haben, enorme Macht, und dass ihnen das Bewusstsein um diese Macht, aber auch um die Gefährlichkeit ihres Missbrauches abzuverlangen ist.

Es geht um Verantwortungsbewusstsein im Umgang mit dieser Macht und es ist nicht bloß der „Vorhof der Macht“ wie der wohl Mächtigste der Branche seine Autobiografie übertitelt hat.

Eines gilt trotz aller rasanter Entwicklung heute wie damals: Journalismus und Massenmedien haben eine öffentliche Aufgabe. Sie sind zugleich Medium der Meinungsäußerung und Faktor der Meinungsbildung und nicht bloß eine Einkunftsquelle. Durch Beeinflussung des öffentlichen Lebens und der politischen Willensbildung gewinnen die Massenmedien Macht und diese bedingt die Frage nach der Verantwortung.
Macht und Verantwortung zu verbinden und Orientierung zu geben – das hat der große Salzburger Publizist René Marcic in einer außergewöhnlichen Zeit vorgelebt. Krieg, Nachkriegswirren, Besatzung, Wiederaufbau und Staatsvertrag waren noch persönliches Erfahrungsgut aller Salzburger und viele leckten noch die Wunden der Katastrophen von 1918 bis 1945, als Weltwirtschaftskrise, Armut, Hunger und daraus resultierender Fanatismus tägliche Realität waren.

René Marcic wusste um den Konnex von Macht und Verantwortung und gab seinen Lesern Orientierung im Wechselbad der politischen Gefühle. Jeder, der zur Auswahl für die Verleihung des Marcic-Preises steht, ist diesem Anforderungsprofil als Richtschnur ausgesetzt, mit der Verleihung aber auch dem Appell, diesem zu entsprechen.

Der Zeitschrift „Der österreichische Journalist“ fällt zu Chefredakteur Prof. Werner Mück eine Qualifizierung ein, die er mit manch anderem Erfolgreichen teilt „gehasst und geliebt“. Nicht „Everybody's Darling“, nicht gleichgültig, aber eben auch nicht durchschnittlich. Das heißt auch Ecken und Kanten, an denen mancher – und manche – anstößt und gelegentlich auch Verletzung nimmt. Die Etikette „gehasst und geliebt“ schließt aber auch eine hohe Anerkennung mit ein, die über bloße Akzeptanz weit hinausreicht. Die ganz individuelle Aussage der Jury über Werner Mück aber lautete „Genial als Journalist“. Diese ebenso knappe wie eindeutige Beurteilung findet sich in der Liste der Besten nur ein einziges Mal und rechtfertigt auf glänzende Weise die heutige Preisverleihung.

Wenn heute Werner Mück Chefredakteur des wichtigsten und meist genutzten Informationsinstituts in Österreich, dem Fernsehen des ORF, ist, dann bedarf es wohl eines facettenreichen Charakters und großen Könnens in seiner Zunft, um an diese Spitze journalistischer Tätigkeit zu gelangen und wohl auch, um dort mit sicherem Tritt auch einige Zeit zu verbleiben, ohne Schwindel und Absturzgefahr.
Werner Mück zeigt, dass er um Macht und Verantwortung weiß und Orientierung zu geben vermag; und er war schon in seiner Salzburger Zeit nicht bloß Beobachter und Berichterstatter, sondern auch ein temperamentvoller und geachteter Gesprächspartner, nicht verlegen um schlagfertige, pointierte Kommentare.
Ein Beispiel? Eine Episode aus einer heißen Phase der Salzburger Landespolitik. Auf die Entscheidung des damaligen Landeshauptmannes, meines Vaters, am 8. Dezember 1984 das Offenhalten der Geschäfte zu gestatten, folgte die Anklage durch die Bundesregierung beim Verfassungsgerichtshof. Der Schulterschluss gegen Wien war zur damaligen Zeit in Salzburg so groß, dass mit der Auflösung des Landtages und Neuwahlen spekuliert wurde. Werner Mück lieferte damals den denkwürdigen Satz „A Kuah mit sieben Meter is z’ lang“ und damit den Beweis, dass das Maß, das Maßnehmen und Maßhalten, eine von ihm erkannte Tugend ist. Dieser volkstümlich ausgedrückte und darum umso verständlichere Satz ist in Wahrheit ein Plädoyer gegen die Hauptgefährdung der Politik. Diese ist die Maßlosigkeit, die Hybris und bedingt die Erkenntnis, dass Macht in der Demokratie keine Freiheit zur Willkür, sondern ein notwendiges Gestaltungsmittel für eine gemeinsame Gesellschaft ist und wohl auch, dass der Missbrauch der Macht im Kleinen jene Art von vermeintlichem Kavaliersdelikt darstellt, das den Weg frei macht zu großen Katastrophen.

Werner Mück hat in seinem publizistischen Wirken das Wechselspiel und die Verwobenheit von Macht und Verantwortung nie vergessen. Er hat in guter journalistischer Tradition eines René Marcic Maß und Augenmaß nie verloren. Er hat Orientierung gegeben. Er hat provoziert ohne zu beleidigen, kommentiert ohne zu belehren, informiert ohne zu manipulieren.

„Der Skandal beginnt dort, wo ihm die Polizei ein Ende bereitet“, sagt Karl Krauss und ich möchte ergänzen: Der Skandal endet manchmal auch dort, wo Journalismus ihn verständlich macht – und das gelingt nur, wenn das Wissen um Macht und Verantwortung auf dem Fundament der vier Tugenden Maß, Klugheit, Mut und Gerechtigkeit gebaut ist.

Ich freue mich über die Verleihung des René-Marcic-Preises 2005 an Werner Mück – die Jury hätte keine bessere Wahl treffen können.

Aus einer Rede anlässlich der Verleihung René-Marcic-Preises 2005 an Chefredakteur Professor Werner Mück am 13. März 2005, Universität Salzburg, „Max-Gandolph-Bibliothek“.

Leopold Kohr – Ein großer Philosoph des Kleinen

Als Leopold Kohr im damals kleinen Ort Oberndorf bei Salzburg am 5. Oktober 1909 in eine Ärztefamilie geboren wurde, ahnte wohl niemand, dass dieser kleine Mensch das spannende Leben eines Weltbürgers führen würde. Seine Eltern hielten überglücklich einen Buben in den Armen, der ein ganz Großer werden sollte als ein Philosoph des Kleinen, der Überschaubarkeit, des menschlichen Maßes.

Ich habe Leopold Kohr noch persönlich gekannt, ihn gegen Ende seines Lebens in rechtlichen Dingen beraten; das bemerkenswerteste an ihm war nicht der aufgebogene Hemdkragen, gelegentlich fehlte ein Knopf am Sakko, die wenigen verbliebenen Haare erfreuten sich ihrer Selbstständigkeit und übten den Aufstand; nicht sein im Alter immer noch forscher Schritt, der in merkwürdigem Widerspruch zu Kohrs weiser Gelassenheit stand; nein, bestechend war ein Strahlen und Leuchten aus diesem alten Herrn, aufbereitet mit einem schalkhaften Lächeln unterkühlten englischen Humors, wie etwa: „Ich höre fast nichts, ich sehe zunehmend weniger, aber ich fahre immer noch sehr gut Auto."
Leopold Kohr lebte seine Innerlichkeit und machte sie mit seiner Persönlichkeit nach außen hin fassbar – vielleicht ein Phänomen, das älteren Menschen vorbehalten bleibt und wohl auch mit Lebensweisheit zu tun hat.

Was hat Leopold Kohr nicht alles erlebt: Humanistische Bildung in Salzburg, Absolvieren von Studien der Nationalökonomie und Rechtswissenschaft, das Gerichtsjahr dauerte – wie der 100-jährige Krieg eben nicht 100 Jahre dauerte – bei ihm vier Jahre, er war Kriegsberichterstatter in Spanien und arbeitete dort mit Ernest Hemingway und Eric Arthur Blair – besser bekannt unter seinem Pseudonym George Orwell – zusammen; Universitätsprofessor in den USA, Puerto Rico, Großbritannien; wer darf schon in seiner Vita von sich sagen, Staatengründer (Anguilla/Karibik) gewesen zu sein; er ermunterte – besonders aussichtslos – die walisische Unabhängigkeitsbewegung in ihrem Bestreben Wales von Großbritannien abzuspalten, war mit seinen Ideen und Schriften vergessen, wurde in Salzburg wiederentdeckt und kam zu großen Ehren des Landes und der Republik.

Leopold Kohr, ein Entsager materiellen und ein Ansammler und Bewahrer inneren Reichtums. Alfred Winter, der große Spurensucher des

Verborgenen, der Scout des Nicht-Alltäglichen – was für ein wunderbares Land, dem es nicht einmal durch Aufnahme in den Landesdienst gelingt, einen solchen Kultursubversiven zu domestizieren – hat Kohr anlässlich der Keltenausstellung 1980 in Hallein kennengelernt und war begeistert.
Kohrs Ideen faszinierten den mit einem feinen Sensorium für Entwicklungen ausgestatteten Winter sofort und ohne Umschweife. Es gelang ihm, Kohr und meinen Vater, der damals Landeshauptmann von Salzburg war, zusammenzuführen. Hier fand sich eine Seelenverwandtschaft, die in der Idee eins war, im Übrigen aber unterschiedlicher nicht sein konnte. Mehrfach durfte ich bei Gesprächen dieser beiden Männer anwesend sein: beide klein von Statur, der eine von nachlässiger Äußerlichkeit, der andere penibel gekleidet, der eine schwerhörig und leise sprechend, eigentlich nuschelnd, der andere akustisch wenig verstehend, aber präzise formulierend; hantierte der eine mit seinem Hörapparat, der immer wieder die Gespräche durch Pfeifsignale übertönte, blies der andere unablässig rauchend den Zigarettenrauch in Richtung des pfeifenden Hörgerätes, vielleicht um damit dessen Sabotagetätigkeit an der Philosophiestunde zu unterbinden. Ein untauglicher Versuch, aber dennoch saßen hier zwei, die einander mochten, einander verstanden.

Die Wiederentdeckung Leopold Kohrs durch Alfred Winter, seine Betreuung und Dokumentation durch den ORF-Journalisten Wolfgang Bauer, vor allem auch der Aufbau der Leopold-Kohr-Akademie durch den Verein Tauriska in Neukirchen mit Susanna Vötter-Dankl sowie Christian Vötter, aber auch die Einrichtung eines Leopold-Kohr-Forschungszentrums an der Universität Salzburg im Jahr 2008 sind große Verdienste um das philosophische Werk von Leopold Kohr, die besonders hier, in Salzburg, stimmig sind.
Warum? Leopold Kohr war der Philosoph des menschlichen Maßes. Große Einheiten, unüberschaubare Konglomerate an Unternehmen, Städten oder Staaten waren ihm unheimlich, sie tragen durch ihre Anonymität Unmenschlichkeit in sich. Leopold Kohr hatte Angst vor der Technik, die erforderlich ist, um große Einheiten funktionsfähig zu machen, geht dies doch immer nur zulasten des Einzelnen, des Individualisten, der im Interesse des vermeintlich Großen zurücktreten muss.

Schon einmal hat ein großer Salzburger Philosoph, nämlich René Marcic über das rechte Maß gesprochen, und zwar aus Anlass des 25-jährigen Bestandes der Salzburger Nachrichten.
„Der Auftrag des Journalisten“ war sein Thema und er führte darin aus, dass von den vier Tugenden der klassischen Philosophie, nämlich Maß, Mut, Klugheit und Gerechtigkeit wohl das Finden des richtigen Maßes die menschlichste und schwierigste, die prägendste und wichtigste Tugend wäre.
Das rechte Maß, das Maßvolle hat immer mit Entfernung, besser mit Nähe zu tun. Leopold Kohr ist der Philosoph der Nähe und der Überschaubarkeit, auch der Philosoph der Partizipation und jener der rechten Geschwindigkeit. Dies mag theoretisch klingen, ist es aber nicht, es ist eine sehr praktische Staatsphilosophie, die Leopold Kohr entwickelt hat.
In die politische Sprache übersetzt bedeutet mangelnde Nähe die Entfernung der Bürger von ihren Institutionen und gewählten Entscheidungsträgern. Entfernung heißt Entfremdung und Entfremdung bedeutet im günstigsten Fall Gleichgültigkeit, oft auch Distanziertheit und Ablehnung. Niemand engagiert sich für etwas, das ihm gleichgültig ist oder das er ablehnt, sehr wohl aber für etwas, von dem er das Gefühl hat, Beteiligung könne noch etwas bewirken, Gestaltung wäre wichtig, um etwa zu verbessern oder zu erhalten, um künftige Entwicklungen zu ermöglichen.
So ist die Philosophie von Leopold Kohr eine zutiefst demokratische, weil sie das Partizipative, das sich Einbringende in die Gestaltung unseres Lebensraumes durch einzelne Bürgerinnen und Bürger aussichtsreich macht. Damit ist Leopold Kohr auch der Philosoph der Subsidiarität, aber auch des Föderalismus. Dazu ein Beispiel: Kürzlich besuchten mich einige bayerische Bürgermeister; dem freundschaftlichen Tratsch folgte bald eine angeregte Diskussion über die Frage, warum die wirtschaftliche Entwicklung in Salzburg teilweise besser wäre als jene in den angrenzenden bayerischen Landkreisen. Dabei kam zur Sprache, dass die bayerischen Freunde uns um unsere föderale Struktur beneideten, die immer wieder unter dem Stichwort „Verwaltungsreform“ Begierdeziel selbst ernannter Einsparungsoptimierer ist. Ein Staat wie Österreich mit 8,5 Millionen Einwohnern leistet sich neun Landesparlamente, neun Landesregierungen und die dazugehörigen Verwaltungen, Bayern mit über 13 Millionen Einwohnern leistet sich dies nicht,

sondern ist wesentlich zentralistischer aufgestellt. Wie so oft sieht der Technokrat zumeist den Preis, nicht immer aber den Wert. Der Wert des österreichischen Systems liegt in den maßgeschneiderten Lösungen für die Region, in den kurzen Entscheidungswegen und damit in der Nähe und nicht in der Distanz. Ein Landeshauptmann eines österreichischen Bundeslandes ist immer noch greifbar, persönlich anzutreffen und einschätzbar, nicht nur ein Bild, das über Medien gezeichnet wird, sondern er gibt auch die Chance auf Eigeneinschätzung durch die Bevölkerung. Der direkte Kontakt zu den politischen Entscheidungsträgern ist noch möglich, Anliegen können direkt vorgetragen und vor Ort geregelt werden. Ein Bürgermeister, der für seinen Ort ein Problem gelöst, ein Projekt realisiert haben möchte, ist mit seinem zuständigen Landesregierungsmitglied unmittelbar in Kontakt. Gesprächstermine sind innerhalb weniger Tage möglich, einen Termin bei einem Minister zu bekommen in München oder in Wien, bedeutet dagegen Verharren in der Warteschleife.

Wenn man von der Philosophie der Nähe und dem rechten Maß spricht, kann man nicht ohne die Frage der Geschwindigkeit auskommen; große Entfernungen mit hoher Geschwindigkeit zu erreichen, bedeutet die Entfernung zu reduzieren. Und dennoch: Ist jede Geschwindigkeit vertretbar, zumutbar, noch verträglich?
Ich habe dazu eine nette Geschichte gehört, die mich nachdenklich gemacht hat: Ein Massai wurde in den Weiten der Steppe Kenias und den dort über Hunderte Kilometer gerade verlaufenden Straßen von einem Autofahrer mitgenommen; nach einer Weile wollte der Massai weitab jeder Siedlung, mitten in der Einöde aussteigen. Auf die Frage des Fahrers, „Warum denn gerade hier?“, antwortet der Massai: „Ich muss warten, bis meine Seele nachgekommen ist.“
Leben wir nicht mit Hochleistungsgeschwindigkeit, bei der wir hie und da den Eindruck haben, dass die Seele unserem Tempo nicht nachkommt, dass wir im Begriff sind, unsere Mitte zu verlieren? Der Erfolgreichste im Beruf, der liebevollste und aufmerksamste Ehegatte, der beste Vater oder die fürsorglichste Mutter, der großartige Sportler, der interessierte Kulturmensch, der in der Sozialarbeit Engagierte, die Betreuung von Eltern, Schwiegereltern und Verwandten, Zeit für Freunde, immer gut drauf, für alles zu haben, im Urlaub Animateure, um ja nicht mit sich allein sein zu müssen ...

Eine Gesellschaft beginnt ihre seelischen Substanzen auszulaugen, sie ist ausgepowert.

Bei der Aufstellung der Tourismusstrategie des Landes Salzburg für die nächsten zehn Jahre haben wir in unseren Hauptherkunftsländern, vor allem in den deutschen Ballungszentren, Grundlagenforschung über die gesellschaftliche Entwicklung betrieben. Es geht dabei um die Frage, welchen Einfluss die sozialen Änderungen in der Gesellschaft auf den Tourismus haben. Wir sind zu dem überraschenden Ergebnis gekommen, dass aufgrund des gigantischen Drucks an Gleichzeitigkeit und an Leistungserwartungen am meisten für die „kostbarsten Wochen des Jahres" die heile Welt herbeigesehnt wird. Nicht Disney World, sondern gewachsene Strukturen; nicht Abenteuercamp, sondern die Authentizität und der Einklang von Natur und Leben, gewachsenen Traditionen, persönlicher Herzlichkeit, kultureller Faszination und gesunden Lebensmitteln aus der Gegend, kurzum: Entschleunigung und Überschaubarkeit, Natürlichkeit und Nähe werden gesucht, sind wieder „in" – und bei uns (noch) zu finden.

Hat das Leopold Kohr nicht vorhergesagt? Die Städte: immer größer, immer monströser, große architektonisch beeindruckende Bauten aus Glas und Stahl, die in den Himmel schießen, die Entfernungen in den Städten sind zu Fuß nicht mehr bewältigbar. Leopold Kohr hat dieses Phänomen sehr früh erkannt und eine Art „Vergrätzelung", also das Entwickeln von vielen kleinen Ortskernen in der großen Stadt, gefordert. Letztlich geht es wieder um das menschliche Maß und dieses ist immer auch eines der Entfernung und der Seele.

So hat Leopold Kohr mit seiner Philosophie die Seele zum Kriterium der Staatsphilosophie, der Politik erhoben. Ihm hätte sicher der Ansatz von A. White gut gefallen, der die Bedeutung einer Volkswirtschaft nicht an Produktionsfaktoren und der Wertschöpfung (Bruttoinlandsprodukt) gemessen haben will, sondern darin, wo es sich auf der Welt am besten leben lässt; Bewertungsfaktoren sind dabei unter anderem Gesundheit, Wohlstand und Bildung. Aus der Befragung von etwa 80.000 Teilnehmern ergab sich, dass Österreich hinter Dänemark und der Schweiz auf den dritten Platz gereiht wurde, weit etwa vor Deutschland (Platz 35) oder Russland (Platz 167).

Was hätte Leopold Kohr wohl zur Europäischen Union gesagt, zu diesem Friedensprojekt, zu diesem Projekt der Schrankenbeseitigung, wohl aber auch zu ihrer überbordenden Bürokratie? Schade, dass wir ihn nicht mehr fragen können.

Im aktuellen europäischen Kontext halte ich die Staatsphilosophie von Leopold Kohr für aktueller denn je. Ich beziehe aus ihr die Überzeugung, dass es in einem großen Rahmen, der für Frieden und Sicherheit, für Stabilität und faire Wettbewerbsbedingungen auf europäischer Ebene sorgen muss, besonders darauf ankommt, sich für die kleinen Einheiten, die Gemeinden, Länder und Regionen und das Behalten und Ausbauen ihrer Gestaltungsmöglichkeiten einzusetzen. Nur wenn wir in der Lage sind, möglichst viel an Kompetenz und Gestaltungsmöglichkeit bei den kleinen Einheiten zu halten, wird die politische Nähe von Bevölkerung und ihren gewählten Vertretern gehalten beziehungsweise erreicht werden können und keine Entfremdung eintreten. Nur dann werden wir auch weiter Menschen bewegen können, sich politisch zu engagieren, sich für ihr Umfeld und ihre Gemeinde, ihr Land einzusetzen. Nur dann wird es uns, die wir Regierungsverantwortung tragen, auch möglich sein, die Nähe zu halten, denn letztlich geht es doch nur um eines: Unser Land so zu organisieren und zu gestalten, dass, wer hier leben darf, gerne und aus Überzeugung hier lebt.

Eine Reihe von Veranstaltungen und Festakten wurden aus Anlass des 100-jährigen Geburtstags von Leopold Kohr zu seinen Ehren abgehalten. Sie alle sind nicht in seinem Sinne, weil sie zu groß sind, zu viele Reden beinhalten, weil sie eigentlich kein akademisches Wirtshaus von Rede und Gegenrede, sondern vorgetragene Ansprachen beinhalten. Dass wir ihn auf diese Weise feiern, zeigt, dass seine Ideen angekommen und aufgenommen sind. Posthum muss Leopold Kohr aber zur Kenntnis nehmen, dass er, wenn wir ihm die Ehre erweisen, seine Bescheidenheit schon etwas zurücknehmen muss.

Leopold Kohr schrieb von der rechten Größe „Small is beautiful“, von der Entschleunigung „Slow is beautiful“ und ich schließe diese Betrachtungen mit einer Grundregel für Ausführungen aller Art in seinem Sinn mit: auch „Short is beautiful“.

Dieser Essay stammt in Teilen aus einer Rede anlässlich des 100. Geburtstags von Leopold Kohr am 5. Oktober 2009 in der Großen Universitätsaula.

Der Salzburger Herbert von Karajan

Der Auftritt des Meisters
Das Gemurmel verebbt. Soeben haben die Instrumente ihr Stimmengewirr verloren. Applaus brandet auf, erwartungsreich, hingebungsvoll. Er ist da. Mühsam schleppt er sich an sein Dirigentenpult, schenkt dem Applaus seiner Gemeinde ein gequältes Lächeln, es wird still, die Konzentration des Meisters überträgt sich auf sein Orchester und sein Publikum. Er entgleitet in eine andere Welt, die körperliche Schwäche ist wie weggeblasen, er verschmilzt mit dem Orchester und seinen Klangfarben zu einer Weihestätte und man hält Andacht. Seine Suggestion, der eiserne Wille, seine vielfärbige Persönlichkeit springen auf alle über, keiner kann sich entziehen, die Musiker nicht, die Zuhörer nicht, nicht die Saaldiener und auch nicht der Rettungsarzt am Dienstsitz.
Die körperliche Hinfälligkeit verstärkt beim Publikum das Gefühl, einmal noch dabei gewesen zu sein, einmal noch Zeuge, ja mehr noch, Teil dieses Weiheaktes an Musik zu sein, die diese einzigartige Persönlichkeit – Herbert von Karajan – aus seiner magischen Energie, Konzentration und Verinnerlichung teilhaftig macht. Der Sieg des Willens, der Sieg des Geistes über alles Körperliche, vielleicht das letzte Mal?

Szenenwechsel „The Sound of Art"
Im Museum der Moderne am Mönchsberg findet zurzeit eine Ausstellung unter dem Titel „Sound of Art" statt. Es wird mit dieser Schau nicht der Frage nachgegangen, wie man sich den optimalen Sound, also Hörgenuss, verschaffen kann, sondern auf ironische Weise wird das Repertoire der klassischen Musik durch avantgardistische Kunstgegenstände vom Beginn des 20. Jahrhunderts infrage gestellt. Nicht die Virtuosität, die Genialität, der bürgerliche Kunstgenuss stehen im Mittelpunkt; diesem wird vielmehr unterstellt, dass das klassische Repertoire der Musik nicht gehört und bewundert wird, weil es dem individuellen Empfinden einer Person entspricht, sondern weil es Mittel und Medium elitärer Konsensbildung wie sozialer Ausgrenzung nach unten wäre. Es geht um gesellschaftliche Verhältnisse, es geht um die Musikinstrumente und deren kulturelle Symbolbildung und Verfremdung und es geht um einen bewussten Kontrapunkt und eine bewusste Infragestellung dessen, was Salzburg auszeichnet und berühmt gemacht hat: der künstlerische Sternengriff bei der Interpretation klassischer Musik. Es sind Grenzauflösungen zwischen Musik und anderen Geräuschen und akustischen Phänomenen, die nicht ästhetisch

geadelt sind. So hat John Cage etwa die künstlerische Aufmerksamkeit auf das zuhörende Publikum verlegt, indem er in seinem Werk „4'33“ ein Orchester in drei Sätzen mit dem Übertitel „Tacet“ (Schweiget!) auftreten lässt: Die Instrumente haben darin absolut zu schweigen. Beginn und Ende eines jeden Satzes werden durch den Pianisten durch Öffnen und Schließen des Klavierdeckels – ohne Spiel – gekennzeichnet. Übrig bleibt die Geräuschkulisse des Publikums, Husten, Geräusper, Schnäuzen, Rascheln mit Zuckerlpapier, all jenes, was wir mit hoher Kunstfertigkeit als zwischensätzliche Verbindung, also den Übergang zwischen zwei Sätzen einer Symphonie, auch aus dem Großen Festspielhaus kennen.

Ist es angebracht, über derartig sarkastische Ausstellungsobjekte bei einem Festakt des Gedenkens an den Salzburger Herbert von Karajan zu sprechen?

Ich meine, ja. Denn durch die Befassung mit dieser Ausstellung wird – wohl gegen ihre Intentionen – bewusst, welche Bedeutung für jeden von uns Musik hat, wie unverzichtbar sie ist, wie bereichernd die Erfahrung Musik innerhalb oder außerhalb des Konzertsaales, als Musizierender oder Hörer ist, welche Gefühle, Emotionen, wie viel an Freude und Schwermut Musik auszulösen, zu verstärken oder zu begleiten vermag. Und schließlich: wie wichtig für das persönliche Erfahren von Musik die Qualität der Interpretation, auch deren Personalisierung, und damit auch der optische Genuss ist. Herbert von Karajan war es, der dazu feststellte, „Es muss nicht nur schön anzuhören sein, sondern auch schön aussehen.“

Herbert von Karajan, zu seiner Zeit die prägende künstlerische Persönlichkeit Europas, ein Superstar der Klassik, ein Mann der Superlative, der ein halbes Jahrhundert den Ton in der Musikwelt angegeben hat.

Der Salzburger Herbert von Karajan

Wenn ich über Herbert von Karajan schreibe, so tue ich dies als einer mit einer gewissen Affinität zu einer Gesellschaftsschicht, die heute gemeiniglich ein wenig abwertend als Bildungsbürgertum bezeichnet wird. Ich tue dies auch als einer, der ein knappes halbes Jahrhundert nach Karajan geboren wurde, der Herbert von Karajan nicht nur im Konzertsaal, sondern auch persönlich – wenn auch flüchtig – kennenlernen durfte, als einer, dessen Vater viel und intensiv mit Herbert von Karajan zusammengearbeitet hat.

Gibt es einen Salzburger Herbert von Karajan? Gibt es über die Salzburger Stationen im Leben Karajans hinaus auch etwas salzburgisch Prägendes an ihm?
Darüber hinaus: Hat nicht nur ihn das Salzburgische geprägt, sondern gibt es auch eine Wechselwirkung, wie sehr hat er Salzburg geprägt?

Kindheit und Jugend, die Salzburger Jahre bis 1934
Wenig ist aus Kindheit und Jugend Herbert von Karajans bekannt. Die Karajans stammen aus einer Familie, deren Vorfahren aus Mazedonien, Armenien und Griechenland kamen; der Ururgroßvater, der den Namen „Karajanis" trug, war Kaufmann in Wien und wurde 1792 in den deutschen Reichsadel erhoben; der Urgroßvater (Theodor Ritter von Karajan) war Präsident der Akademie der Wissenschaften in Wien, der Großvater (Max Theodor von Karajan) Professor der Klassischen Philologie in Graz. Erst Herberts Eltern Dr. Ernst von Karajan und seine aus der Slowakei stammende Frau Martha Kosmac übersiedelten nach Salzburg.
Dr. Ernst von Karajan war Primararzt und Chirurg am Salzburger Landeskrankenhaus, ein leidenschaftlicher Musiker, er spielte glänzend Klarinette. Herbert und sein zwei Jahre älterer Bruder Wolfgang wuchsen also in intensiver musikalischer Betreuung und Begleitung auf, schon mit dreieinhalb Jahren ließen Herberts Eltern ihn eine Aufführung der Meistersinger besuchen. Herbert von Karajan besuchte das Konservatorium Mozarteum, ihn prägten seine Lehrer Franz Ledwinka (Klavier), Franz Sauer (Harmonielehre) und Bernhard Paumgartner (Komposition, Kammermusik), der Karajan besonders förderte und ihn anleitete, Dirigent zu werden.
Bernhard Paumgartner war dreißig Jahre alt, als er 1917 zum Direktor des Mozarteums ernannt wurde. Er war 1920 an der Gründung der Salzburger Festspiele beteiligt, leitete sie ab 1960 und verstarb 1971. Seine Freunde verehrten ihn als universell gebildet, seine Feinde nannten ihn abfällig einen Drahtzieher und Provinzgroßmufti. Für Karajan war Paumgartner Hauslehrer, Lieblingsonkel und im späteren Leben auch vielleicht ein wenig der erwachsene ältere Bruder.

Herbert von Karajan, ursprünglich Heribert, gab mit neun Jahren sein erstes Klavierkonzert und war schon als Kind außerordentlich ehrgeizig: Mit 18 oder 19 Jahren soll er seinem Bruder Wolfgang zufolge gesagt haben: „Welche Richtung ich einschlage, ist egal. Es kann Dirigieren, Skifahren oder Autorennsport sein. Aber ich will der Beste sein!"

Karajan besuchte das Humanistische Gymnasium in Salzburg, absolvierte das Mozarteum, begann ein Studium an der Technischen Hochschule in Wien, das er aber zugunsten des Studiums an der Wiener Akademie für Musik und darstellende Kunst aufgab.

Dann begann es: Am 22. Jänner 1929 fand sein erstes öffentliches Dirigat mit dem Mozarteumorchester Salzburg statt; finanziert hat das Konzert des noch nicht 21-Jährigen sein Vater. Dieses Konzert brachte ihm das Engagement als Kapellmeister an das Stadttheater Ulm.
Er ist neben seinem Engagement in Ulm von 1929 bis 1934 Leiter der Dirigenten-Sommerkurse an der Stiftung Mozarteum und wirkt 1933 erstmals bei den Salzburger Festspielen als Dirigent der Walpurgisnachtszene in der Faust-Inszenierung von Max Reinhardt mit.

Von Aachen bis Berlin

Mit seiner Berufung am 12. April 1935 zum Generalmusikdirektor des Aachener Stadttheaters beginnt die steile Karriere des Herbert von Karajan.
Damit ist eigentlich die erste Salzburger Phase Karajans beendet, zielgerichtet hat er an seiner musikalischen Karriere in Deutschland weitergearbeitet, in Aachen, und in der Folge vor allem an der Berliner Staatsoper, zu deren Staatskapellmeister er 1939 ernannt wurde.

Herbert von Karajan scheint ein unpolitischer Mensch mit einem Gefühl für das ihm Nützende gewesen zu sein. Ihm ging es nur um eines und diesem Ziel ordnete er alles andere unter: Musik zu machen, zu dirigieren und die bedeutendsten Orchester der Welt zu führen, der Musikgeschichte seinen Stempel aufzudrücken. Die Mitgliedschaft bei der NSDAP schien ihm auf dem Weg zur Erreichung dieses Zieles zumindest nicht hinderlich. In seiner Einvernahme vor der Hurdeskommission 1945 verteidigte Karajan seinen Parteieintritt damit, dass der Aachener Stadtdirektor eine Parteimitgliedschaft bei Bekleidung eines

Postens nach Art eines Generalmusikdirektors jedenfalls erwartete, Karajan zog dazu wörtlich den Vergleich „Das war für mich so, wie wenn Sie sagen ‚Wir gehen jetzt auf den Eiger, aber schauen Sie zu, Sie müssen beim Schweizer Alpenverein sein.' Man ist einfach hineingetorkelt. Ich habe nichts anderes gewollt, als in Ruhe meine Musik zu machen."
Wie auch immer.

Die Salzburger Jahre nach 1945

Im Sommer 1945 kehrte Karajan nach Salzburg zurück. Er hatte sich einer Reihe von Vernehmungen zu unterziehen, die diversen Kommissionen gaben im November 1945 grünes Licht für die Wiederaufnahme seiner künstlerischen Tätigkeit. Am 12. Jänner 1946 gab Karajan sein vom Publikum heftig akklamiertes Debüt bei den Wiener Philharmonikern. Doch schon wenige Tage später wurde die Auftrittserlaubnis von den Alliierten widerrufen, dann doch wieder eine Auftrittserlaubnis in Aussicht gestellt, sodass Karajan für die Salzburger Festspiele 1946 die Leitung der Opern „Der Rosenkavalier" und „Figaros Hochzeit" sowie die musikalische Vorbereitung von „Don Giovanni" angetragen wurde. Karajan widmete sich mit großem Eifer den Vorbereitungsarbeiten, als Mitte Juni 1946 der Alliierte Rat Karajan mit einem weiteren für sechs Monate befristeten Auftrittsverbot belegte. Der Rat hatte Bedenken gegen die massive Präsenz des ehemaligen Parteimitgliedes Karajan bei den Festspielen, die außerdem auch im Verhältnis zu den Auftrittssperren für Furtwängler, Böhm und Krauss zu sehen waren. Das Direktorium verteidigte seine Entscheidung für Karajan vehement. Präsident Heinrich Puthon drohte sogar mit der Absage der Festspiele, die US-Militärbehörde bestand jedoch auf deren Durchführung. Letztlich wurde der Ausweg in der Form gefunden, dass Karajan tatsächlich die künstlerische Leitung der genannten Opern vom Souffleurkasten aus innehatte, ihm nach außen hin aber politisch unbelastete Dirigenten zur Seite gegeben wurden. Hans Swarowsky, Felix Prohaska und Josef Krips dirigierten. Das Aufführungsverbot dauerte bis 17. Oktober 1947 an. Erst 1948 konnte Karajan Glucks „Orpheus und Eurydike" und Mozarts „Die Hochzeit des Figaro" sowie zwei Orchesterkonzerte dirigieren und schien seinen Dauerkonkurrenten Furtwängler in den Schatten zu stellen, welcher lediglich mit „Fidelio" eine Oper und ein Orchesterkonzert dirigieren durfte.

In der Folge wendete sich das Blatt gegen Karajan, Furtwängler verdrängte seinen jüngeren Rivalen ab 1949 nicht nur aus Salzburg, sondern auch als Dirigent der Wiener Philharmoniker und wurde in den Jahren 1950 bis 1954 zum „Künstlerischen Gott der Festspiele". Furtwängler starb 1954.
Der logische Nachfolger war Karajan: erfolgreich, Salzburger, im besten Alter. Karajan machte es seinen Befürwortern allerdings nicht leicht. Er forderte nicht nur einen mehrjährigen Vertrag, die Aufführung und Inszenierung von zwei Opern pro Saison und von zwei Orchesterkonzerten, zusätzliche Budgets in Millionenhöhe, um bedeutende Stars verpflichten zu können und die Internationalisierung der Festspiele voranzutreiben, sondern vor allem die künstlerische Intendanz. Das wurde wiederum besonders vonseiten Karl Böhms heftig bekämpft, der sich nicht in die zweite Reihe zurückdrängen lassen wollte. Schließlich nahm sich Böhm, der 1955 auch die Position als Staatsoperndirektor übernommen hatte, selbst aus dem Rennen, indem er eine Einladung nach Genf annahm. Dort war im Mozartjahr 1956 vor Beginn der Salzburger Festspiele ein Mozartfestival geplant, bei dem Böhm mit Künstlern der Wiener Staatsoper die für Salzburg geplanten Opern in beinahe derselben Besetzung wie in Salzburg zur Aufführung bringen sollte. Dies wurde in Salzburg als ungeheurer Affront aufgefasst, sodass man sich letztlich den Forderungen Karajans beugte, der die künstlerische Oberleitung der Festspiele für die Jahre 1957 bis 1959 und die Option für die Eröffnungsvorstellung im neuen Großen Festspielhaus im Sommer 1960 übertragen bekam.

Dann ging es Schlag auf Schlag. Ende April 1956 unterzeichnete Karajan in Berlin den Vertrag als Chefdirigent der Berliner Philharmoniker auf Lebenszeit und brachte zum Ärger der Wiener Philharmoniker als künstlerische Morgengabe in die neue Verbindung die jährliche Mitwirkung der Berliner im Konzertprogramm der Salzburger Festspiele ab 1957 ein. Zugleich übernahm er – nach dem Rücktritt von Karl Böhm als Staatsoperndirektor – ab 1. September 1956 einen Drei-Jahres-Vertrag als künstlerischer Leiter der Wiener Staatsoper.

Von damals stammt der Witz: „Karajan besteigt ein Taxi und antwortet auf die Frage des Taxilenkers ‚Wohin?' mit ‚Egal, ich werde überall gebraucht!'"

Karajan: omnipräsent und omnipotent; künstlerischer Leiter der Salzburger Festspiele, künstlerischer Leiter der Wiener Staatsoper, Chefdirigent der Berliner Philharmoniker auf Lebenszeit; in nur drei Monaten hatte sich das Blatt zur Gänze zugunsten Karajans gewendet. Eine Facette Herbert von Karajan tritt hier zutage. Nicht nur der geniale Dirigent, sondern auch der perfekte Organisator und der kompromisslose Vertreter eigener Interessen, der neben sich keinen Zweiten duldet.

Die Eröffnung des Großen Festspielhauses am 26. Juli 1960, dem über sieben Jahre lang wilde innenpolitische Kontroversen vorangegangen waren und das Landeshauptmann Josef Klaus letztlich durchsetzte, brachte eine begeistert aufgenommene Rosenkavalier-Inszenierung und gleichzeitig den Rücktritt Karajans als künstlerischer Leiter der Salzburger Festspiele. Damit war die zweite Salzburger Phase Karajans zunächst abgeschlossen, künstlerisch eilte er weiter von Triumph zu Triumph, rastlos, auf Tournee in allen großen Opernhäusern und Konzertsälen dieser Welt – und dennoch blieb er Salzburg treu.

Bei den Festspielen 1960 wurde der 88-jährige Baron Puthon als Festspielpräsident von dem 72-jährigen Bernhard Paumgartner abgelöst.

Als Karajan 1964 seine Position an der Wiener Staatsoper aufgab, verständigte er sich mit Paumgartner auf ein Übereinkommen, das den Grundstein für seine 25-jährige Herrschaft in Salzburg legte. Karajan wurde Mitglied des Direktoriums, dies unter Verzicht auf einen speziellen künstlerischen Leiter – da Karajan ohnedies das Heft fest in der Hand hatte. Die dritte und letzte Salzburgphase Karajans begann damit.

Die nächsten 25 Jahre waren eine Erfolgsgeschichte für die Salzburger Festspiele. Den Präsidenten Bernhard Paumgartner, Josef Kaut und Albert Moser standen hauptberufliche Generalsekretäre (Tassilo Nekola, Otto Sertl, Franz Willnauer) zur Verfügung. Karajan kümmerte sich im Wesentlichen um das Große Haus und die großen Opern, Ernst Haeussermann um das Schauspiel und was sonst noch so passierte. Sternstunden der Oper wie „Don Carlos“, „Boris Godunow“, „Der Troubadour“ und andere bei den Festspielen beziehungsweise den Osterfestspielen sind Legende.

Die Osterfestspiele

Karajan war davon überzeugt, dass Ensembletheater der Vergangenheit angehören, dass die Zukunft der Schaffung von Häusern gehören würde, die erstklassige Inszenierungen im Kontext einer Art permanenten Festivals liefern könnten.

Die Salzburger Osterfestspiele waren für Karajan aus der Notwendigkeit entstanden, sich mit dem Werk Wagners weiter und tiefer auseinanderzusetzen. Karajan ist die Idee seines privaten Festivals in der Stadt Salzburg in einer Pause zwischen zwei Szenen des „Boris Godunow" 1965 gekommen. Nach der Vorstellung dieser gigantischen Inszenierung auf der riesigen Bühne des Großen Festspielhauses lief er in der Dunkelheit zwei Stunden lang durch strömenden Regen und erarbeitet sein Konzept. Das größte Problem war die Finanzierung: Sponsoren schieden aus, weil sich Karajan nicht binden wollte. Auch gab es die Möglichkeit, mit Inszenierungen später an andere Häuser zu gehen. Er entwickelte die Idee der Subskriptionsliste, vor allem aber der Einbindung der Deutschen Grammophon durch eine Aufnahme des – geplanten – Ringes, und zwar noch vor jeder Neuinszenierung. Als die Eröffnung der ersten Osterfestspiele näher rückte, wurde Karajan immer nervöser. Zum ersten Mal hat Karajan wirklich Angst gehabt, Krankheit oder Ausfall wäre das Ende des Projektes gewesen. Er habe sich manchmal dabei ertappt, dass er mit dem Ferrari im zweiten Gang gefahren sei, 60 Stundenkilometer, „Das war die reine Angst!", so Haeussermann in seiner Karajanbiografie.

Lloyd's in London versicherte die Osterfestspiele mit 10 Millionen Schilling. Es wurde festgelegt, dass Karajan weder Skilaufen noch zwischen dem 1. März 1967 und dem Ende der Osterfestspiele am 28. März ein Privatflugzeug benutzen durfte. Die „Walküre" am 19. März 1967 war ein triumphaler Erfolg. Seitdem sind die Osterfestspiele ein unverzichtbarer Bestandteil im kulturellen Jahresbogen der Stadt; sie ziehen ein genauso elegantes wie musikkundiges Publikum an. Dieses nach wie vor rein private Festival verleiht Salzburg neben den kirchlichen Feierlichkeiten, neben dem Erwachen der Natur und des städtischen Lebens besonderen Zauber. In ähnlicher Weise rief Karajan 1973 die Pfingstfestspiele ins Leben, die 1998 von den Salzburger Festspielen übernommen wurden.

Musiker, Regisseur und Techniker

Die außergewöhnliche Persönlichkeit, das einmalige Charisma von Karajan, dieser persönlich zurückhaltenden, fast scheuen Erscheinung, die es – wie widersprüchlich! – gleichzeitig zur perfekten Selbstinszenierung brachte, wäre nicht ohne dem Hintergrund seiner Universalität verständlich. Nicht nur Musiker und Dirigent, sondern auch Regisseur, der wenn immer möglich neben der Leitung des Orchesters auch die Regie übernahm (erstmals am 21. September 1940 in Berlin mit Richard Wagners „Meistersinger"). Bei den Salzburger Festspielen stand Karajan 337 Mal am Pult, 14 Opern inszenierte er selbst, zumeist im kongenialen Zusammenspiel mit dem Bühnenbildner Günther Schneider-Siemssen gelang es ihm, sein Vorhaben „Es muss nicht nur schön klingen, sondern auch schön aussehen" umzusetzen. Zugleich hat er, der Techniker, die Revolution der Tonträger vorausgesehen und schon vor dem Krieg, insbesondere aber nach dem Krieg vor allem gemeinsam mit Walter Legge und seinem London Philharmonic Orchestra zahlreiche Einspielungen produziert. Schallplatten, CDs aber auch Bildträger, 1300 Aufnahmen, die 250 Millionen Mal verkauft wurden. Nicht zuletzt ihm ist es zu verdanken, dass am 29. Juli 1987 das erste europäische Sony-Werk in Salzburg eröffnet wurde. Bis zuletzt wurde heftig um den Standort des neuen Werks gerungen, nicht nur innerhalb Europas, sondern auch innerhalb Salzburgs.

Der Bürgermeister von Anif Hans Krüger und der der Stadt Salzburg Josef Reschen, ritterten darum, das neue Werk innerhalb der jeweiligen Gemeindegrenzen beherbergen zu dürfen. Letztlich fiel der Zuschlag auf Anif und wenige Tage vor Vertragsunterfertigung suchte Bürgermeister Krüger verzweifelt meinen Vater, der damals Landeshauptmann war, auf, und teilte ihm mit, dass er ihm etwas verschwiegen habe. Er habe nämlich gar kein Grundstück für das Sony-Werk in Anif. Mein Vater antwortete: „Sag ja nichts, der Reschen hat auch keines." Letztlich gelang die Ansiedlung und wurde zum großen wirtschaftlichen Erfolg.

Der Salzburger Herbert von Karajan

Was ist also das Salzburgische an Karajan und wie sehr hat Karajan Salzburg geprägt?

Ein damals in Wien kursierender Witz lautete: „Mozart ist in Salzburg zur Welt gekommen, der Geburtsstadt Karajans." Das Salzburgische

ist in Karajan in Kindheit und Jugend und natürlich in seinen ersten Erfahrungen als Musiker und Dirigent gelegt worden. Familie, aber auch Stadt und Land haben ihn natürlich geprägt und beeinflusst. Er selbst hat anlässlich seines 70. Geburtstags gesagt, er empfände es als Glück, den Kreislauf seines Lebens, der von Salzburg ausging, wieder nach Salzburg zurückkehren zu sehen. Und schon früher, wörtlich: „Salzburg, da komme ich her, da gehöre ich hin, da möchte ich arbeiten."
Das allein macht aber noch nicht das Salzburgische an ihm aus, lassen Sie mich dies vielleicht in einigen Punkten versuchen festzumachen.
Herbert von Karajan war ein europäischer Mensch, der „europäische Generalmusikdirektor", er agierte global mit lokalen Wurzeln. Er folgte damit Wolfgang Amadeus Mozart und in gewisser Weise Stefan Zweig nach, die in ihrer Zeit ebenfalls europäisch dachten und handelten. Es ist dies ein Salzburger Spezifikum, aus der Geschichte eines Transitlandes, des Verbindungsgliedes zwischen Norden und Süden, des Mittlers zwischen Päpsten und Kaisern, verständlich, aus dem Selbstverständnis einer Stadt und eines Landes, das Millionen von Gästen anzieht, ihnen Gastgeber ist und dennoch die eigene Identität hält. So kommt es nicht von ungefähr, dass die Zustimmung zur Europäischen Union in Salzburg doppelt so hoch ist, wie in den übrigen Bundesländern. Das Europäische war an Herbert von Karajan das Salzburgische schlechthin!

Salzburgisch an Herbert von Karajan war auch die Verweigerung jeglicher Eindimensionalität und damit das Barocke: Nicht im Sinne schnörkelhafter Verspieltheit, ganz im Gegenteil; er war nicht nur und ausschließlich Musiker und Dirigent, nein, auch Regisseur, Techniker, Skiläufer, Bergsteiger, Segler, Flieger, ein polyglotter Mensch, der Wert auf seine Erscheinung, sein Äußeres gelegt hat. Ein Mann, der einfach von allem was er tat, das Beste erreichen und der Beste sein wollte und dies auch zur Schau stellte. Die Faszination des Barocken liegt ja nicht nur an der barocken Kulisse, sondern in einem Stil, der alle Formensprachen des Lebens durchdrungen hat, Architektur, Musik, Theater, Oper, Literatur, Hofhaltung. Das Universelle hat Herbert von Karajan fasziniert, insofern war er ein Mensch mit barocken Zügen, allerdings in der Durchsetzung seiner Interessen mit renaissancehaften Anwandlungen; sozusagen ein Pendler zwischen Hellbrunn und Domplatz.

Die nach außen zur Schau gestellte Lebensfreude – die vielen Fotos, die Artikel in Zeitgeistmagazinen, Karajan im Porsche, Karajan im Flugzeug, Karajan auf seiner Jacht, inszenierte Posen beim Dirigieren, Karajan mit wunderschöner Frau, Kindern, Eseln und Lamas, Karajan da, Karajan dort – also die Inszenierung einer Persönlichkeit fand ihre Grenzziehung in einem Kontrast, und der ist auch, wie ich meine, salzburgisch.
Tiefe, wohl bis zur Religiosität gehende Verinnerlichung und Innerlichkeit von Musik, unterstrichen durch das auswendige Dirigieren mit geschlossenen Augen – einem Markenzeichen Karajans – und wohl unerreicht in seinen späten Jahren in der verklärten Aufführung von Verdis Requiem!

Ich weiß nicht, ob Karajan ein gläubiger Mensch war. Er war jedoch davon überzeugt, dass es etwas Absolutes in der Musik gibt, nämlich den absoluten Klang jenseits aller Interpretation. Mag da nicht bei aller Selbstinszenierung aus Salzburg etwas prägend Katholisches hängen geblieben sein? Der Glaube, dass der Mensch sich nicht in Selbstgeißelung, Trostlosigkeit und calvinistischem Verzicht findet, sondern in Lebensfreude, Schönheit und Güte den Glanz Gottes erfahren kann?

Neben aller künstlerischen Ekstase der frühen Jahre entwickelte Karajan in den 60er-Jahren einen feinen, seidigen, schönheitsseligen Stil, der auch Kritiker auf den Plan rief. Adorno etwa bewunderte Karajan, konnte ihn aber nicht leiden, bezeichnete ihn als Dirigent des Wirtschaftswunders und bemängelte, dass Karajan nur das Sinnliche bieten würde, wahre Interpretation aber alle Relationen sichtbar machen müsse, gleichsam die Röntgenfotografie des Werkes sei. Karajan antwortete schlagfertig „Wenn ich eine Frau liebe, will ich ihren Leib, nicht ihre Röntgenfotografie." Nein, Karajan war davon überzeugt, wie er in einem Brief an Gottfried von Einem zu Silvester 1947 schreibt, „dass Salzburg eine ganz große Aufgabe hat, den Sinn für Harmonie und Schönheit in der künstlerischen Ansage wieder zu stabilisieren, ganz gleich, ob es sich um Gluck, Mozart, Beethoven oder Blacher handelt". Und auch das ist Salzburg an ihm, die Suche nach Schönheit durch Verinnerlichung, die Suche nach künstlerischer Vollendung, die im diametralen Widerspruch zur Destruktion des Blut- und Spermatheaters Bochumer Zuschnittes steht.

Letztlich hat Karajan eine Salzburger Tradition fortgeführt und perfektioniert: das Modell der prägenden Dominanz von Persönlichkeiten auf die Salzburger Festspiele wie Hofmannsthal, Reinhardt, Toscanini, Walter, Schalk, Krauss, Furtwängler und eben Karajan. Sie alle haben in unterschiedlicher Weise den Salzburger Festspielen Prägung verliehen, genauso wie es Mozart mit der ganzen Stadt tat. Ein Weg, den die Osterfestspiele nie verlassen haben, die Pfingstfestspiele mit Riccardo Muti soeben beschreiten und dessen Wiederentdeckung sich die Sommerfestspiele noch vorbehalten.

Die Liebe zu den Bergen, die Einsicht ihrer überlegenen Majestät. Auch das eine salzburgische Facette in Herbert von Karajans Leben, genauso wie das Nichtloslassenkönnen von dieser Stadt und diesem Land, das Erkennen wie einmalig, wie einmalig schwierig, aber auch wie einmalig schön dieses Salzburg ist und wie sehr es die Mitte bietet, ohne die auch ein genialer Künstler nicht leben kann: und diese heißt Heimat.
In Berlin wurde Karajan persönlich nie heimisch, er wohnte dort im Hotel. Den Mittelpunkt seiner Lebensinteressen hatte er die zweiten 40 Jahre seines Lebens in Salzburg, wo er mit seiner Frau Eliette, die er am 6. Oktober 1958 ehelichte und den beiden Kindern samt einer zooähnlichen Ansammlung von Tieren lebte.
Seine Heimatverbundenheit hat Salzburg die Osterfestspiele und Pfingstfestspiele, das Sony-Werk und auch vor allem künstlerische und damit wirtschaftliche Schwerpunktsetzung und Erfolg gebracht.

Karajans Salzburg
Genauso wie Salzburg Karajan geprägt hat, hat er Salzburg, vor allem die Salzburger Festspiele und natürlich die Osterfestspiele geprägt. Gegen viele Vorurteile hat Karajan die Tradition des Zeitgenössischen bei den Salzburger Festspielen durchaus fortgesetzt und zugelassen; er hat das Absolute in der Musik nicht nur bei Mozart, Beethoven, Verdi und Wagner gesucht, sondern Hindemith, Strawinsky, Bartok, Britten, Blacher, Berg, Schönberg, Henze bis Penderecki aufgeführt und auch so eine Tradition gelebt, die auch heute bei den Salzburger Festspielen fester Bestandteil ist. Man glaubt es kaum: In den 80er-Jahren, also noch während der Ära Karajan, gab es mehr Opernuraufführungen als in den 90ern unter Mortier.

Es ist sicher ein Verdienst Karajans, dass in einem Ausmaß wie nie zuvor Salzburg zur Bühne der Entdeckung oder Weiterentwicklung künstlerischer Weltkarrieren geworden ist. Denken Sie an Cecilia Bartoli, Sumi Jo, Seiji Ozawa, Jewgenjj Kissin, Gundula Janowitz, Leontyne Price und natürlich Anne-Sophie Mutter.

Karajans Prägung für Salzburg ist für mich aber noch eine ganz andere. Den finsteren Jahren des Missbrauchs und der Vereinnahmung der Begriffe von Schönheit und Erhabenheit setzt er eine aus fast fanatischer Perfektion entstandene besondere Klangwelt, seine Ästhetik und seine Virtuosität und die Suche nach dem Absoluten in der Musik entgegen. Leid und Freude, Demut und Aufbegehren, Vernichtung und Erlösung, das ganze menschliche Drama, das außer dem Leben nur die Kunst in ihren vielfältigen Ausdrucksformen zu skizzieren vermag, werden von ihm mit dem Prinzip Hoffnung erfüllt und nicht mit Resignation. Gibt es Hoffnung ohne Liebe, gibt es Hoffnung ohne die tiefe menschliche Sehnsucht, dass die Liebe auch den Tod überwindet?
Nein, der Weg der brillanten Festspielrednerin von 2008 Elke Heidenreich in das absolute, das agnostische Ende mit dem Tod – „Es muss doch wohl einmal genug sein" – war nicht der Weg des Herbert von Karajan. Seine Musik, das Absolute jenseits aller Interpretation, ist kein Glaubensersatz, wohl aber führt sie zu einer Ahnung, vielleicht zur Erkenntnis unserer eigenen Zerrissenheit, unserer eigenen Unvollkommenheit und Widersprüchlichkeit und dennoch auch zur Erkenntnis, wessen wir auch im Positiven fähig sind mit fast übermenschlichen physischen und psychischen Kräften, zur Erkenntnis unserer eigenen Größe, die immer neue, immer atemberaubendere Leistungen in Kunst, Technik, Wissenschaft hervorzubringen vermag – und dennoch vertieft sich mit jedem Schritt nach vorne das Bewusstsein, dass es etwas wie Unendlichkeit, wie eine Gesamtkomposition der Vollkommenheit gibt, deren Erfassbarkeit sich unserer irdischen Existenz entzieht. Erfassbarkeit nein, Ahnung und Annäherung ja. Wer hat den fliegenden Vogelschwarm komponiert, dessen Faszination sich Karajan nie entziehen konnte, der wie von unsichtbarer Hand gelenkt, Tausende Vögel in geordnete Reihen und Bahnen, in Formationen und in dieselbe Richtung bringt, wer hat überwältigende Naturschauspiele kreiert, den Kontrast des blauen Himmels im Weiß der Berge, das Vergehen der blutroten Sonne im Meer, das saftige Grün der Wiesen, die

Erhabenheit der Wüste, das Lachen eines Kindes, die Zärtlichkeit einer Frau? Wer hat in die Menschen gesetzt, einander nicht nur Bestie, sondern Helfender, Zuhörender, Stützender, selbstloser Mensch dem Menschen zu sein? Hoffnung und Liebe, wie untrennbar sind sie miteinander, wie untrennbar sind sie aber auch mit Karajans Musik verbunden.

Es muss nun einmal genug sein? Wenn das die Aussage zum Tod ist, ja, dann überwindet der Tod die Liebe. Wenn aber die Hoffnung lebt, wenn das, was wir hier machen, es eben nicht gewesen sein kann, nicht reicht, um unsere Existenz zu ergründen und zu erfassen, dann ist die Liebe stark wie der Tod und die Hoffnung ist stärker als er.

Karajan heute

Herbert von Karajan war ein Suchender. Er hat bei dieser Suche, bei seinen Darstellungen des Menschen in Liebe und Tod, in Qual und Auferstehung Hunderte Millionen von Menschen in Streiflichtern ihres Lebens in eine andere Welt entführt und ihnen damit Liebe und Hoffnung bewusst gemacht. Damit lebt Herbert von Karajan, der heuer 100 Jahre alt geworden wäre, weiter in Salzburg und in der Welt.

Der Essay stammt aus einem Festvortrag am 1. August 2008 beim Festakt der Internationalen Salzburg Association aus Anlass des 100. Geburtstags von Herbert von Karajan.

Essay

Braucht Salzburg einen internationalen Kompositionspreis für zeitgenössische Musik?

Salzburg, in seiner provinziellen Ländlichkeit ohnehin von der industriellen Revolution kaum berührt, wurde seit 1920 neobarock ideologisiert und geriet durch die internationalen, durchaus urbanen Festspiele auch zu einem Inbegriff der Antimoderne. Die Funktionalisierung des Alten, des Barocken wie Mozarts im Fest dienten der Selbstvergewisserung nach dem Verlust politischer Macht und deren Kompensation durch künstlerische Idealität.
„In Salzburg waren, über mehr als ein halbes Jahrhundert hinweg, kaum Bedürfnisse und Initiativen zu erkennen, diese Stellung als ‚Stadt der Antimoderne' (hier Moderne als die Neue Kunst und Musik nach 1918 verstanden) infrage zu stellen. Die Antimoderne erschien bis in die 70er-Jahre des 20. Jahrhunderts als der unbefragt gültige ‚Cantus firmus' der Salzburger Kultur- und Musikgeschichte. Sie entsprach dem führenden klerikal-konservativen Bürgertum, erwies sich als touristisch einträglich und überstrahlte politische wie kulturelle Provinzialität mit historischem und internationalem Glanz. [...] Die Basis dieses kulturellen Selbstverständnisses, sein Leitmedium, sind die Festspiele; der kulturelle ‚Festtag' wurde, über Jahrzehnte hinweg, selbststilisierend hypostasiert und der kulturelle Alltag [...] während des Restjahres ausgeblendet."

Dies ist ein Zitat aus einem bemerkenswerten Beitrag von Professor Jürg Stenzl in der „Salzburger Musikgeschichte – Vom Mittelalter bis ins 21. Jahrhundert", erschienen im Verlag Anton Pustet. Dieses Urteil macht betroffen, weil es streckenweise stimmen mag, bei näherem Hinterfragen scheint es aber hart, vielleicht allzu hart.

War es doch schon 1923, also vor 83 Jahren, als im Café Bazar (um das bekannte Zitat der Bedeutung des Kaffeehauses zu bemühen „Daheim und doch nicht zu Hause") die damals versammelte Komponistenelite – unter Ihnen Webern, Berg, Bartok, Hindemith, Ravel, Wellesz, Honegger und andere – die Internationale Gesellschaft für neue Musik, die heute bedeutendste musikkulturelle Gesellschaft der Welt mit 57 Mitgliedsländern gründete, deren erster Präsident Richard Strauss war.
Schon von 2. bis 7. August 1923 fand ein Kammermusikfest mit Werken zeitgenössischer Komponisten statt, das auf breites Unverständnis beim Publikum stieß. Doch daraus ist eine wesentliche international bleibende Organisation geworden, die etwa 2002 in Salzburg ein gro-

ßes Musikfest zeitgenössischer Musik veranstaltete. Werke von mehr als 100 zeitgenössischen Komponisten wurden von über 300 Musikern aufgeführt und 2005 gab es erneut ein derartiges Musikfest.
Oder auch die Salzburger Festspiele, die in den Jahren ab 1920 bis in die späten 70er-Jahre hinein 97 Konzert- und Opernuraufführungen in ihrem Programm hatten, viele sind seitdem dazugekommen. Allein im Mozartjahr 2006 wurden 15 Auftragswerke zeitgenössischer Komponisten zur Aufführung gebracht.

Und dennoch hat die Kritik von Professor Stenzl, meine ich, einen wahren, allerdings von Salzburg unabhängigen Kern in sich. Ist es nicht so, dass über viele Jahrzehnte des 20. Jahrhunderts die Entwicklung der bildenden Kunst, aber auch der Musik sich dem Verständnis eines breiten Publikums entzogen hat?
Das Infragestellen bisheriger formaler Grundsätze, der Perspektive und Gegenständlichkeit in der Malerei, der Tonalität und Melodiösität in der Musik, als Überwinden von bisher außer Diskussion stehenden Grenzen des Kunstbegriffes, seine völlige Neudefinition haben zu einer Entfremdung des Publikums von den Künstlern, den Komponisten geführt.
Doch seit den 70er-Jahren entdecken die Menschen, dass es nicht nur Rembrandt und Waldmüller, Mozart und Schubert gibt, sie tasten sich mit wachsender Neugierde und Begeisterung über die Kunst der vergangenen Jahrzehnte in die Kunst der Gegenwart, die zeitgenössische Kunst vor, stürmen Museen der Moderne und beginnen sich auch für zeitgenössische Musik zu interessieren.
Sie lassen sich plötzlich – über die interpretative Ästhetik des oftmals Gehörten und damit Gewohnten hinaus – auf das intellektuelle Abenteuer ein, Neues, Anderes, nicht Gängiges, nicht Konformes, Grenzen Überschreitendes zu erfahren, zu empfinden, zu sehen und zu hören.

„Aspekte“ hat hier Meilensteine gesetzt. „Aspekte“ versteht sich als internationales Festival für Musik unserer Zeit. Es wurde 1977 von Professor Klaus Ager gegründet und feiert heute sein 30. Bestandsjubiläum. Dass die Gründung auf einen Salzburger zurückgeht, ist eher ungewöhnlich, sind es doch oftmals Auswärtige, die die Chancen unserer Stadt manchmal klarer sehen als wir selbst und Akzente setzen. Mit dem neuen künstlerischen Leiter Ludwig Nussbichler, einem anerkannten Komponisten, wird nunmehr in der Leitung von „Aspekte" ein neues Kapitel aufgeschlagen.

Es ist eine zutiefst politische, kulturpolitische Aufgabe, nicht dem Entertainment, der Unterhaltung, der Beliebigkeit das Wort zu reden, sondern eine Einladung auszusprechen.
Eine Einladung zur Begegnung und Auseinandersetzung mit den philosophischen und künstlerischen Strömungen unserer Zeit. Wie sollen wir die die Welt bisher prägende europäische Kultur verstehen und uns im globalen und gar nicht immer friedlichen Wettstreit mit anderen Kulturen behaupten, wenn wir die Kunst unserer Zeit nicht kennen, wenn wir die Wahrnehmung von Kunst bei der vor etwa 80 Jahren geschaffenen Kunst abreißen lassen und ihre künftige Entwicklung nicht erahnen?

Der von der Salzburger Landesregierung gestiftete „Musikpreis Salzburg" ist eine solche Einladung. Der Musikpreis ist mit 100.000 Euro einer der höchst dotierten Auszeichnungen im Bereich der klassischen Musik und besteht aus einem Würdigungspreis und einem Förderpreis. Dieser Preis wird für und nicht gegen etwas verliehen. Er ist ein Bekenntnis dazu, dass wir die internationale Bedeutung Salzburgs nur dann weiter ausbauen können, wenn wir uns in allen Bereichen höchster Qualität verpflichtet fühlen und er ist ein Signal an die Welt, dass Salzburg die Bedeutung zeitgenössischer Musik, die Leistung der großen Komponisten unserer Zeit anerkennt und würdigt und neben dem Stellenwert der interpretativen Ästhetik von Werken der Musikgeschichte auch der zeitgenössischen Musik und deren Weiterentwicklung durch bedeutende Komponisten unserer Zeit die Bühne bietet und damit zur Begegnung einlädt.

In den letzten Wochen gab es eine durchaus vernehmbare Diskussion darüber, ob dieser Preis nicht zu hoch dotiert wäre und ob in Zeiten knapper Budgets das Geld nicht besser bei den lokalen Kulturinitiativen, bei der Gesundheit, im Sozialwesen, bei Kindergärten oder anderem aufgehoben wäre.
Dieser Preis ist – ich möchte betonen – für und nicht gegen etwas ins Leben gerufen; er sollte aber – und das wünsche ich mir – die Kulturpolitik des Landes nicht aus ihrem Ehrgeiz entlassen oder vielmehr die-

sen Ehrgeiz wieder erwecken, das „sowohl als auch“ zu ermöglichen, den Humus in der Vielfalt zu finden, deren einzelne Bestandteile einander nicht ersetzen, sondern ergänzen.

Der Salzburger Musikpreis als internationaler Kompositionspreis soll als außergewöhnliche Würdigung für noch außergewöhnlichere kulturelle künstlerische und intellektuelle Leistungen verstanden werden. Möge dieser Preis als Einladung begriffen werden, sich mit der Musik unserer Zeit auseinanderzusetzen und dem größten Geschenk der menschlichen Schöpfung, der menschlichen Kreativität Tribut zu zollen!
Salzburg, seine oft allzu gering eingeschätzte Nähe zur Moderne, aber auch die zeitgenössische Musik selbst brauchen den „Musikpreis Salzburg“. Ich freue mich, dass er neu geschaffen wurde.

Essay mit wesentlichen Bestandteilen aus einer Rede zur erstmaligen Verleihung des Musikpreises Salzburg an Salvatore Sciarrino (Förderpreis Francesco Filidei) am 5. Februar 2006 in der Großen Universitätsaula.

Hagen Quartett

Da sitzen nun drei Hagens und ein Schmidt und entlocken ihren Instrumenten Töne in einer Weise, die sie als „Hagen Quartett" weltberühmt gemacht haben.

Ihre Bögen reiten einen wilden Ritt (4. Satz aus Josef Haydns Streichquartett in g-Moll, op. 74/3) spielen einen abgeklärten und erkennenden Beethoven kurz vor seinem Tod (3. Satz Streichquartett Nr. 16 in F-Dur, op. 135) ehe sie in die blühenden Wiesen und hügeligen Landschaften von Iowa entführen, wo Dvorak im Juli 1893 sein Streichquartett Nr. 12 in F-Dur, op. 96 (Amerikanisches Streichquartett) geschrieben hat.

Das Hagen Quartett verführt, entführt, verzaubert, ernüchtert, fesselt, entspannt, verlockt, lässt fallen, reicht huldvoll Versöhnung und verneigt sich höflich im enthusiastischen Applaus.

Eine Frau, drei Männer: Sie hüllen sich in Streichmusik, vier Charaktere, die sich in der Entfesselung ihrer Instrumente aufgeben, entrücken, voller Konzentration, mit Hingabe und Leidenschaft, so als gäbe es keine Welt um sie. Wenn ihre Instrumente die letzten Töne in Freiheit entlassen und die Musiker dem Davonschweben, der Vergänglichkeit nachhängen, als könnten sie das zuletzt Gespielte noch hören, auch wenn die Klänge längst nicht mehr da sind. Wenn sie dann allmählich erwachen, dann ist es wie eine Entschuldigung: Ach, wir haben vor Publikum gespielt, andere sind auch da? Aber eigentlich waren es ja nicht wir, sondern die Musik kam aus sich selbst, sie hat den Raum gefüllt, wir waren mit ihr verreist, waren leider nicht greifbar und sind eben erst zurückgekehrt.

Die Verbeugung selbstbewusst und dennoch fast verlegen und doch: Etwas Besonderes liegt in diesem Augenblick, vier Musiker und Haydn, Beethoven, Dvorak. Erschöpft hängen die Instrumente an den sich verneigenden Künstlern im Sturzregen des Applauses ihres begeisterten Publikums.

Der Saal „Solitär" der neu gebauten Universität Mozarteum ist nicht voll, Studenten aus allen Ländern dominieren das Publikum – und den Beifall. Im Gegensatz zu ihnen johlen die vereinzelten Salzburger nicht.

Ihre Applaustechnik ist anders: Schnelles, festes Klatschen mit leicht erhobenen Händen vertreibt die Ergriffenheit. Der Saal „Solitär" hat an seiner Stirnseite, also hinter der Bühne, eine die ganze Breite des Raumes einnehmende Glasfront: Dahinter erstreckt sich der Mirabellgarten, die alten Kastanien bedecken das Areal des Mozarteums und passen dem Felsabsturz des Mönchsbergs ein grünes Fußbett an. Am Mönchsberg selbst geben Schloss Mönchstein, der Wasserturm und eine schräge Sicht auf das Museum der Moderne eine eigene Zeichnung dieses Stadtberges, die der Architekt in den Saal geholt und gleichsam zur Musikkulisse gemacht hat: ein großer Wurf.

Warum besuchen so wenige Salzburger den Zyklus von vier Konzerten des weltberühmten Hagen Quartetts? Ist es der noch unbekannte Vortragssaal, ist es das große Angebot – Überangebot? – an erstklassigen Abenden oder ist alles außerhalb der Festspiele der nachhängenden kulturellen Erschöpfung oder dem vorgreifenden Verdacht der Zweitklassigkeit ausgesetzt?
Wie auch immer. Wir sind bequem geworden, weil verwöhnt. Unsere Generation hat die Erfahrung einer unbedeutenden Kleinstadt nicht machen müssen, oft scheint es, als würde uns der Name „Salzburg" nur im Ausland stolz machen, zu Hause sind wir allzu oft träge, alles ist selbstverständlich, das Feuer tragen zumeist andere, wir lassen gewähren, wenn wir nicht gerade ignorieren oder unter Bemühung des Begriffes „Weltkulturerbe" kritisieren, verhindern oder uns lustig machen.

Zu kritisch? Vielleicht. Es gibt auch jene, die sich des Besonderen bewusst sind, gestalten, Widerstände überwinden. Ihre Begeisterung spürbar machen. Die Sendung unserer Stadt ahnen und leben. Einige von ihnen waren im Konzert des Hagen Quartetts. Ich verehre Veronika Hagen, ihre Eleganz, ihre melancholische Ausstrahlung, ihre Hingabe an die Musik. Sie ergibt – eingerahmt von Rainer Schmidt und ihren Brüdern – ein Porträt, ein Gemälde, wie Salzburg auch sein kann und auch ist.
Das nächste Mal rufe ich Freunde an, ob sie nicht auch Lust hätten, das Hagen Quartett zu hören.

Nach einem Konzertabend des Hagen Quartetts am 23. Mai 2007 im „Solitär", Universität Mozarteum.

Dietrich Fischer-Dieskau zum 80. Geburtstag

Laudatio anlässlich der Verleihung des Goldenen Ehrenzeichens des Landes Salzburg am 19. August 2005 an Dietrich Fischer-Dieskau in der Felsenreitschule

Sehr geehrter Herr Professor Fischer-Dieskau!

Franz von Assisi hat einmal gesagt, und Sie kennen das bestimmt: „Der, der mit seinen Händen arbeitet, ist ein Arbeiter.
Der, der mit seinen Händen und mit seinem Kopf arbeitet, ist ein Handwerker.
Der, der mit seinen Händen, seinem Kopf und seinem Herzen arbeitet, ist ein Künstler."
Bei Ihnen tritt an die Stelle der Hände Ihre Stimme, mit der Sie Lieder modulieren, Opernrollen formen und Inhalten Ausdruck verleihen.

Wir haben Sie heute wieder einmal erleben dürfen, nach Ihrem Festspieldebüt am 19. August 1951 vor genau 54 Jahren, war es Ihr 121. Auftritt bei den Salzburger Festspielen, zum dritten Mal davon als Sprecher, 67 Male in Opernrollen, 51 Male im Konzert beziehungsweise bei Liederabenden. Sie waren und sind dabei Sänger, Dirigent, Sprecher, Sie waren aber immer und in allererster Linie Künstler.

Lassen Sie mich einige Jahre zurückgehen, ungefähr die Zeit, als Sie an die 40 Jahre alt waren und eine kleine Geschichte erzählen: Ein Haus am Land, ein kleiner Bub sitzt eng bei seiner Mutter. Im neu erworbenen Stereoschrank – Sie erinnern sich dieser seinerzeitigen Ungetüme aus Teakholz mit eingebauter Plattenspiel-Mechanik – ist eine Schallplatte aufgelegt. Dietrich Fischer-Dieskau singt Schuberts Winterreise. Draußen ist tatsächlich Winter; Nebel und gefrorener Boden sind zu einem weißgräulichen Etwas verschmolzen. Der kleine Bub rückt noch näher an die Mutter. Diese Stimme – eine Stimme, die der Bub nicht als lyrischen Bariton bezeichnen kann, weil er diesen Ausdruck nicht kennt – diese Stimme also mit ihrem Wohlklang, ihrer Harmonie, aber auch ihrer Emotionalität, ihrer Spannung und ihrem Trost vermischen sich mit der Nähe der Mutter für den Buben zu einem Gefühl sehnsuchtsvoller Geborgenheit.

Dieses Streiflicht an Erinnerung aus dem Leben des kleinen Buben ist lange vorbei. Der Bub hat seine Reise ins Leben angetreten, es war gelegentlich auch eine Winterreise, sowie Jahreszeiten eben sind, aber immer wenn der Name Dietrich Fischer-Dieskau fiel, wurden jene glücklichen Kindheitsmomente lebendig. Der kleine Bub von damals ist erwachsen geworden, er steht heute vor Ihnen und er hat all die Jahre Schuberts Winterreise, von Ihnen gesungen, in seinem unsichtbaren Reisegepäck getragen. Und heute darf ich Ihnen, sehr geehrter Herr Professor, das Goldene Ehrenzeichen des Landes Salzburg verleihen und glauben Sie mir, dieser Augenblick ist für mich selbst auch bewegend.

Die Salzburger Landesregierung verleiht das Goldene Ehrenzeichen des Landes Salzburg nicht leichtfertig, nicht aus Routine und auch nicht gönnerhaft. Eine derartige Auszeichnung wird nur jenem zugedacht, der sich durch außergewöhnliche Leistungen dem Land Salzburg, damit seiner Bevölkerung und letztlich seiner Lebenskultur herausragend verdient gemacht hat. Einem Mann etwa, wie Sie es sind.

Drei Gründe haben die Salzburger Landesregierung bewogen, Ihre Leistungen mit dem Goldenen Ehrenzeichen des Landes zu würdigen: Es ist das Herausragende, das Bewegende, das Vielseitige an Ihrer Kunst.

Ihre vielen Auftritte als Sänger, Dirigent und Sprecher haben alle eines gemeinsam: Sie sind von herausragender Qualität, sie sind ungewöhnlich. Und genau das ist es, was diese Festspiele genauso benötigen, wie auszeichnet.

Das Herausragende, das Nicht-Alltägliche, nicht der Durchschnitt und nicht die Massenware, sondern das Einmalige, das nirgendwo sonst Wahrnehmbare und Erlebbare. Insofern stehen Sie, sehr geehrter Herr Professor, für unsere Salzburger Festspiele, für das Herzstück dieser Stadt in beispielhafter vorbildlicher Weise und haben mit Ihrer Kunst mitgeholfen, Anspruch zur Realität werden zu lassen.

Das Bewegende: Es ist Ihre wunderbare, so lyrische und so kultivierte Stimme, wie Sie Sprache artikulieren und durch Gesang mit Leben erfüllen, zu einem Gesamtkunstwerk verbinden, ein Gesang, der nicht nur an unsere Ohren kommt, der uns nicht nur Texte und Töne bringt, sondern der zu Herzen geht und manch einer Dame, es werden gar nicht so wenige gewesen sein, zu einer Träne und manch einem Herren zu einem feuchten Auge verholfen haben mag.

Das Vielseitige: die ganze Vielfalt Ihrer Begabungen, Ihre Liedinterpretationen als spezifische Kunstform, Ihre legendären Opernrollen in „Figaro“, „Arabella“, „Cosi fan tutte“, „Falstaff“ und vielen anderen. 1992 haben Sie Ihren Abschied als Sänger mit je einem Schubert-, Schumann- und Hugo-Wolf-Abend von den Festspielen genommen. Aber schon während Ihrer aktiven Sängerlaufbahn haben Sie begonnen, Bücher zu veröffentlichen, in vielseitigster Weise von Schubert über Schumann zu Hugo Wolf und Debussy und befassten sich dabei mit Komponistenbiografien, aber auch sehr persönlichen und philosophischen Betrachtungen.

Sie waren Lehrer an der Musikhochschule in Berlin und in Meisterkursen an verschiedenen Orten; als Rezitator und als Sprecher haben Sie am 3. August 2004 (53 Jahre nach Ihrem ersten Auftritt) bei den Salzburger Festspielen Ihr Debüt gegeben. Sie haben mit dem Österreichischen Ensemble für Neue Musik Werke von Ullmann und Schönberg aufgeführt und damit triumphalen Erfolg gehabt; schon viel früher hat Sie die Faszination des Dirigierens ereilt, beginnend im Jahr 1970.

Ihre Vielseitigkeit und Ihre von hoher Intellektualität geprägte Offenheit führte Sie auch zu intensiven Auseinandersetzungen mit zeitgenössischen Komponisten, die auch Werke für Sie geschrieben haben, von Einem, Henze, Krenek und viele andere. An etlichen Uraufführungen haben Sie mitgewirkt, ich möchte hier nur pars pro toto eine Komposition unseres Intendanten Peter Ruzicka erwähnen: „Der die Gesänge zerschlug“ – ein wohl nicht ganz passender Werktitel für Sie.

Sehr geehrter Herr Professor Fischer-Dieskau!
Andere sind berufen, Ihr künstlerisches Wirken in fachkundigerer Weise zu würdigen, als ich dies vermag. Die Salzburger Landesregierung und ich können Ihnen nur danken.
Für das Herausragende, das Bewegende und das Vielseitige, mit dem Sie mehr als ein halbes Jahrhundert unsere Festspiele, unser Land, ja unser Leben bereichert haben.
Auf Grundlage des Beschlusses der Landesregierung vom 3. August 2005 verleihe ich Ihnen daher mit großer Freude aber auch mit ebenso großer Dankbarkeit das Goldene Ehrenzeichen des Landes Salzburg.

Österreichischer Staatspreis für Europäische Literatur an Cees Nooteboom

Begrüßungsrede anlässlich der Verleihung am 3. August 2004 in der Salzburger Residenz

Meine sehr verehrten Damen und Herren!

Wie wird man Europäer? Indem man weiß, Rituale und Allerseelen sind Ein Lied von Schein und Sein.
Herzlich willkommen, Cees Nooteboom in Salzburg! Wissen Sie, wir Salzburger denken oft Das Paradies ist nebenan; vielleicht In den niederländischen Bergen, denn auch dort ist Im Frühling der Tau. Aber möglicherweise sind wir alle nur auf einem Umweg nach Santiago.

Acht bedeutende Romane beziehungsweise Reiseerzählungen von Cees Nooteboom lauten:
„Wie wird man Europäer?",
„Rituale",
„Allerseelen",
„Ein Lied vom Schein und Sein",
„Das Paradies ist nebenan",
„In den niederländischen Bergen",
„Im Frühling der Tau",
„Der Umweg nach Santiago".
Sie haben mit den Ruf von Cees Nooteboom als großer europäischer Schriftsteller begründet.

Meine ehrenvolle und freudige Aufgabe als Mitglied der Salzburger Landesregierung ist es, Sie in der Salzburger Residenz herzlich willkommen zu heißen.
Wenn Sie, Cees Nooteboom, heute den Österreichischen Staatspreis für Europäische Literatur erhalten, dann ist das gleichermaßen das Selbstbildnis eines Anderen[5], gezeichnet von jenen, die die Verleihung des Preises an Sie entschieden haben und vielleicht ihre geheimen, gewollten Fähigkeiten in Ihnen entdecken konnten.

Worauf haben Sie sich bloß eingelassen?
Sie übernehmen den Preis eines Staates, dessen christlich-sozialer Bundeskanzler ein hoch talentierter Karikaturist und dessen Staatssekretär für Kunst und Medien in seinem bürgerlichen Beruf ein begnadeter Burgschauspieler und gnadenloser Rockmusiker ist.

5 Weiterer Buchtitel von Cees Nooteboom.

Meine Damen und Herren, liegt das Paradies wirklich nebenan?

Vielleicht ist es Der Buddha hinter dem Bretterzaun[6] in unseren Köpfen, der uns die Sicht verstellt, eines verbirgt er jedenfalls nicht: dass Sie, Herr Nooteboom, uns mit ihrer Erzählkraft bei der Lektüre ihrer Romane und Erzählungen zu einem zweiten, parallel laufenden Leben verhelfen, das man mitlebt, mitlacht und mitweint – das bei Bedarf aber auch zur Seite gelegt werden kann. Und dass Sie, Herr Nooteboom, uns die Kraft der Sprache zeigen – geschriebener, erzählter, gelesener und durch Sie gelebter Sprache und damit eine Chance schenken – Chance auf Entrückung.

Und wenn heute der Österreichische Staatspreis für Europäische Literatur in Salzburg, der kleinen selbstbewussten Stadt, dem „Rom des Nordens", der „heimlichen Hauptstadt Österreichs" verliehen wird, dann gilt es zu danken:
Der Bundesregierung, Herrn Bundeskanzler Dr. Wolfgang Schüssel und Herrn Staatssekretär Franz Morak, dass dieser Preis gerade in Salzburg und gerade an Cees Nooteboom verliehen wird. Wir fühlen uns durch die Verleihung dieses hohen Preises in Salzburg gerade an Sie, Cees Nooteboom, mit ausgezeichnet.

Und so ende ich mit der Frage, mit der ich begonnen habe:
Wie wird man Europäer?
Vielleicht auch durch Rituale in einer sehr europäischen Stadt.
Das aber ist Die folgende Geschichte[7].

6 Vergleiche Anm. 5.
7 Vergleiche Anm. 5.

Weil's nicht dazu passt: Golf – Wege zur Demut

Bei Betrachtungen über eine rationale, nicht nachvollziehbare Angelegenheit, die – wie könnte es anders sein – aus England kommt, nämlich Golf, darf ein Zitat von Winston Churchill nicht fehlen:
„Golf is a game whose aim is to hit a very small ball into an even smaller hole, with weapons singularly ill-designed for the purpose."

In Salzburg gibt es seit 50 Jahren den Golfclub Klessheim. Das Schicksal war gnädig, denn es hat den Gründern dieses Golfclubs eine Gemeinsamkeit mitgegeben: Keiner der Proponenten hatte irgendeine Ahnung von Golf, hatte bis dahin jemals einen Golfschläger in Händen gehalten oder eine Ahnung von den Regeln. Dem Gründungsmitglied, dem hoch geschätzten Landesrat a.D. Dipl.-Ing. Friedrich Mayr-Melnhof ist es widerfahren, dass eine seiner liebenswerten, damals kleinen Töchter in seiner Begleitung am Golfplatz gefragt hat: „Papi, weshalb darf der Ball nicht in das kleine Loch?"

Die Amerikaner hatten gute Vorarbeit geleistet, die Spielbahnen und ein kleiner Maschinenpark waren angelegt, Walser Bauern für die Platzpflege verpflichtet. Als die Amerikaner abgezogen waren, wurde am 12. September 1955 der Golf & Country Club Klessheim in das Vereinsregister eingetragen. Die Zustände waren idyllisch, in den frühen 60er-Jahren hatte der Club knapp 100 Mitglieder, davon etwa die Hälfte aktiv. Hunde begleiteten ihre golfenden Besitzer, Leinenzwang wurde überhaupt erst später eingeführt. Und der prachtvolle Baum beim Abschlag Nr. 6 mit der magischen Anziehungskraft war noch klein und zierlich. Wie sagte schon Michael Green: „The secret of missing a tree is to aim at it."

Die weitere Geschichte dieses Golfclubs ist eine Erfolgsgeschichte, die sich – trotz des Rückschlages, dass es nicht möglich war, den Platz auf 18 Loch zu erweitern – nicht verleugnen lässt.
Heute weist der Golfclub viermal so viele Mitglieder auf, wie in den 60er-Jahren. Der Club konnte immer wieder große sportliche Erfolge erzielen, und 1969 sogar erreichen, dass die Stadt Salzburg ein Turnier ausgeschrieben hat.
Das Clubhaus wurde neu gebaut und der Platz nach Entwürfen von Grant Jones neu gestaltet, was trotz Wasser an der Weisheit nichts ändert: Man kann keinen alten Golfball verlieren.

Vielen ist zu danken, die zum Werden und zur positiven Entwicklung dieses Golfclubs so viel beigetragen haben, dem einzigen noch lebenden Gründungsmitglied Dipl.-Ing. Mayr-Melnhof, den vielen Mitgliedern, die Funktionen übernommen haben, als Präsident – allen voran Hans-Peter Porsche –, als Vorstandsmitglieder, in welcher Funktion immer, den Sponsoren, aber auch den Mitarbeitern, die es uns ermöglichen, unserem Spiel auf gepflegten Fairways, schnellen Greens und landschaftlich ebenso schönen wie ärgerlichen Roughs nachzugehen. Dank auch Dr. Ernst Pallauf und seinem Kampf um die 18-Loch-Erweiterung; ich würde mich freuen, wenn dieses Projekt nochmals angegangen werden könnte, diesmal sind möglicherweise auch die Sozialdemokraten dafür, zumal das Handicap deren Golf spielender Politiker wesentlich niedriger als jener der Volkspartei ist. Weshalb das so ist, liegt vielleicht in der Regel „real golfers go to work to relax" begründet.

Als Mitglied des Golfclubs Klessheim, das ich sein darf, wenn auch aufgrund der geringen Anzahl an Runden, zu denen ich Gelegenheit habe, eher förderndes als spielendes Mitglied, steht es mir zu, sieben Überlegungen zum Golfsport anzustellen:

Golf ist wie eine Liebesaffäre; wenn man sie nicht ernst nimmt, macht sie keinen Spaß, wenn man sie ernst nimmt, verzweifelt man daran.
Golf trägt wesentlich zur Überwindung des Generationenkonfliktes bei. Man muss als älterer Spieler nicht mehr am Samstagnachmittag oder nach 17 Uhr einkaufen und Sonntag zu Mittag den Rasen mähen, weil man um diese Zeit die jüngere Generation am Golfplatz treffen kann.
Golf hat die Demut gerettet. Kaum hat das Konzil zu Konstanz 1417 das Flagellantentum – die Selbstgeißler – untersagt, wurde das Golfspiel entwickelt und 1457 in Schottland unter König James erstmals urkundlich erwähnt.
Wie in der Politik bedeutet ein weiter Abschlag nichts, wenn man in den Bunker schlägt, von dort über das Grün gurkt und beim 6. Putt dem vermeintlichen Par beim Abschlag nachtrauert.
Golf funktioniert wie die Liebe. Man kann nichts erzwingen, es muss einfach leicht gehen; man kann auch nur selten leicht gehen, in der Liebe und nach dem 18. Loch.
Das Einzige, was uns weiter Golf spielen lässt, ist die Hoffnung, es in den nächsten 50 Jahren wirklich zu erlernen.

Mit anderen Worten, und die stammen von Bob Hope: „I'd give up golf if I didn't have so many sweaters."
Ohne Golf würden wir wahrscheinlich andere quälen – was für eine selbstlose Sportart!

Aus einer Rede anlässlich des 50-jährigen Bestands des Golf & Country Clubs Salzburg Klessheim am 18. Juni 2005.

Ein Abend mit Pater Georg Sporschill

Begrüßungsrede zu einem Vortrag von Pater Sporschill bei der Veranstaltungsserie „Zeitlinien“ am 27. Jänner 2009

Wenn heute Abend Pater Georg Sporschill bei uns ist, wäre man versucht, einiges aus seinem Buch „Die Zweite Meile" vorzulesen, dass nicht nur so viel an Erlebtem, sondern auch so viel an Erkenntnis und Weisheit enthält.

Ich tue dies nicht, zumal Pater Georg heute Abend selbst unser Vortragender ist. Lassen Sie mich aber stattdessen mit Grillparzer und dem Monolog von König Ottokar beginnen – keine Angst, nicht den ganzen – sondern nur folgende, kurze Passage:

„Den Menschen, den Du hingesetzt zur Lust
ein Zweck, ein Selbst, im Weltall eine Welt
gebaut hast Du ihn als ein Wunderwerk
mit hoher Stirn und aufgerichtetem Nacken
gekleidet in der Schönheit Feierkleid
das Bild der Welt gelegt ihm in das Auge
und wunderbar mit Wundern ihn umringt."

Was für eine herrliche Sprache, wie beeindruckend wird die Schöpfung Mensch gezeichnet, und dennoch: Wird dieses Bild nicht infrage gestellt, dies zerstört, wenn man an jene Kinder von Bukarest denkt, die im Kanalsystem hausen, aus ihren Löchern kriechen wie Ratten, zerlumpt, verletzt, drogenabhängig? Verstoßene, Ausgestoßene, der Abschaum der Welt oder mit Pater Sporschills erster Empfindung „Die Hölle auf Erden".

Das Bild dieser Kinder – wahrlich nicht gekleidet in der Schönheit Feierkleid – ist deshalb so erschütternd, weil es in Wahrheit unser eigenes menschliches Spiegelbild ist.
Nicht sie sind der Abschaum, sondern wir finden uns in ihnen wieder, weil wir es sind, die es zulassen, dass Kinder solche Schicksale erleiden. Der Schrecken und das Grauen, das uns überkommt, ist in Wahrheit die Flucht vor unserer Hilflosigkeit, die Scham vor unserem Versagen, vor unserem Verdrängen, kurz unserer Gleichgültigkeit.
Die Gleichgültigkeit ist die Verlobte des Egoismus und beide stammen aus der großen Familie der Utilitaristen. Jener Geisteshaltung, die nur all das gelten lässt, was nützlich ist: Museen und Kultur werden vor dem Hintergrund des Tourismus und der wirtschaftlichen Effekte ge-

rechtfertigt, nicht aber vor dem Eigenwert der Kreativität und menschlichen Gestaltungswillens.
Bildung wird nur als Ausbildung gesehen, also nützliche Mitglieder der wirtschaftenden Gesellschaft und nützliche Familienernährer heranzuziehen, nicht aber als persönlichkeitsbildenden Eigenwert.
Zeit gilt nur als gut verbracht, wenn sie produktiv eingesetzt wird, das Innehalten, das Hineinhorchen in die Stille gilt als versäumte Zeit, als in die Luft schauen.
Sozialarbeit wird nur vor dem Hintergrund der Kostenersparnis der Gesellschaft mit den am Rande der Gesellschaft Lebenden als gerechtfertigt, eben als nützlich, erkannt.
Pater Georg Sporschill öffnet die Augen. Das Wesen der Sozialarbeit liegt nicht in Ergebnis und Erfolg, sondern in Warten und Erwarten, ein Zugang und eine Erkenntnis, die ebenso demütig wie realitätsnah ist.
Pater Georg Sporschill wurde 1946 in Feldkirch geboren, ist studierter Theologe, Pädagoge und Psychologe. Angesichts seiner erstaunlichen Leistungen macht ihn mir die Tatsache, dass Pater Georg auch kurze Zeit Mitarbeiter der Vorarlberger Landesregierung war, ein bisschen weniger unheimlich. Georg Sporschill ist Jesuit, er wurde 1978 zum Priester geweiht, übernimmt 1982 die Wohnstätte „Blindengasse“ in Wien, zieht dort selber ein und bietet obdachlosen Jugendlichen eine Resozialisierungschance. In kurzer Zeit wird die „Blindengasse“ zum Inbegriff des modernen sozialen Engagements in der Großstadt. Im Jahre 1991 geht Pater Georg für den Orden und die Caritas mit dem Auftrag nach Bukarest, sich um die Straßenkinder zu kümmern, für sechs Monate, wie er glaubt. Daraus wurde ein bis heute andauerndes Engagement und es gibt keine Anzeichen des Rückzuges. Vielleicht ist es diese lange Zeit in Rumänien, die sein Vorarlberger Idiom kaum mehr hörbar sein lässt. Auch ein Wunder dieser Welt.
Woher nimmt dieser Mann die Kraft, Kinder im schlimmsten Zustand der Verwahrlosung von der Straße zu holen, ihnen die Geborgenheit des Zusammenlebens und der Zuneigung zu vermitteln? Woher nimmt er die organisatorische Fähigkeit, aus dem Nichts eine ganze Reihe von Häusern für Kinder und Jugend aufzubauen und zu betreiben, woher nimmt er die Visionen, gleich auch noch für alte einsame Menschen in Moldawien da zu sein?
Ich weiß es nicht, es wird wohl die ihn prägende Gläubigkeit sein, aus der er seine Aufträge und die Kraft für ihre Umsetzung bezieht.

Sein Buch heißt: „Die zweite Meile“ – der Titel ist ein Bezug auf die Bibel, in der es sinngemäß heißt: „Wenn Dich jemand zwingt, eine Meile zu gehen, gehe eine zweite Meile.“ Legionären war es nämlich gestattet, Zivilisten anzuhalten und ihnen eine Meile weit das Gepäck aufzuladen, eine Meile und nicht mehr. Gehst Du aber eine zweite freiwillige Meile, entwaffnest Du den Legionär mental, er wird Dir dankbar sein und nicht das Schwert gegen Dich erheben. Du entwaffnest ihn, indem Du aus Zwangsarbeit Freiwilligkeit machst.

Meine persönliche Schlüsselstelle in diesem Buch ist ein Zitat von Paulus, das den Zugang des Paters Georg zu Menschen begreifen lässt. „Mach aus einem Menschen nichts anderes, als Gott ohnedies schon aus ihm gemacht hat. Schau ihn nur mit den Augen der Liebe an.”
Dies ist eine ganz tiefe Erkenntnis; jeder Mensch ist einmalig, unverwechselbar, er ist mit all seinen Gaben, Talenten und Qualitäten zur Welt gekommen, so wie sie sind, auch wie sie gefördert und ausgebildet werden, aber dieser Mensch ist als Mensch nicht änderbar. Wenn in unserer Gesellschaft aber ein Mensch nur als wertvoll gilt, wenn er nützlich ist, wenn er funktioniert – dann fragt sich, wofür?
In Wahrheit ist es nur ein kleines Segment an Funktionsanforderungen, die wir für wichtig und wertvoll halten. Gibt es aber nicht viel mehr an Talenten und Qualitäten, die auch wertvoll sind, ohne gerade in diesem Segment nützlich zu sein? Wir haben ein genaues Nützlichkeits- und Funktionsprofil entwickelt, erfolgreich im Berufsleben, treu-fürsorgend in der Familie, leistungsbereit im Sport, freigiebig im Sozialbereich, interessiert und vielleicht talentiert in kulturellen Belangen, ein tätiges Mitglied in Vereinen. Was aber, wenn diese Form von Nützlichkeit nicht gegeben ist? Wenn ein Mensch nicht unseren Funktionsanforderungen entspricht, ist er dann weniger wert oder gibt es nicht so etwas wie einen menschlichen Eigenwert, der sich daran bemisst, dass der betreffende Mensch eben so ist, wie er ist, auch wenn er nun einmal nicht unseren Nützlichkeits- und Funktionskriterien entspricht? Ist dieser Mensch wirklich weniger wert? Müsste hier nicht das Wort von Paulus eingreifen, „Mach aus einem Menschen nichts anderes als Gott aus ihm gemacht hat. Schau ihn nur mit den Augen der Liebe an.“

Lassen Sie mich die Diskussion anhand eines politischen Beispiels darlegen: Eine Frau bekam ein Kind mit Down-Syndrom. Sie klagt, sie wäre infolge eines Beratungsfehlers nicht auf eine derartige Möglichkeit hingewiesen worden. Der Oberste Gerichtshof gab der Klage recht und begründete, dass die Geburt eines behinderten Kindes ein Schaden sei. Ich meine, das menschliche Leben kann Achtung vor seiner Einmaligkeit beanspruchen, in welcher Form es auch immer existiert, egal ob es nützlich ist oder nicht, funktioniert oder funktionsbeeinträchtigt ist. Pater Georg zeigt es nicht nur in seinem Buch, sondern durch sein Handeln auf. Wir brauchen diese Beispiele des Bewusstmachens, damit nicht eines Tages die Frage diskutiert wird, welche Existenzberechtigung ein alter Mensch, ein behinderter Mensch hat, der im Sinne unserer Vorstellungswelten eben nicht mehr nützlich ist oder nur eingeschränkt funktioniert.

Das Drama der Kinder in Bukarest und die Wende zum Guten durch Pater Georg Sporschill bringen eine zweite Erkenntnis zutage: Die Beziehungslosigkeit ist der Humus der Verzweiflung, wer keine Beziehung zu anderen Menschen lebt, findet in seinem Leben keinen Sinn und keine Aufgabe. Die Rettung der Straßenkinder von Bukarest war nicht nur mit materiellen Gaben – Ernährung, Kleidern, einer Schlafstelle – alleine möglich. Nein, es bedurfte den Kindern Beziehungen zu vermitteln, ihnen das Gefühl zu vermitteln, sie sind geliebt und auch gebraucht. Menschen, die auf andere bezogen sind, also nicht unter Beziehungslosigkeit leiden, und gleichzeitig für Aufgaben gebraucht werden, finden in ihrem Leben Sinn. Das Phänomen der seelischen Verwahrlosung ist nicht bloß ein rumänisches, sondern es betrifft auch massiv die Jugend der Wohlstandsgesellschaft, die Wohlstandsverwahrlosten: Sie haben bei allem materiellen Luxus, bei der Entwicklung des Sozialstaates, zum Teil das Gefühl, sie würden nicht gebraucht, ihr Leben wäre sinnlos. Wie sagte schon Mutter Theresa: „Schlimmer als die Pest und die Cholera ist das Gefühl, nicht geliebt zu sein."

Pater Georg Sporschill zeigt in der Selbstbeschränkung seine Demut, die Mut macht, vor allem Mut zu einem Anfang: die Demut, dass er nicht allen Kindern in Bukarest und schon gar nicht allen Kindern dieser Welt helfen kann. Die eigenen Grenzen der Hilfsbereitschaft, der Güte werden aufgezeigt, sie motivieren, sich um einen Einzelnen zu kümmern, auch wenn man den Rest nicht retten kann. „Wer ein Leben rettet, rettet die ganze Welt" heißt es bei Paulus und „Wer an einen Einzelnen glaubt, lässt ein Licht entstehen, das die ganze Welt erleuchtet."

Und schließlich: Aus dem Gefühl der Ohnmacht und der Schwäche entsteht auch Stärke. Nochmals Paulus „Wo ich schwach bin, bin ich stark." Haben wir nicht unzählige Male im Konflikt erlebt, dass die Schwachen über sich hinauswachsen und die vermeintlich starken übertreffen; hat nicht das Leben einen eigenen Schutzmechanismus für die Schwachen entwickelt, die aus ihrer Schwäche letztlich ihre Stärke beziehen: David gegen Goliath, der Einzelne gegen die Windmühlen der Bürokratie, Gandhi, der mit Gewaltlosigkeit ein Weltreich in die Knie zwang?

Pater Georg Sporschill strahlt heitere Gelassenheit aus. Er hat die Schrecknisse dieser Welt gesehen, genauso aber auch das Wunder der Lösung und Rettung. Er hat in gleichem Maße gesehen, wie Unmögliches möglich wurde, wie begrenzt aber auch die eigenen Möglichkeiten sind, wie nahe Triumph und Demut beisammen liegen und wie einmalig und kostbar jedes einzelne Leben ist.
Wahrscheinlich stammt seine Innerlichkeit, seine Ausstrahlung, sein Charisma, seine durch und durch uneitle Art, seine Geschichte zu erzählen, mitten aus dem Dreigestirn des heiligen Paulus: Glaube, Hoffnung, Liebe. Pater Sporschill lebt dieses Dreigestirn, erfüllt es mit Leben, holt es vom Himmel und macht es für uns greifbar. Oder wie Grillparzer sagt: „Das Bild der Welt gelegt ihm in das Auge und wunderbar mit Wundern ihn umringt."

Pater Georg Sporschill, herzlich willkommen in Salzburg!

Hansi Mierka – In liebevoller Erinnerung

Gedenkrede für Hansi Mierka am 21. August 2009
in der Großen Universitätsaula

Dear Jeanne and Donald Kahn!
Liebe Familien Löscher und Mierka!
Frau Festspielpräsidentin!
Ladies and Gentlemen!
Meine sehr geehrten Damen und Herren!

Eine Gedenkstunde trägt die Erinnerung an einen geliebten Menschen in sich, sie ist nicht notwendigerweise eine Trauerstunde; so sollen meine heutigen Gedanken in Erinnerung an Hansi Mierka keine Trauerrede sein, sondern ein Zeichen der Zuneigung, aber auch in unser aller Namen ein Zeichen der Dankbarkeit, dass wir einen Menschen wie Hansi Mierka kennen und erleben durften. Mein besonderer Dank gilt Jeanne und Donald Kahn, die Hansi Mierka in tiefer Freundschaft verbunden waren. Ich danke Ihnen, Jeanne und Donald Kahn dafür, dass Sie zu dieser Gedenkstunde an diesen beziehungsvollen Ort einladen, zu dessen Neugestaltung Sie – durch Initiative von Hansi Mierka – so viel beigetragen haben, erreichbar über den Furtwänglerpark, der dank Ihrer Hilfe ein ganz neues Antlitz bekommen hat.

Es ist schon merkwürdig: Immer wieder sind es gerade die Menschen, die nicht in Salzburg geboren sind, die mit besonderer Innigkeit dem Zauber dieser Stadt erliegen und sich mit herausragender Leidenschaft in ihre Erhaltung und qualitätvolle Verbesserung einbringen. Hansi Mierka ist ein Beispiel dafür, besonders aber auch Jeanne und Donald Kahn.

Hansi Mierka hat es verstanden, ihre Liebe zu Salzburg in konkrete Taten umzumünzen und schreckte dabei nicht davor zurück, auch ihre Freunde in ihre Vorhaben mit einzubeziehen: Die Aula, der Furtwänglerpark, die Müllner Orgel, das Festspielhaus, die Domfassade, der Jüdische Friedhof, die Paracelsus Medizinische Privatuniversität Salzburg und viele andere Projekte mehr.

Hansi Mierka selbst schreibt in einem ihrer Bücher, dass sie manchmal ein schlechtes Gewissen beschlichen habe, wie sehr sie in ihrer Begeisterung für Salzburg auch Jeanne und Donald Kahn eingesetzt und angesteckt, ja manchmal auch gequält habe. Als sie bei einem Empfang Donald Kahn um biografische Daten für eine Rede fragen wollte und zur Seite bat, blickte dieser sie mit schreckgeweiteten Augen an und fragte: „Another organ?“ An anderer Stelle schreibt sie in Bezug auf das besondere Mäzenatentum von Jeanne und Donald Kahn für Salzburg, dass wohl eines Tages auf einer Gedenktafel zu lesen sein wird: „Here lived Donald Kahn, great friend and sponsor of Salzburg. He arrived in Salzburg as a wealthy man and went as a poor one.“

Wenn wir heute Musik von Franz Schubert, Johannes Brahms und Olivier Messiaen hören dürfen, um Hansi Mierka stimmungsvoll zu gedenken, so geschieht dies an einem Ort, dieser Aula major der 1622 gegründeten Benediktiner-Universität, die zu den wichtigsten Trägerstätten der geistlich-barocken Theaterkultur des 17. und 18. Jahrhunderts gehörte. Hier wurde am 13. Mai 1767 die erste Oper des damals erst 12-jährigen Wolfgang Amadeus Mozart uraufgeführt, „Apollo und Hyacinth“.
Ariane Haering spielt am Klavier, ihr Mann Benjamin Schmid, der bereits 17-jährig mit Yehudi Menuhin bei den Salzburger Festspielen debütierte, an der Violine und Stephen Kahn am Violoncello; alle drei sind Hansi Mierka persönlich sehr verbunden, ihr Musizieren ist eine ganz persönliche liebevolle Zueignung an diesem besonderen Tag.

Die gespielten Stücke sind beziehungsreich: Das Klaviertrio Es-Dur op. 100 von Franz Schubert wurde von ihm zu einer Zeit geschaffen, als er schon von Krankheit gezeichnet, vereinsamt, ungeliebt und ohne Anerkennung lebte. In seiner Musik kommt das Spannungsfeld aus Leid und Freude, aus Schmerz und Hoffnung zum Tragen, dass ein Spiegelbild unserer eigenen Zerrissenheit ist. Johannes Brahms hat sein Horntrio 32-jährig im Gedenken an seine kurz davor verstorbene Mutter geschrieben, er hatte in den Jahren davor Schumanns Umnachtung und Tod miterlebt und zu Clara Schumann eine emotionale Beziehung entwickelt. Die gesamte Textur spiegelt Brahms Neigung zu dunkel gefärbter Klanglichkeit. Und wenn wir schließlich Olivier Messiaens Stück an das Ende der Zeiten hören, das er in deutscher Kriegsgefangenschaft in einem Lager in Görlitz/Polen komponiert hat und welches am 15. Jänner 1941 uraufgeführt wurde, dann befasst sich dieses Stück sehr genau mit der Frage von Tod und Weiterleben. Messiaen wollte nicht die Apokalypse des Zweiten Weltkrieges musikalisch umsetzen, sondern – gezeichnet von Nahrungsmangel in der Kriegsgefangenschaft – seinen Zugang zu einer geliebten Figur. Diese Figur ist ein Engel, der das Ende der Zeit verkündet, aber als ein Ende, das den Beginn der Ewigkeit beschreibt, also Ende und Anfang ineinander verschmelzen lässt.

Am 31. März 1920 wurde Hansi Mierka als Johanna Fritz-Tiefenthaler in Pians in Tirol geboren. Wenn man sieht, was 1920 alles sonst noch geschehen ist, drängen sich drei Bilder auf: Die Gründung der Albertina in Wien, die aus der alten Albertina der Hofbibliothek, dem Hofmuseum und der Fideikommissbibliothek zusammengeführt wurde; die ersten Salzburger Festspiele finden für die Dauer von einer Woche statt und Schnitzlers Reigen wird in Berlin uraufgeführt.

Die Gründung der Albertina oder das Bild einer Dame

Agatha Christi hat einmal gesagt: „Wer mit 70 eine reizvolle alte Dame sein möchte, muss als 17-jähriges Mädchen damit anfangen". Ich glaube, Hansi Mierka hat schon mit 15 Jahren damit begonnen. In ihrer ganzen Erscheinung war sie eine Dame, deren Geburtstag man sich merkt, aber deren Alter man vergisst. So in die Jahre zu kommen, habe ich mir immer gedacht, so humorvoll, diszipliniert, präsent, elegant, tapfer, gebildet, das würde ich auch gerne schaffen. Wenn jemand den Ehrentitel: „She is a real lady" verdient hat, dann war es Hansi Mierka – Adel hin oder her. Die Handtasche kein Behältnis zum Tragen von Überflüssigem sondern ein Accessoire existenzieller Notwendigkeiten, der Gehstock keine Stütze für die körperliche Hinfälligkeit, sondern die Abrundung der Gestalt, der Diamantschmuck nicht als Beweis von Vermögen, sondern als Fortsetzung des silbergrauen Haars in veredelter Form am Kostüm. Was für ein Bild einer Dame, was für ein Charme, was für eine Erscheinung!

Die Gründung der Salzburger Festspiele

Die Salzburgerin Hansi Mierka, die sie ja erst 1956 geworden ist, war geprägt durch ihr Schlosshotel Mönchstein. Vielfach ausgezeichnet machte sie aus dem Mönchstein ein 5-Sterne-Hotel. Hansi Mierka war keine bloß passive Genießerin, sondern eine aktive Anteilnehmerin, eine Anteilgeberin – Jeanne und Donald Kahn und viele andere wissen ein Lied davon zu singen. Wie schon gesagt, möglicherweise nehmen jene, die von Außen kommen, das Geheimnis dieser Stadt bewusster in sich auf, empfinden es intensiver als die hier Geborenen, denen Salzburg allzu sehr Selbstverständlichkeit ist, und machen es sich zu eigen und zur Sendung. Die Suche nach Schönheit, das Barocke, das Interesse an Kunst und Kultur, nicht bloß am Negativen, am Scheitern, am Abgründigen, nein auch ein bewusstes Setzen der Zuneigung zur Schönheit und zur Ästhetik – auch das war Hansi Mierka; und sie war auch eine Menschensammlerin, eine Netzwerkerin würde man heute sagen, aber eigentlich wird ihr dieser Begriff ganz und gar nicht gerecht. Denn ihr Zugang war von keinem Nützlichkeitskalkül bestimmt, sondern ausschließlich von Zuneigung, Achtung, Interesse, Respekt und von Gefühl – kurzum von Freundschaft und Liebe.

Schnitzlers Reigen oder die pure Lust

Hansi Mierka hat einfach sehr, sehr gerne gelebt, keine Gesellschaft war zu fern, keine Party zu dicht an die andere gesetzt, keine Begegnung war ihr unwürdig, sie hat das Leben und gute Restaurants geliebt und die Menschen, die das Leben ausmachen: zuallererst ihre drei Söhne, ihre zehn Enkelkinder und die beiden Urenkel, ihre vielen, vielen Freunde und Bekannten. Vielleicht hat sie auch deshalb Salzburg so geliebt, weil sie so eine salzburgische Ader in sich hatte, nämlich die Erkenntnis, dass der Mensch sich nicht in Trostlosigkeit und Selbstgeißelung findet, sondern in Lebensfreude, Hoffnung und Demut den Glanz Gottes schauen kann.

Es ist nicht Aufgabe der Gedenkfeier, in biografischer Weise Stationen eines Lebens nachzuzeichnen. Lassen Sie es mich dabei bewenden, dass sie die jüngste von vier Töchtern war, in Jenbach, Hall, Innsbruck, Radstadt und Zell am See aufgewachsen ist, Lehrerin in Finkenbach bei Zell am Ziller wurde, 1942 ihren ersten Mann Dr. Fritz Löscher heiratete und ab 1956 mit ihrem zweiten Mann Karl von Mierka in Salzburg den Lebensmittelpunkt nahm.

Humor und Demut fanden Ausdruck in Hansis Lebensmotto: „Seid stark im Glauben, hilfreich zum Nächsten und esst euer Brot nicht müßig."
Gemäß diesem Leitsatz hat sie ihr Leben verbracht.
Vermutlich war es jene Mischung aus Humor und Demut, die Hansi Mierka so liebenswert gemacht haben, die Ansammlung vieler kleiner Anekdoten, das Festhalten komischer Situationen aber auch das Gute zu beobachten. Besonders charmant finde ich jene Geschichte, als Prälat Neuhardt anlässlich eines Benefizabends ein Essen mit Tafelmusik

im Dommuseum gab, an dem auch viele geistliche Würdenträger teilnahmen. Eine Erscheinung fiel besonders auf: ein Mann mit dichtem dunklem Haar, einem samtenen Gehrock mit purpurnen Aufschlägen, einem mächtigen Kreuz auf der Brust und einem unübersehbaren Siegelring. Eine bekannte Dame sank in einen Knicks und küsste dem geistlichen Würdenträger die Hand, Hansi Mierka wollte ihr nachfolgen, als eine warnende Stimme hinter ihr sagte: „Achtung, nicht hinknien, Schneider aus München!“ Es war der bekannte Modeschöpfer Rudolph Moshammer in einem seiner burlesken Aufzüge.

Meine geschätzten Damen und Herren, das diesjährige Festspielmotto lautet „Stark wie die Liebe ist der Tod“, das ist die bewusste – oder unbeabsichtigte, das weiß man nicht so genau – Umkehrung aus dem Hohelied, das mit dem Satz beginnt „Und stark wie der Tod ist die Liebe und unerbittlich wie das Totenreich das Begehren“. Das Festspielmotto hat eine intensive Diskussion darüber ausgelöst, ob die Liebe den Tod überleben könne oder der Tod das Ende der Liebe wäre. Die gesamte Festspielprogrammatik des heurigen Festspielsommers dreht sich um diese Fragestellung. Der Zeitgeist und auch die brillante Festspielrednerin Elke Heidenreich zeichnen mit dem Tod den Weg in das absolute Ende, mit dem Tod also stirbt die Liebe. Doch heute erleben wir einen Kontrapunkt zu dieser Schlussfolgerung, heute erleben wir den Beweis des Gegenteils, nämlich dass die Zuneigung und die Liebe über den Tod eines gemochten, verehrten, geliebten Menschen hinausgeht, heute erleben wir die Bestätigung jener Erkenntnis, dass der Tod ein Teil des Lebens ist.
So ist diese Stunde kein Trauerakt, währenddessen mit dem Schicksal gehadert wird; nein, wenn nach der Musik auf Applaus verzichtet wird und wir uns alle zu einer Gedenkminute für unsere Hansi Mierka erheben, dann wird dies eine Minute der Besinnung an Freude und Dankbarkeit sein. Freude und Dankbarkeit dafür, dass es Menschen wie Hansi Mierka gab und gibt und dass jeder von uns in unterschiedlicher Intensität und über unterschiedliche Zeitspannen des Lebens Hansi Mierka erfahren und begleiten durfte und damit ein unvergessliches Geschenk an menschlicher Begegnung erhalten hat, das den wahren, vermutlich einzig wirklichen Reichtum ausmacht.

Ich danke Ihnen.

Heinz Wiesmüller – Erfolg und Bescheidenheit

Wollte man eine Laudatio auf Kommerzialrat Dr. Heinrich Wiesmüller halten, müsste man wohl mit einem charakterisierenden Zitat beginnen, wie etwa jenem von Karl Krauss: „Er hat so eine Art, sich in den Hintergrund zu drängen, dass es allgemein Ärgernis erregt."
Der Untertitel könnte lauten: „Weil ich solange im Leben nicht ‚Nein' sagen konnte." (Originalzitat Heinz Wiesmüller aus einem Interview in den SN)

Heinz Wiesmüller, Grandseigneur der Salzburger Kulturpolitik,
Emissär der Symbiose aus Kunst und Wirtschaft,
Botschafter der Bescheidenheit und des Gestaltungswillens.

Kann die Aneinanderreihung von Funktionen und ihren Jahreszahlen über einen Menschen etwas aussagen? Etwa die Zugehörigkeit zum Direktorium der Salzburger Festspiele von 1976 bis 1985, sodann von 1989 bis 1995, in den letzten fünf Jahren als Präsident der Salzburger Festspiele oder die Zugehörigkeit zum Kuratorium der Salzburger Festspiele als Vertreter des Tourismusförderungsfonds in den Jahren 2001 bis 2007; und schließlich die Zugehörigkeit zum Kuratorium der Stiftung Mozarteum 1967 bis 2003, zuletzt als dessen Vorsitzender; oder der Eintritt in die Geschäftsleitung der Spängler Bank 1965, später deren Vorstandsvorsitzender und schließlich Vorsitzender des Aufsichtsrats?
All dies sagt über den Menschen Heinz Wiesmüller nichts aus, außer das Festmachen einer Vermutung: Hier ist jemand der besondere Eignungen und Fähigkeiten haben muss, jemand der über viele Jahre sowohl im geschäftlichen Bereich an der obersten Stufe des Erfolges steht als auch im kulturellen Geschehen Salzburgs wiederkehrend in verschiedensten Funktionen gestaltend tätig war. Jemand, dem langfristige Entwicklungen wichtiger sind als der schnelle Erfolg.

Dass er Sohn eines Försters aus dem Lungau ist, mag überraschen; vielleicht ist es die forstliche Abgeschiedenheit in den ersten zehn Lebensjahren, die Enthaltung von künstlerisch klassischen Einflüssen. Kommerzialrat Heinz Wiesmüller entdeckte in späteren Jahren das Abenteuer kulturellen Neulandes. Animiert vom freimütigen Bekenntnis des damals für die Festspiele zuständigen Hofrates der Salzburger Landesregierung, dessen Kunstinteresse bei der „Lustigen Witwe" endete, fielen jenem zugedachte Festspielkarten dem jungen Referenten Wiesmüller zu. Es folgte das sich immer tiefere Hineinwagen in dieses Abenteuer, sein Verarbeiten, Aufarbeiten und die wiederholte Neuentdeckung durch einen Wissenssüchtigen, einen Liegestuhlleser, einen, den einfach alles interessiert, was mit Kreativität, mit Schöpfung, mit Genialität, mit Entwicklung nicht nur in dieser Stadt, aber besonders in dieser Stadt zu tun hat.

Heinz Wiesmüller scheint kein Mann schneller, impulsiver Entscheidungen zu sein, Entschlüsse, die eruptiv aus der Situation, vielleicht noch dazu schreiend, herausbrechen und mit der Faust am Tisch körperlich unterstrichen werden. Nein, Heinz Wiesmüller ist einer, der die Gabe des Zuhörens, aber die genauso wunderschöne Gabe des Erzählens hat, zweitere hat er sich durch erstere erarbeitet. Er weiß genau um diffizile Entscheidungsabläufe bescheid. Das komplexe Geflecht an Interessenstrukturen, widerstreitenden Meinungen und vermeintlichen Gegensätzen, die doch im gemeinschaftlichen Wollen um das Bessere ihren Ausgang haben. Das Zuhören von Heinz Wiesmüller ist auch ein Heraushören, eine Aufbereitung des Weges zu möglichen und richtigen Entscheidungen.

Heinz Wiesmüller hat humanistische Bildung genossen, vielleicht ist ihm deshalb auch der Satz von Thomas von Aquin einprägt „pulchrum est splendor veri", „Die Kunst ist die Schönheit des Wahren."
Aber welcher Wahrheit? Und welcher Schönheit? Hier beginnt schon das Problem und der demütige, bescheidene, zuhörende und beobachtende Heinz Wiesmüller weiß um dieses Ringen nach der Wahrheit, nach der Schönheit des Wahren. Er weiß aber auch, dass der Wert der Schönheit, der Ästhetik für sich allein genommen, ohne Wahrheit, ohne Abgründe, ohne Zweifel, ohne Verzweiflung und ohne Hoffnung hohl und leer wäre, genauso wie die Kraft des Negativen, des Pessimismus, der Verachtung und der Entwürdigung für sich allein genommen alles Menschsein infrage stellt.

Heinz Wiesmüller als Vertreter der Wirtschaft in der Kunst oder als Vertreter der Kunst in der Wirtschaft?
Der Humanist Wiesmüller sieht keinen Gegensatz. Er weiß, dass die Stärke der Wirtschaft nicht allein in der mathematischen Ökonomie der

Zahlen und die Stärke der Kunst nicht im Selbstzweck liegt. Das Leben bedingt Erkenntnis und die Darstellung spiegelt das Leben wider.
Eines stand für Heinz Wiesmüller immer fest: Die Vorteile für die Wirtschaft der Salzburger Festspiele sind ein großartiger Nebeneffekt der Kunst, aber eben nur ein Nebeneffekt. Oberstes Ziel der Festspiele ist die Kunst, die Rangordnung ist eindeutig. Erstens Kunst und zweitens Wirtschaft! Todsichere Programmauswahl im Sinne von todsicheren Einnahmen führt mittelfristig zum künstlerischen Tod, dann ist langfristig auch der finanzielle Tod vorprogrammiert. Diese Erkenntnis eint die Mitglieder der Direktorien der Salzburger Festspiele von ihrer Gründung bis heute. „Risiko ist die Bugwelle des Erfolges", sagt Jean Anouilh, das gilt wohl auch für die künstlerische Programmatik des bedeutendsten und wichtigsten Festspielprogrammes schlechthin, nämlich jenes der Salzburger Festspiele.

Heinz Wiesmüller hat den Weg dieser Salzburger Festspiele über 30 Jahre begleitet, und er war in entscheidenden Phasen Weichensteller: als kluger Verhandler und als diskreter Vermittler! Nichts ist ihm so zuwider, wie das marktschreierisch Laute. Und nichts ist ihm so wichtig, wie die Sache vor seine Person zu stellen. Und so hat er in der ganz entscheidenden Phase der Nach-Karajan-Ära eine nicht zu unterschätzende Weichenstellung vorgenommen, die ihm zugleich Beglückung und Ärgernis war, also Seelendialektik der besonderen Art!
Als Vorsitzender der Findungskommission Mortier nach Karajan zu wählen, war ein Glücksgriff; vielleicht mag hier ein oft gehörtes Zitat aus Viscontis Film „Der Leopard" passen, in welchem Tancredi zum Fürsten sagt: „Wenn alles so bleiben soll wie es ist, muss sich alles ändern."
Übersetzt auf die Salzburger Festspiele: „Wenn alles so bleiben soll, wie es ist, nämlich Salzburg als Licht der Festspielidee, als Kulminationspunkt höchstrangiger künstlerischer Erfahrung in Konzert, Oper und Schauspiel, als Gesamtkunstwerk aus Stadt, Kunst und Begegnung, dann muss sich alles ändern, also ein neuer Zugang gefunden werden. Kein neuer Karajan, weil das Muster unwiederholbar, einmalig, nicht in Serie zu bringen ist, sondern ein neues Angreifen der Programmatik, weg von der personellen Monokultur zur Vielfalt der künstlerischen Persönlichkeiten. Zur ästhetischen Opulenz das Öffnen für Anderes, Neues, Mutiges, das Zulassen von Weiterentwicklung!

Zugleich aber auch jene tiefe Kränkung mit der umfassenden Beschimpfung Salzburgs durch jenen Mortier, der den Neuanfang nach seinen Vorstellungen inszenieren durfte (!), also das Sakrileg am Heiligtum Salzburg durch einen Außenstehenden, einen nicht durch Salzburgs Bürgerweihen legitimierten koketten Selbstdarsteller. Dies war das höchste Ärgernis, die schmerzhafteste Demütigung des Salzburger Bürgers Heinz Wiesmüller.

Heinz Wiesmüller zieht sich aus seinen Funktionen beim Tourismusförderungsfonds und beim Kuratorium der Salzburger Festspiele zurück. So wie es seine Art ist: bescheiden, klug durchdacht, mit Hoffnung auf längerfristige Perspektive und einem verschmitzten Lächeln auf den Lippen. Die Lücke, die er hinterlässt, benötigt zwei Nachfolger, einen im Fonds und einen im Kuratorium und es ist nicht gewiss, ob sie diese Lücke zu füllen vermögen.

Was empfindet jemand wie ich, der Heinz Wiesmüller im Kuratorium der Salzburger Festspiele nachfolgt? Der ihm mit Freude zuhört und seinen Rat sucht, als einer, der die Breite seines Wissens, seiner Erfahrung nicht in lehrmeisterlicher Weise angeboten erhält, sondern als Einladung, sich aus diesem breiten Korb an Wissen zu bedienen, und als einer, der seinen klugen Rat, sein gelebtes Beispiel, sein bürgerliches Salzburger-Sein sehr, sehr schätzt? Zuneigung und vor allem: Dankbarkeit!

Aus einer Laudatio anlässlich der Verabschiedung von Kommerzialrat Dr. Heinz Wiesmüller aus dem Kuratorium der Salzburger Festspiele und der Fondskommission des Salzburger Tourismusförderungsfonds am 9. April 2008.

Von einem, der auszog, nach Hause zu kommen – Wilhelm Holzbauer zum 75. Geburtstag

Rede aus Anlass der Verleihung des Goldenen Ehrenzeichens des Landes Salzburg an Professor Architekt Wilhelm Holzbauer am 4. September 2005

Lassen Sie mich mit einem Zitat beginnen: „Ich bekenne, dass ich von Natur aus besser geeignet bin, sehr große Werke als kleine Stückchen auszuführen. [...] Mein Talent ist so beschaffen, dass kein Unternehmen, so gewaltig es auch an Ausmaß und so verschieden es an Gegenstand sein möge, jemals meinen Mut überstiegen hätte."

Dieses Zitat stammt nicht, wie man meinen möchte, von Wilhelm Holzbauer, es stammt von Peter Paul Rubens und es wurde von Christian Reder schon 1990 mit Wilhelm Holzbauer in Zusammenhang gebracht.

Was fällt uns spontan zu Rubens ein: Großformatig, beeindruckend, wertvoll, unbezahlbar. Die ersten drei Attribute passen auch auf die Werke von Wilhelm Holzbauer, wie es sich mit dem Vierten verhält, werden wir nach der Endabrechnung des Hauses für Mozart sehen.

Architekturkritiker sehen in Ihnen einen Vertreter einer pragmatischen Architektur mit monumentaler Zeichenhaftigkeit, physiognomischer Prägnanz und manieristischer Überhöhung.
Ich gestehe, diesen Satz auswendig zu lernen, hat mich den ganzen Vormittag gekostet.

Ihre Bauten und Entwürfe werden auch als subjektiv, antiintellektuell, antiideologisch, und mit urbanistischem Vokabular als demonstrativ, hierarchieorientiert und machtbewusst eingestuft.

Ich danke den Festspielen, dass unsere kleine Feierstunde gerade hier, im Festspielpavillon, stattfinden kann, gegenüber den Aufführungsstätten, wo Schauspieler, Musiker und Sänger ihre Künste zeigen. Dies lässt uns nämlich bewusst werden, dass Architekten in gleicher Weise wie Schauspieler, Musiker und Sänger dem in jeder Richtung hin interpretierbaren, verqueren Verfremdungsdeutsch ihrer Kritiker ausgesetzt sind – allein schon deshalb heißt Architekt sein, einen künstlerischen Beruf auszuüben!

Ich werde mich also davor hüten, Wilhelm Holzbauers Werke zu würdigen: Dazu sind oder fühlen sich andere berufen. Meine Aufgabe ist es, den Weg eines Salzburgers nachzuzeichnen, der im übertragenen Sinn auszog, um das Fürchten zu lernen. Es ist ihm dank seines Mutes, seiner Wahrhaftigkeit, seines ihm vom Herrgott auf die Reise mitgegebenen Talents, seines Fleißes, seiner Weltoffenheit und seines Sinnes für Realität und auch für das Machbare nicht gelungen, das Fürchten zu lernen, eher das Fürchten zu lehren. „Wirklichkeit entsteht im Wettbewerb der Erfolgreichen", heißt es. Wilhelm Holzbauer und seine Architektur sind wirklich, sie sind real, von Bestand und das meint: Sie treffen den Geschmack der Zeit, weil sie ihr vorauseilen und mit der Qualität des Haltbaren den Zeitgeist überwinden.

Sie haben Studien in Wien und in Cambridge/USA absolviert, von 1977 bis 1998, also 21 Jahre, die Meisterklasse für Architektur an der Hochschule für angewandte Kunst geleitet, deren Rektor Sie in den Jahren 1987 bis 1991 waren.

Sie, Herr Professor, sind einer der ganz großen Söhne dieser Stadt, vielfach gewürdigt und ausgezeichnet, wie etwa durch die Architekturpreise der Städte Wien und Salzburg, höchste Orden oder den Österreichischen Staatspreis zur öffentlichen Würdigung Ihres Lebenswerkes, der Ihnen 2000 aus Anlass Ihres 70. Geburtstags verliehen wurde. Offenbar aber zu früh, da das Ende Ihres Lebenswerkes noch lange nicht abzusehen ist.

Dass Sie heute das Goldene Ehrenzeichen des Landes Salzburg, eine der höchsten Auszeichnungen dieses Landes, verliehen bekommen, hat seinen Grund nicht darin, dass dieses Salzburg seine herausragenden Persönlichkeiten gerne anderswo groß werden lässt, um im Falle des Erfolges das Risiko der Anfangsentwicklung nicht mittragen zu müssen, aber nach Erlangung des Ruhmes mit später – am besten posthumer – Heimholungsaktion die Persönlichkeit für Salzburg vereinnahmen zu können, dies zumeist mit einer ins Unermessliche übertriebenen Hervorhebung der Bedeutung der Wurzeln dieser Stadt für den Betreffenden. Oder andererseits im Falle des Scheiterns mit einem resignierenden „Das haben wir gleich gewusst" der Tagesordnung des Alltäglichen zu huldigen.

Nein, die Auszeichnung ist ein Dank und Glückwunsch zugleich. Es ist Ihr gelebter Beweis dafür, dass man international erfolgreich sein kann und dennoch in der Heimat, unserem Salzburg, seine Wurzeln hält.

Und es sind Ihre Bauten, die als große Marksteine, als Richtungsweiser am Wege einer architektonischen Entwicklung dieser Stadt stehen, vielmehr vielleicht auch den Weg selbst bestimmen.
1953 der Bau der Kirche in Parsch „die Seilbahnstation Gottes", wie sie genannt wird, für Sie die Einstiegsstelle in den steilen Weg nach oben; 1966 Bildungshaus St. Virgil, ein Bau, der nach dem Architekturhistoriker Friedrich Achleitner in Salzburg den Anschluss an die internationale Architekturentwicklung signalisiert.
1982 der Neubau der Naturwissenschaftlichen Fakultät, wohl eines ihrer Hauptwerke, das Jan Tabor als einen der besten Universitätsneubauten der Welt bezeichnet hat.
1996 Neubau der SAFE; für die Nicht-Eingeweihten, SAFE ist keine Abkürzung für „So A Fescher Energiekomplex", es handelt sich um die Salzburger AG für Energiewirtschaft, bescheiden „Salzburg AG". Ein großzügiger – ich erinnere an das Rubenszitat – Stadtteile formender Bau.
Und ab 2003 der Bau des neuen Kleinen Festspielhauses als Haus für Mozart. Dass dieser Bau überhaupt möglich wurde, ist Landeshauptmann Franz Schausberger zu verdanken.
Dieses Projekt ist mit Sicherheit für Sie, Herr Professor, für den „Buben aus Itzling", ein Höhepunkt Ihrer Karriere. Den Festspielbezirk, der von Ihrem Lehrer Clemens Holzmeister geprägt wurde, weiterzuentwickeln und gemeinsam mit Ihrem Partner Francy Valentiny neue Akzente setzen zu können, ist die größte Auszeichnung, die diese Stadt zu vergeben hat. Dabei sind sie auch ein sehr österreichischer Architekt. Mit Ihrem Mitbewerber und Konkurrenten Valentiny letztlich eine Partnerschaft einzugehen und nach einem sehr heftigen und kurvenreichen Ausschreibe- und Vergabeverfahren die beiden Projekte zusammenzuführen, gereicht dem Satz „Bella alea gerunt, tu felix Austria nube" zur Ehre.

Und damit habe ich die Brücke zu Ihrer Frau Gemahlin geschlagen, die an Ihrer Seite an Ihrem Wirken einen weitaus größeren Anteil nimmt, als dies nach außen den Anschein hat. Wie sehr Sie, verehrte Frau Holzbauer, aus dem fernen Japan kommend das Europäische, ja dessen Verdichtung, das Mitteleuropäische und dessen manieristische Überhöhung – hatten wir diesen Begriff nicht schon? – nämlich das Salzburgische – verinnerlicht haben, durfte ich bei der Aufführung des

„Faistenauer Jedermanns“ unter der Dorflinde in Faistenau gemeinsam mit Ihnen und Ihrem Mann erleben. Sie haben, das war mein Eindruck, trotz breiten Flachgauer Dialekts das Berührende auf Anhieb verstanden, weil Sie das Leben verstehen. Und dieses Verständnis ist von Kontinenten unabhängig und macht Sie zur idealen Partnerin des, ich möchte nicht sagen lebenslustigen, aber lebensfrohen, im Leben so verankerten Wilhelm Holzbauer.

Der Zyniker Karl Krauss hat einmal gesagt: „Moderne Architektur ist das aus der richtigen Erkenntnis fehlender Notwendigkeit geschaffene Überflüssige.“ Krauss hat unrecht!
Wir sind ein reiches Land, wir leben nicht nur vom Notwendigen, nicht nur in vier Wänden mit einem Dach darauf. Wir haben das Glück, die Erkenntnis verwirklichen zu können, dass der Mensch nicht nur vom Brot allein lebt, sondern Gestaltung zentraler Auftrag unserer menschlichen Existenz in all ihren Bereichen ist. Und da gehört die Architektur an vorderster Stelle dazu.
Danke Wilhelm Holzbauer, dass Sie diesem Auftrag ihr Leben gewidmet haben.
Danke, dass Sie ein sehr erfolgreicher Salzburger geworden sind.
Danke, dass Sie Ihre Heimat und Ihre Wurzeln nie vergessen haben.

So ende ich, wie ich begonnen habe, mit einem Zitat des deutschen Philosophen Schelling: „Architektur ist erstarrte Musik.“

Bei Ihrer Architektur fällt mir unbewusst Bruckners Fünfte ein, eine Symphonie des oberösterreichischen Komponisten, geschrieben in Wien, heuer in beeindruckender Weise von den Wiener Philharmonikern unter der Leitung des in Graz geborenen Dirigenten Harnoncourt in Salzburg aufgeführt: gewaltig, aber nicht dröhnend; bewegend, aber nicht sentimental; Dissonanzen auflösend, aber nicht geschmäcklerisch. Wie Ihre Architektur eben auch.

So verleihe ich Ihnen aufgrund des Beschlusses der Salzburger Landesregierung mit den besten Wünschen zu Ihrem 75. Geburtstag, mit großer Freude das Goldene Ehrenzeichen des Landes Salzburg und gratuliere Ihnen sehr herzlich dazu!

Gerechtigkeit und Milde

Rede zum 60. Geburtstag von Landeshauptmann-Stellvertreter a.D. Kommerzialrat Wolfgang Radlegger am 8. Mai 2007

Meine sehr geschätzten Damen und Herren!

Wer das 60. Lebensjahr vollendet, hat Anspruch darauf, an die Lebenseinteilung des Weisen Solon erinnert zu werden, wonach sich das achte Jahrsiebt eines Lebens durch die Vollendung von Verstand und Vernunft auszeichnet und das Neunte, dessen Mitte Wolfgang Radlegger nun erreicht hat, die Zähmung von Leidenschaften und infolgedessen Gerechtigkeit und Milde mit sich bringt.
Zweimal hat Wolfgang Radlegger dieses Zitat von Solon in Reden, in deren Mittelpunkt mein Vater stand, verwendet; aller guten Dinge sind drei, heißt es, und so möchte ich dieses Zitat dem brillanten Formulierer Wolfgang Radlegger, der es damals dem Älteren nicht ohne Ironie aber mit unübersehbarer persönlicher Verbundenheit servierte, zurückgeben.

Die Vollendung von Verstand und Vernunft, die Zähmung von Leidenschaften und somit Gerechtigkeit und Milde.
Ein gefährliches Parkett, auf das ich mich da begebe als einer, der Ihren Lebensweg, Ihr politisches, kulturelles, wirtschaftliches und persönliches Wirken, Ihr Wesen eigentlich nur mittelbar kennt, aus Erzählungen des Vaters, der Lektüre des Buches, das über Sie geschrieben und heute zu Ihren Ehren präsentiert wird, aus Geschäftsberichten und aus Gesprächen mit Ihnen nahestehenden Personen und zudem – wenn auch nur neun Jahre jünger – zur übernächsten, wenn nicht überübernächsten Nachfolgegeneration der Politik zählt.
Dennoch kann das Zitat von Solon einen Bogen für meine Rede zu Ihren Ehren vorgeben, weil Verstand und Vernunft in gleichem Maße wie Leidenschaft, Gerechtigkeit und vielleicht auch Milde Ihr Leben geprägt haben, prägen und prägen werden.
Zu einem Geburtstagsjubiläum, also zu einem Tag zu sprechen, an dem sich die Geburt eines geachteten oder geliebten Menschen zum gerundeten Male wiederholt, ist wie ein Auftauchen des Schwimmers aus dem Strom, ein Innehalten von den Schwimmversuchen im Getriebensein, ein Rückblick auf die zurückgelegte Strecke, aber auch ein Ausblick, wohin der Weg sich noch bahnen möge.

Wolfgang Radlegger, ich gestehe es, hat mich persönlich immer fasziniert. Sicher war ich ihm gegenüber positiv voreingenommen, da ihn mein Vater sehr schätzte. Was ihn mir aber wirklich sympathisch machte, ist der absolute Mangel an anbiedernder Freundlichkeit; ist die Zeichnung, die das Leben im Gesicht dieses Mannes nicht wie Jahresringe, sondern wie Eruptionsspuren, wie Lava eines Vulkanes an Verstand und Vernunft, aber auch an Leidenschaft und an Gefestigtheit hinterlassen hat; sind die wachen Augen darin, die das Leben gesehen haben, die Relativität von Vielem, die Unberechenbarkeit von Entwicklungen, und die dennoch nicht den Preis der Müdigkeit zahlen, sondern offenen Intellekt ausstrahlen, nicht Resignation, sondern kraftvolle Energie, in denen Überzeugung und Überzeugungskraft keinen Platz für Lethargie lassen.

Wolfgang Radlegger, kein Karrierist, vielmehr ein Überzeugungstäter. Keiner, der für die eigene Karriere, für das eigene Fortkommen geschmeidig und biegsam bis zur Unkenntlichkeit agiert, sondern der sein Talent, seine Fähigkeiten und seine charakterlichen Qualitäten als politisch Tätiger in den Dienst seines Weltbildes stellte, weil er zutiefst davon ausging, dass dessen Realisierung gut für unser Land und für die Gesellschaft wäre.
Idealismus mit Realitätsbewusstsein, das unterscheidet von Naivität. Gestaltungswille aus Überzeugung; mehr als ein bloßer Technokrat.

„Ich kann allem widerstehen, nur nicht der Versuchung", heißt es bei Oscar Wilde und die größte politische Versuchung liegt wohl in den Schallmeientönen des Populismus, des kurzfristig eingesammelten politischen Kleingeldes, das so wertlos ist, wie in Inflationszeiten gedrucktes Notgeld. „Das langfristig Notwendige kurzfristig mehrheitsfähig machen", das ist vermutlich die größte politische Kunst, deren Ingredienzien Durchsetzungsfähigkeit, ein Blick für das Wesentliche und Machbare, Motivationskraft, Weitblick, Härte im Einstecken und die richtige Dosis im Austeilen sind. Kurzum alles, was eine wirkliche politische Persönlichkeit ausmacht, eine Persönlichkeit wie Wolfgang Radlegger eben.

Und wenn der Schwimmer aus dem Strom zurückblickt, dann sieht er, dass der Weg des Wolfgang Radlegger nicht der einfachste war, dass er zwar sehr schnell startete; ein – um im heutigen Medienjargon zu sprechen – Shootingstar der Politik, dessen politischer Werdegang ein abruptes, von niemandem erwartetes Ende gefunden hat und dessen Weg in einem ganz anderen Feld, nämlich dem eines bedeutenden Finanzdienstleistungskonzerns neue Herausforderung und bemerkenswerte Erfolge gebracht hat.

Wenn wir uns heute über den Tag Ihres Geburtstags am 6. Mai 1947 freuen und auf 60 Jahre Wolfgang Radlegger zurückblicken, so eint alle Anwesenden uneingeschränkt die Meinung – und ich sage dies über politische Grenzen ohne Anbiederung und ohne Leichtfertigkeit –, dass unser Land ohne Ihre Persönlichkeit ärmer gewesen wäre, ohne Ihre Persönlichkeit als Mensch, als Politiker und in Ihrer nunmehrigen Funktion als Wüstenrot-Vorstandsdirektor.

Wer ist der Mensch Wolfgang Radlegger? Dies zu beantworten sind eigentlich nur er selbst, seine Familie und seine engsten Freunde in der Lage. Ich kann bei meiner Festrede nur darauf eingehen, wie ich Wolfgang Radlegger als Mensch sehe. Es fällt Ihnen, wie ich höre, ein wenig schwer, 60 zu werden. Ein kleiner Trost: Mit 60 ist man zu alt für manche Dummheiten, aber noch jung genug, die richtigen auszusuchen.
Sie leben Ihr Leben nach der festen Überzeugung „No Sports“! Gelesen wird alles quer durch, Sie hören gern klassische Musik, sind gern zu Hause bei Ihrer Familie, Sie sind ein Liebhaber moderner Kunst, vor allem der österreichischen Moderne, Ihre Sammelwut wird lediglich durch die wenigen übrig gebliebenen Wandflächen gebremst. Sie rauchen nach wie vor wie die Ischler-Bahn; die Zeiten, in denen Sie und mein Vater mit Ihrem gemeinsamen Cognac-Konsum eine Destillerie an die Börse hätten bringen können, sind allerdings vorbei, ob eine kleine Schwarzbrennerei – Familienbetrieb versteht sich – dabei möglicherweise heute noch eine Existenzgrundlage haben könnte, entzieht sich meiner Kenntnis.

Sie sind uneitel, lehnen technische Hilfsmittel wie Laptops, Mobiltelefone oder Ähnliches ab und verfügen infolge dessen notgedrungen über ein hervorragendes Gedächtnis. Sie sind beharrlich, meinungstreu, ein Zahlenmensch. Sie stehen zu Ihrem Wort und sind verlässlich, etwas das besonders an Ihnen geschätzt wird. Sie sind verletzlich und meiden Gartenarbeit. Sie sind Sozialdemokrat, sind es immer gewesen und werden es – fürchte ich – auch bleiben.

Politisch geprägt hat Sie Ihr Großvater Josef Radlegger. Er hat in Ihnen die Saat für die politische Leidenschaft gelegt, aber auch für die Verpflichtung und die Begeisterung, sich in eine Gesellschaft und deren Entwicklung einzubringen.
Sie haben eine Lehrerausbildung absolviert, waren dann Klubsekretär im Salzburger Landtag, wurden mit 27 Jahren Landesparteisekretär, also Geschäftsführer der SPÖ, waren 31-jährig Bundesrat und ein Jahr später Mitglied der Salzburger Landesregierung.
1984 wurden Sie 37-jährig Landeshauptmann-Stellvertreter und Landesparteivorsitzender der Salzburger SPÖ, also eine beispielslose Karriere, der Weg zum Landeshauptmann, zum Bundesminister, kurzum zu höchsten politischen Weihen war vorgezeichnet, als Sie 1989 mit 42 Jahren aus der Politik ausschieden.

Ihre Entwicklung zeigt Faszination und Tragik politischer Lebenswege in eindringlicher Weise auf. Vom „Tagebuch der Anne Frank" als Gymnasiast zutiefst beeindruckt und emotionalisiert haben Sie Ihre politische Tätigkeit nicht in Träumereien angelegt.
Mit Toleranz und Respekt gegenüber dem politischen Gegner und Partner hatten Sie klare eigene politische Vorstellungen, deren konkrete Umsetzung auch immer eine Frage des Fleißes und der Knochenarbeit für Sie war.

Ihr größter bleibender Verdienst für das Land Salzburg – in dem mir gesteckten Rahmen, können bei Weitem nicht alle aufgezählt werden – ist wohl die konsequente Realisierung des Salzburger Universitätskonzeptes, der sogenannten Jahrhundertbauten.
Bei der Übernahme des Bauressorts fanden sie zwar einen Standort für die Naturwissenschaftliche Fakultät, aber kein Projekt vor; ebenso verhielt es sich für die Finanzlandesdirektion; der Platz für die Bundespolizeidirektion an der Alpenstraße war zwar gesichert, das kasernenartige Projekt wurde allerdings mehrheitlich abgelehnt; für die Höhere Technische Bundeslehranstalt Salzburg gab es zwar einen Standort ebenso wie ein Projekt, hier fand allerdings beides keine Zustimmung. Und für alle diese Vorhaben waren so gut wie keine Finanzierungsvorstellungen vorhanden, dazu kam noch das Riesenprojekt Altstadt-Universität. Gemeinsam mit meinem Vater haben Sie diese für Salzburg wirtschaftlich, kulturell und regionalpolitisch so bedeutsamen Mons-

terprojekte vehement verfochten, gemeinsam erkämpft. Sie waren erfolgreich. Mit Ihrer partnerschaftlichen Art haben Sie bei den Beamten sofort Verbündete gefunden, Ihre Sachkompetenz handelte Ihnen bei Journalisten zunächst den Ruf eines Technokraten ein. Zu Unrecht, wie ich meine, was von Ihnen auch unter Beweis gestellt wurde, als Sie nämlich das Kunst- und Kulturressort übernommen haben, ein Ressort, das man mit technokratischer Handschrift nur austrocknen kann. Sie haben das Gegenteil bewirkt.

In wenigen Jahren schafften Sie es, zum wichtigsten Bundesländerpolitiker der SPÖ zu werden, Sie personifizierten glaubwürdig den Ruf nach mehr Moral in der Politik.
Nach den für die SPÖ und mehr noch für die ÖVP ungünstig verlaufenen Wahlen 1989 trat Haslauer ab, das Wahlergebnis hat Ihrer persönlichen Wertschätzung jedoch keinen Abbruch getan. Ende Juni 1989 brach der WEB-Skandal los, in dessen Folge Sie zutiefst persönlich getroffen und – auch von eigenen Genossen – enttäuscht aus freien Stücken zurücktraten.

Willi Sauberer, Chefredakteur des ÖVP-Organs „Salzburger Volkszeitung", kommentierte damals: „An seiner, Wolfgang Radleggers, persönlichen, aber auch politischen Integrität zweifeln weder Freunde noch Gegner. Er zog die Konsequenz aus einer schiefen Optik, die sich aus der Spannung zwischen ressortmäßigen Aufsichtskompetenzen und persönlicher Freundschaft ergab. Aber seinen Fleiß, seine Fachkenntnisse, seine Intelligenz und seine Objektivität und nicht zuletzt seine Treue zum gegebenen Wort gaben ihm einen besonderen Stellenwert."
Treffender kann man wohl die persönliche Wertschätzung, die Sie über Parteigrenzen hinweg erfahren haben, nicht auf den Punkt bringen. Ihre damalige Entscheidung nötigt noch heute Respekt ab.

Nun kamen dunkle Seiten in Ihrem Leben – allein gelassen, Sie hatten zwei Jahrzehnte mit unermüdlichem Einsatz für die SPÖ hinter sich, hatten sich nie geschont, hatten Raubbau an Ihrer Gesundheit getrieben. Ein großer Wahlerfolg war Ihnen versagt geblieben. Die Enttäuschung durch Freund und Gegner, Demütigungen und Erniedrigungen und schließlich ein gesundheitlicher Zusammenbruch mit Herzinfarkt. Nur wenige kümmerten sich um Sie. „Wir dürfen den Wolfgang Radlegger nicht hängen lassen“, das war meinem Vater ein echtes persönliches Anliegen und er handelte auch danach. Diese menschliche Seite macht mich, ich gebe es zu, heute mehr noch als seine politischen Erfolge stolz auf ihn. Und es fügt sich wunderbar, dass gerade in der Schriftenreihe der Dr.-Wilfried-Haslauer-Bibliothek ein profundes Buch über Ihr politisches, kulturelles und unternehmerisches Wirken herausgegeben werden konnte.

Die zehn Jahre, in denen Sie für das Land Salzburg tätig waren, waren fast zur Gänze durch das Phänomen „Haslegger“ gekennzeichnet, ein Phänomen außerordentlicher Zusammenarbeit eigentlich zweier politischer Kontrahenten, meinem Vater und Ihnen. Dieses Gespann prägte wie kein zweites das sogenannte „Salzburger Klima“. Dieses Klima der Zusammenarbeit und des gegenseitigen Verständnisses hatte in Salzburg eine gewisse Tradition. Das Besondere daran, so haben Sie dies selbst formuliert, bestand wohl darin, dass die Salzburger es sich noch mehr als andere gestatteten, im politischen Gegenüber nicht nur den Kontrahenten, sondern den Mitbürger zu sehen. Also die Einsicht, dass sich für Demokraten nicht nur das „sich auseinander-“, sondern auch das „sich zusammensetzen“ gehört, wie dies Jörg Mauthe einmal formuliert hat. So konnte etwa im Gegensatz zu heute eine Form der Konfliktaustragung gefunden werden, die sich nur im äußersten Fall der Medien bedient hat.

Wenn es Hauptaufgabe der Politik sein soll, Lösungen zu finden – und ich bin der Überzeugung, das ist die Hauptaufgabe – dann bedarf es bei allem Verständnis für unterschiedliche Standpunkte einer menschlichen Vertrauensbasis, deren Fundament Berechenbarkeit und nicht Berechnung heißt.

Die Konstellation Haslauer senior und Radlegger war wohl einmalig. Denn neben der, den beiden Persönlichkeiten eigenen, toleranten und standpunktgetreuen Handschlagqualität, war beiden ein Amtsverständnis inne, das in erster Linie die Aufgabe als Landesvertreter zum Gegenstand hatte und nicht die persönliche Karriere; das Zeichnen von medialen Kunstfiguren und nicht das Verständnis von Politik als Teil der Unterhaltungsindustrie.

Indes, die Zeiten haben sich geändert. Vergleichbares wie „Burglauer“ oder „Haslstaller“ in aktueller Regierungskonstellation gibt es nicht, dieser Bezug zu heute sei mir gestattet.

Und es ist schon eine Ironie des Schicksals, dass gerade die vormalig als solche bezeichnete Aufdeckerin des WEB-Skandals und daher mittelbare Auslöserin Ihres Abschiedes aus der Politik Ihnen heute in der Funktion als Landeshauptfrau ein gerade in der Dr.-Wilfried-Haslauer-Bibliothek erschienenes Buch über Wolfgang Radlegger mit der Würdigung seiner Leistungen überreicht; nichts anderes als das Leben kann Weise wie Solon bestätigen: Gerechtigkeit und Milde sind Freude und Zierde des 9. Jahrsiebts eines Menschenalters.

Mit 1. Februar 1990 traten Sie als Vorstandsdirektor zur besonderen Verwendung bei der Bausparkasse Wüstenrot ein, sehr bald wurden Sie Vorstandsvorsitzender der Bausparkasse und in weiterer Folge Vorstandsvorsitzender der Holding mit dem unaussprechlichen Namen, welche die beiden Standbeine Bausparen und das Versicherungsgeschäft strategisch leitet. Sie traten zu einer Zeit in diesen Finanzdienstleistungskonzern ein, als die größten Umwälzungen in Europa nach dem Zweiten Weltkrieg gerade angelaufen waren. Die deutsche Wiedervereinigung, der Beitritt Österreichs zur EU, die Einführung des Euro, die Osterweiterung, die weitgehende Liberalisierung und Globalisierung auch im Bereich der Finanzdienstmärkte. Sie haben sich diesen Herausforderungen mit Verve, zielstrebig und voller Wissensdurst in der Ihnen eigenen Art gestellt und sie erfolgreich bewältigt.

Wie kann man in kurz bemessener Zeit von 20, 30 Minuten die Spanne eines Lebens, die tiefen Gründe einer Persönlichkeit, die Vielschichtigkeit eines Charakters, das Hineingeworfensein in schicksalhafte Entwicklungen, das Scheitern an Erwartungen und das Übertreffen von Hoffnungen, finden? Es ist nicht möglich.
Das Bild, das gezeichnet wird, geht über Skizzenhaftigkeit nicht hinaus, es kann die Farben nicht so zum Schillern bringen, wie es die Persönlichkeit Wolfgang Radlegger verdiente.

So lassen Sie mich mit den beiden wichtigsten Punkten meiner Festrede schließen, Dank und guten Wünsche. Dank Ihnen, Wolfgang Rad-

legger, für die Arbeit im Dienste der Sozialdemokratischen Partei, die für unsere Demokratie unverzichtbar ist, wenn ich auch über deren erforderliche Stärke meine eigene Meinung habe; vor allem aber Dank für Ihre Arbeit für das Land Salzburg, auf der unsere heutige Generation an Politikern aufbauen kann oder könnte. Dank für die Prägung eines politischen Stils, dessen Bewusstmachung aus Anlass Ihres 60. Geburtstags ein wahrer Mehrwert ist, Dank für Ihren Einsatz, Ihre Leistungen und Ihren Erfolg für den Wüstenrot-Konzern.
Und meine Wünsche: Ich wünsche Ihnen vor allem Gesundheit, Wohlergehen, familiäres Glück und persönliche Erfüllung, und – um mit Solon zu sprechen – die Mitte, die in Gerechtigkeit und Milde ihren Ausdruck findet.

Und zuletzt noch eine persönliche Bemerkung. Herbert Dachs schreibt in Ihrem Buch am Ende seines Beitrags: „Wolfgang Radlegger verließ jedenfalls die Gestade der Politik für immer. Sehr, sehr schade. Seine Ideen für liberale, soziale und umweltorientierte Sachpolitik, seine Innovationslust hätte Salzburg weiterhin noch gut gebrauchen können."
Dem habe ich nichts hinzuzufügen, außer: Ich hätte gerne mit Ihnen zusammengearbeitet, auch auf die Gefahr hin, dass das Kürzel dieser Zusammenarbeit zur Abwechslung nicht „Haslegger II", sondern „Radlauer" gelautet hätte!

Herzlichen Glückwunsch und Gottes Segen!

Die Bergwerke des Othmar Raus

Rede beim Festakt anlässlich des Ausscheidens von LH-Stv. Dr. Othmar Raus aus der Salzburger Landesregierung in der Residenz am 12. Dezember 2007

Othmar Raus – Die Bergwerke seines Lebens (Diabas)
Wenn jemand 23 Jahre Regierungsarbeit unbeschadet übersteht, davor noch fünf Jahre Landtag, wenn ihm am Ende seines politischen Lebens – über alle Parteigrenzen hinweg – Anerkennung gezollt wird, dann drängt sich der Begriff des politischen Urgesteins auf. Es ist heute die schöne Aufgabe der Landeshauptfrau, die Verdienste von Dr. Othmar Raus, seine Funktionen und politischen Erfolge darzulegen. Ich möchte Ihnen als Vertreter des politischen Mitbewerbers, der Österreichischen Volkspartei, aber auch ganz persönlich danken und Ihnen mit einigen Worten meine Referenz erweisen.

Othmar Raus, das politische Urgestein
Wo findet man Urgestein? In Bergwerken. Und Bergwerke stehen am Anfang und am Ende der Regierungstätigkeit von Othmar Raus. War es am Anfang die Einstellung des Bergbaus in Mühlbach, die Sie als Sonderaufgabe politisch zu begleiten hatten, mit all der Dramatik für die Betroffenen, war es einige Jahre später die Einstellung der Salzproduktion in Hallein, so konnten wir im Diabas-Werk in Saalfelden gemeinsam einen versöhnlichen Abschluss finden. Ein Bergwerk, in das investiert wird, in dem zusätzliche Arbeitsplätze geschaffen werden.
Vielleicht steht dies als Synonym auch für die Entwicklung eines Landes, für Ihre Regierungstätigkeit: Ein Anfang voller Probleme und Herausforderungen, aber ein Gehen mit dem Bewusstsein, dass etwas geschaffen worden ist, dass weiter geschaffen wird, ein beruhigtes Gehen in dem Bewusstsein, dass Sie mit bestem Wissen und Gewissen daran mitgearbeitet haben, dieses Land einer anderen Generation gut entwickelt in die Hände zu geben.
In diesem Bergwerk in Saalfelden wird Diabas abgebaut; ein Stein, der hart und zäh, trittsicher, abriebfest und von hoher Kantenfestigkeit ist. Genau das ist die Personenbeschreibung von Othmar Raus.

Hart und zäh
Othmar Raus kann schon hart sein und jedenfalls ist er zäh. Um das verstehen zu können, muss man ein bisschen auf seinen Werdegang eingehen. Geboren in Linz, in den letzten Kriegstagen, in sehr bescheidenen Verhältnissen aufgewachsen, Drogistenlehre, ich hoffe nicht, dass Sie der Erfinder der Giftschränke in der Politik sind, in denen Zündstoff bis knapp vor Wahlgängen aufbewahrt wird.

Ein ungemeiner Lerneifer, Externistenmatura, Studium, Tätigkeit bei der Gewerkschaft in verschiedensten Funktionen und dann Direkteinstieg in den Landtag 1979 und in die Regierung 1984.
Sie waren und sind überzeugter Sozialdemokrat und das respektiere ich. Für Sie standen nicht ideologische Fragen im Mittelpunkt, sondern die entschiedene Verbesserung der materiellen Lebensbedingungen der Bevölkerung und ein fairer und gerechter Interessenausgleich in der Gesellschaft. Da diese politische Zielrichtung, diese Überzeugung nicht ideologisch verbrämt, sondern aus eigener Erfahrung gewachsen ist, waren Sie nie ein Ideologe, eher vielmehr ein Pragmatiker, der sich der Erreichung der Ziele auch schrittweise angenähert hat.
Hart in diesem Sinn heißt also konsequent, aber nicht gefühllos. Zäh heißt das hartnäckige Verfolgen dieser Ziele.

Ja, Sie sind und waren ein harter Verhandlungspartner. Beim zähen Ringen um Positionen haben Sie auch Emotionen eingebracht, und falls diese gerade nicht aufgebaut waren, durch schauspielerische Leistungen ersetzt. Mit erlesenen Drohgebärden, mit lauter Stimme manchmal, selten von Wut erfasst, waren Sie ein leidenschaftlicher Ringer in Ihrer Sache.
Heute sind Sie, wie Sie selbst gesagt haben, weise und gütig und wissen, dass das mit dem Schreien in der Politik so eine Sache ist. Entweder ist der andere schwerhörig oder begriffsstutzig oder ein Angsthase – der kommt allerdings dann schnell abhanden – oder auch selbst ein Schreier, dann hört man einander gegenseitig nicht mehr.
Sie haben auch erkannt, dass auf den Tisch hauen nicht gut für Amtsmobiliar ist und als Finanzreferent haben Sie diese schöne traditionelle Geste im Interesse einer sparsamen Bewirtschaftung des Haushaltes unterlassen. Die Fäuste ballen ist schlecht für die Durchblutung, und aus all diesen Erkenntnissen wurde Ihnen ein Stil zueigen, der zwar engagiert, aber nicht verletzend, taktisch raffiniert, aber nicht hinterlistig, und letztlich von der Erkenntnis getragen war, dass jeder Standpunkt irgendeine Wahrheit in sich trägt und niemand im Alleinbesitz der Wahrheit ist.
Hart und zäh heißt auch, Sie haben es selbst gesagt, „ein ‚Ja' ist ein ‚Ja' und ein ‚Nein' ist ein ‚Nein'", Berechenbarkeit als Vertrauensgrundlage in der Politik!
Das ist Othmar Raus, auch deshalb ein Urgestein.

Trittsicher und abriebfest

Diabas ist trittsicher und abriebfest. Sie sind trittsicher, nicht, weil sie gut in der Lage sind, Tritte auszuteilen oder wegzustecken, sondern weil Sie immer gewusst haben, wohin Sie Ihren Fuß setzen können und wohin nicht.

Trittsicher sind Sie vor allem auch deshalb, weil Sie Ihre Tritte auf festes Terrain setzen, festes Terrain heißt Sachlösungen, Sachentscheidungen, die der Sache dienlich sind und nicht der kurzfristige mediale Erfolg, der wie ein Glimmwerk abbrennt.

Trittsicher, weil Sie dem Prinzip „Leben und leben lassen" verpflichtet sind. Ihr Verständnis von politischem Erfolg gründet nicht auf der Vernichtung oder Demütigung des politischen Mitbewerbers. Natürlich ein bisschen straucheln lassen, ja, ein bisschen irreführen, ja, ein bisschen das „Wir sind gut, die anderen sind Verhinderer"-Spiel, ja, ein bisschen Einsatz der Medien, ja, das alles haben Sie schon sehr geschickt gemacht. Es war die Würze im politischen Einheitsbrei, dahinter stand aber immer die Erkenntnis: Einmal braucht man den Gegner wieder, man muss „nachkriegssicher" sein. Einmal braucht man selbst auch Entgegenkommen, und all dies geht nur auf einer Basis, die ich als Fairness bezeichnen möchte.

Sie sind abriebfest, will heißen: Ihre Handschlagqualität bedeutet nicht, wie kann ich dem anderen besser die Finger zerquetschen, sondern wie kann man zu einer getroffenen Vereinbarung stehen. Sie haben sich in schwierigen Projekten, wie etwa dem Stadion oder dem Museum der Moderne, zu den getroffenen Vereinbarungen immer bekannt, aber klugerweise dabei auch gelegentlich anderen den Vortritt gelassen, getreu Ihrem Motto: Im Krieg, im Theater und in der Kirche sollte man nicht in der ersten Reihe sitzen.

Vielleicht ist auch dies mit ein Grund, dass Sie die Erkenntnis, sich nicht zu allem und jedem zu Wort melden zu müssen, mit dem leicht ertragbaren Verzicht erkauft haben, nicht unnötigerweise politisch zerzaust zu werden.

Zu Ihrer Steherqualität passt Ihre Loyalität und dass Sie sich nicht nach vorne gedrängt haben, nie den Eindruck hinterlassen haben, vom Ehrgeiz zerfressen zu sein, weil Sie wissen, wie dünn die Luft ist und wie brüchig das Eis, auf dem man in einer Nummer-1-Position zu neuen Ufern zu gelangen sucht.

Hohe Kantenfestigkeit

Diabas weist auch hohe Kantenfestigkeit auf. Ab 40 ist man, heißt es, für sein eigenes Gesicht verantwortlich. Wenn ich versuche, in Ihrem Gesicht zu lesen, dann sehe ich darin viele Gefechte, viele durchdiskutierte Nächte und – so hoffe ich – möglicherweise auch die eine oder andere durchzechte Nacht. Ich sehe in Ihrem Gesicht eine Mischung aus Disziplin, Energie, Mut, Konsequenz, möglicherweise Jähzorn, aber auch Humor – die Lachfalten um Ihre Augen beweisen dies – und Augen, die tief blicken lassen, in einen gut verschalten, warmherzigen und auch feinfühligen Menschen.

Niemand ist so schlecht wie sein Ruf und so gut wie sein Nachruf. Sehr viel Positives wurde Ihnen heute gesagt, zu Recht wie ich meine, und es wurde eigentlich gar nicht so arg überzeichnet; aber eines, eines hat noch keiner erwähnt, eine Eigenschaft, die ich an Ihnen besonders schätze:
Wenn Sie auch nicht der „Hohepriester des Grants" sind, zum Diakon reicht es allemal. Ihre gelegentlichen grantigen Stimmungslagen lassen schließen auf vorangegangene Abendgestaltungen, Unterredungen mit Parteifreunden, die bei Ihnen Genossen heißen, was Sie – wie dies in einer Partei nun einmal ist – nicht immer genossen haben dürften, eine Golfrunde am Vortag mit nicht zufriedenstellender Leistung, eine kleine Attacke der ÖVP. Wenn Sie so reagiert haben, dann wussten wir, diesmal waren wir wirklich gut, oder ganz einfach auf ein in Ihnen gewachsenes, biologisch-genetisch vorhandenes, Ihnen vom lieben Gott als Würze mitgegebenes mürrisches Grundtalent.

Meine Damen und Herren! Neben den vielen Qualitäten und Eigenheiten des Othmar Raus werde ich diese eine, den leichten Hang zum gelegentlichen Grant, am allermeisten vermissen.
Heute, wo alle so freundlich sind, so Sympathie-Empathie-bewusst, wo Mimiktrainer dafür sorgen, dass Politiker bei jeder Radarfalle lachen – sie könnten ja fotografiert werden! – wo das schwunghafte, leicht locker flockig Jugendliche die Wohlfühl-Botschaft zur Grundlage der Verfassungswirklichkeit stilisiert, konnte man von Ihnen durchaus ein gereizt gebrummeltes „kommt nicht infrage" erhalten. Ich habe das so genossen, dass wir das auch gelegentlich provoziert haben, am besten durch Hineingrasen in Ihre Ressorts. Mit einem kleinen Tennisturnier in

Bad Gastein oder ein bisschen Jazzfestival in Saalfelden – und schon war's wieder so weit!

Sie sind auch ein guter Redner, strukturiert, langsam vorgetragen, nicht ohne Humor, gelegentlich voller Schärfe und situationsangepasst kurz genug oder zur Zermürbung der Gesprächspartner oder des Mitbewerbers zu lang. Also aus Ihrer Sicht immer gerade richtig.

Salut an Frau Raus

Ich danke Ihrer Frau! Sie ist mir ziemlich, eigentlich sehr sympathisch, leider wird sie mich nicht wählen. Liebe Frau Raus, hier haben Sie ihn zurück: Raus mit dem Othmar aus der Politik. Sie sind jetzt sozusagen seine Bewährungshelferin im neuen Lebensabschnitt der selbst bestimmbaren Zeiteinteilung, der Stunden der Gemeinsamkeit, auf die Sie sich so gefreut haben. Sie sind jetzt frei von den Verletzungen, die auch jeder Ehegatte mitbekommt, wenn der Partner in der Politik steht und öffentlich angegriffen oder beleidigt, ja verletzt wird.
Viele Abende des Wartens, viel Verzicht, viel Aufrichtearbeit, wenn Ihr Mann einmal erschöpft oder – ich hoffe nicht zu oft – gar geknickt nach Hause gekommen ist. Dafür möchte ich Ihnen danken, Sie haben einen wesentlichen Anteil am Erfolg von Othmar Raus.

Geschenke

Ein neuer Lebensabschnitt beginnt, er ist kein Problem, aber möglicherweise eine Herausforderung. So habe ich die Wahl meiner Geschenke nicht nach ihrem materiellen Wert, sondern nach ihrer Symbolik ausgesucht.
Ich wollte Ihnen, sehr geehrter Herr Dr. Raus, ein kleines Vorbereitungs- und Rüstzeug mit in Ihre Pension geben, sozusagen einen Pensionskoffer: Er besteht aus einem Videofilm von Loriot „Pappa ante portas" verbunden mit der Warnung, die Strukturiertheit der Arbeit in der Politik nicht auf das häusliche Heim umzulegen. Keine Arbeitsausschusssitzung vor dem Großeinkauf, keine Versammlungen, kein Wahlkampf in den eigenen vier Wänden. „Wer will mich" ist aber erlaubt und Vieraugengespräche sind immer zulässig.

Als Verkehrsreferent ist mir daran gelegen, dass Sie mobil bleiben. Darum eine ausgefüllte Senioren-VorteilsCard mit Ihrem Passfoto für

die Verlagerung des MIV – heißt motorisierter Individual-Verkehr – in den öffentlichen Nahverkehr, damit Sie nicht in das Problem kommen, schwarzfahren zu müssen. Ich weiß, es wäre Ihnen zutiefst zuwider.
Trotzdem: eine Beitrittserklärung zum Seniorenbund der ÖVP, man kann nie wissen, Sie waren es, der heute im Landtag Solon zitiert hat, dass im neunten Lebensjahrsiebt auch Weisheit angesagt ist, könnte ja sein, die Hoffnung stirbt zuletzt. Als Belohnung winkt eine Teilnahme an der Seniorenbundreise nach Mallorca 2008 zur Erinnerung an das berühmte Kreisky'sche Mallorca-Paket.
Sie können sich nun das gönnen, was immer Ihr Herzenswunsch war, aber aus politischen Opportunitätsgründen nie angemessen erschien: Urlaub am Bauernhof, hier die Urkunde für Ökonomierat Othmar Raus samt Prospekt, eine persönliche Einladung von Sepp Eisl und den bäuerlichen Freunden.
Und schließlich ganz persönlich für Sie: ein Operngucker, in Ihren Farben gehalten, Sie können aus sicherer Entfernung damit die Politik näher herholen, die Handlung auf der Bühne schärfer sehen, er kann auch an Ihre Fraktion verliehen werden, sollte nach Ihrem Gefühl einmal der Weitblick fehlen.

Eine Hitparade für Othmar Raus

So komme ich abschließend zu Ihrer persönlichen Hitparade, zu Liedern, die Ihre Stationen prägen: Ihre 23 Jahre in der Politik waren nicht frei von Schicksalsschlägen. Mit einem Wilfried Haslauer haben Sie begonnen und mit einem Wilfried Haslauer hören Sie auf, Rod Steward: „Some guys have all the luck".
Ich habe in diesen fast vier Jahren Zusammenarbeit Sie irgendwie – über die Parteigrenzen hinweg – als väterlichen Freund empfunden, Ihre Erfahrung, Ihre Art an die Dinge heranzugehen, auch Ihre Attacken gegen uns haben mich vieles gelehrt: Lust an der Auseinandersetzung, Demut vor dem Unberechenbaren und niemals die Gesprächsbasis abreißen zu lassen, immer die Würde zu wahren, aber auch den Anderen wahren zu lassen, STS: „Großvater".
So verabschiede ich mich heute von Ihnen politisch für die ÖVP, als Ihrem Mitbewerber, als Ihr Regierungskollege, aber auch als einer, der Ihnen sehr genau zugehört hat, mit einem Dank und einem Herzenswunsch: Danke, dass Sie Ihre Gaben, Ihre Talente, Ihr Leben der Arbeit für das Land Salzburg gewidmet haben. Mögen viele Jahre an Gesund-

heit Ihr Wegbegleiter, Zufriedenheit und Erfüllung Ihr Animo und Gottes Segen die schützende Hand über Ihnen sein.

So steht am Ende meiner Rede erneut ein Bergwerk und die Nr. 1 Ihrer persönlichen Hitparade, Rainhard Fendrich: „Weilst a Herz håst, wie a Bergwerk, mog i di!“

Herbert Batliner – Maecenatus Salisburgensis

Herbert Batliner erhält den Wolfgang-Schüssel-Preis der Internationalen Salzburg Association; Herbert Batliner, Fürstlicher Kommerzialrat, Ehrensenator der Universitäten Innsbruck und Salzburg, Professor, doppelter Doktor, Rat der Päpstlichen Akademie der Sozialwissenschaften, vielfach mit hohen und höchsten Orden Dekorierter.
Es ist dies im doppelten Sinne des Wortes die Auszeichnung eines Ausgezeichneten, andererseits aber mehr noch: eine Geste der Verbundenheit, der Freundschaft, aber auch der Achtung und des Respekts. Es ist dies ein Dankesagen einer Salzburger Vereinigung, deren Preis den Namen eines Wieners trägt, an einen Liechtensteiner.
Man könnte sagen, so klein ist die Welt, besser aber, „da werden Kontinente übersprungen", weisen doch Wiener und Alemannen mehr Unterschiede in Mentalität und Ausdrucksweise – trotz der gemeinsamen Sprache, die sie unterscheidet – auf, als Bewohner von Kapstadt und New York.
Doch Salzburg ist Mittlerin, sie verkraftet dies alles. Salzburg ist die Sublimierung der Widersprüche in eine gemeinsame Klammer und dies ist die Botschaft dieser Stadt: kein Eintopf aus durch vielen Zuzug gentechnisch verändertem Charme und hier immer schon vorhandener Geschäftstüchtigkeit; trotz aller Bemühungen über Jahrzehnte immer noch kein Boden für Gesichtslosigkeit; trotz aller Schnelllebigkeit, aller Hast, trotz der internationalen Gleichförmigkeit des Lebens, der Nahrung, der Läden und Marken immer noch ein Herzschlag des Innehaltens, der kleinen Momente; das Erleben, dass eine Stadt, dass Augenblicke auch so sein können, voller Sehnsucht, voller Ahnung, über Jahrhunderte transzendent gemacht; ein Stillhalten, ein Atmen, ein Aufmerken, ein Aufgehen im Nicht-Alltäglichen, im Erahnen, dass auch eine Stadt möglicherweise eine Seele hat. Seelenhaftigkeit und Banalität, Kunst bis zu ihrer höchsten Vollendung und Pferdeäpfel von Fiakergäulen, der Grünmarkt, ritualhaftes Frühstücken im Tomaselli, die Glocken des Doms, Karajan, Muti, Abado, die großen Sängerinnen und Sänger, die so herzzerreißend wie sonst nirgends Abend für Abend hier sterben, eine Saison lang. Der Goldene Hirsch, kein Restaurant schafft es, so viele Menschen an so kleinen Tischen, so eng und so hochpreisig unterzubringen – und sie dabei auch noch glücklich zu machen.

Doch da gibt es noch ein anderes Salzburg: die Universität, die Wissenschaft, die die Stadt mehr prägt, als sie selbst wahrnimmt und das Geistliche, das sie anders durchdringt als dessen Gegner ihr unterstellen. Wie auch immer: Jenes Gewisse, jenes Nicht-Alltägliche, das diese Stadt, das Leben hier mit Zauber erfüllt, Schwingungen erahnen lässt, ohne dass Mozartkugel-Klischees oder krächzende Jedermänner bemüht werden müssen.

Herbert Batliner und Salzburg: Eine unerhörte Liebesgeschichte, manchmal auch eine nicht erhörte. Die Geschichte einer Suche und einer Ankunft, eines Findens. Die Wegbeschreibung eines Bürgers und Mäzens.
Aus Anlass der erstmaligen Verleihung des Wolfgang-Schüssel-Preises an Prof. Peter Ruzicka am 29. Juli 2007 habe ich versucht, den Mythos Salzburg aus einer Mission zu ergründen, einer Mission, die aus einer Erkenntnis, einer Botschaft und einem Auftrag besteht.
Aus der Erkenntnis von Kreativität und Kultur, aus der Botschaft der Menschlichkeit und Gastfreundschaft und aus dem Auftrag, die Kulisse dieser Stadt durch den Geist mit diesem zur Einheit von Form und Inhalt zu verschmelzen.
Ein Trilog aus Erkenntnis, Botschaft und Auftrag; dieser Trilog beschreibt sehr gut, was Herbert Batliner gegenüber Salzburg empfindet und was Salzburg ihm auch gibt; es ist ein aufeinander Zugehen der Mission dieser Stadt einerseits und des Missionierten andererseits, der Erkenntnis, Botschaft und Auftrag gleichermaßen erfasst, weiterträgt und erfüllt.

„Erkenntnis ist die Grundlage aller Irrtümer und Wegbereiter von Widersprüchlichem", gilt dies vielleicht auch für die Beziehung von Herbert Batliner und Salzburg?

Mag es nicht wie ein Irrtum anmuten, zumindest aber wie eine nichtbestreitbare Widersprüchlichkeit, dass die ungemeine Unterstützung und Hilfe, die Herbert Batliner Salzburg in verschiedenster Hinsicht – ich komme darauf noch zu sprechen – zuteilwerden lässt, oftmals mit Neid und auch mit Häme quittiert wird? Dass die Lüsternheit des Boulevards immer wieder versucht, Negatives an diesem Mann zu finden, der sich dennoch fast trotzig zu seiner Liebe zu dieser Stadt bekennt. Er weiß genau, die Schlagzeile von gestern ist vergilbtes Papier, seine Beiträge zum Heute sind morgen nicht wegzudenken.

Leistungen für Salzburg

Herbert Batliner war am 26. Juli 1982 Gründungsmitglied und seither Vizepräsident der Internationalen Salzburg Association bis zum Jahre 2009. Er hat in dieser Funktion drei Landeshauptleute aufgearbeitet und hat mich in meinen Bemühungen als neu gewählten Präsidenten der ISA seit dem Jahr 2005 in herausragender Weise unterstützt. Seiner Initiative ist es zu verdanken, dass die ISA einen Mozart-Autografen-Fonds zum Ankauf von Mozarthandschriften ins Leben gerufen hat, der sehr erfolgreich mit der Stiftung Mozarteum immer wieder Mozartautografen erwerben kann. Ohne Herbert Batliner gäbe es das Museum der Moderne am Mönchsberg nicht. Dieses Museum war ursprünglich von der Absicht getragen, einen Schwerpunkt der Klassischen Moderne, vor allem fußend auf der Sammlung Batliner, zu bilden. Die Sammlung Batliner hat schließlich einen anderen Weg genommen, das Museum der Moderne ist aber errichtet, leidenschaftlich umstritten in seiner Entstehungsphase, heute nicht wegzudenken, als dritter Stern des Dreigestirns, das über der Stadt steht, dem Kapuzinerkloster als Zeichen der geistlichen Macht, der Festung als Symbol der weltlichen Macht und eben dem Museum der Moderne, das für die diese Stadt so prägende Kultur steht.

Herbert Batliner hat sich in vielfacher Weise nicht nur materiell, sondern auch durch persönlichen Einsatz engagiert: für die Johann-Michael-Haydn-Gesellschaft, deren Gründungsmitglied er ist, die Universität Mozarteum, das Salzburger Literaturarchiv, das Institut für Spielforschung und Spielpädagogik, die Salzburger Hochschulwochen; er gehört sicherlich zu den größten Sponsoren der Salzburger Universität; die Edmundsburg, das Internationale Forschungszentrum für Grundfragen der Wissenschaften, das Österreichische Institut für Rechtspolitik, der Aufbau der Dr.-Wilfried-Haslauer-Bibliothek, das Österreichische Institut für Menschenrechte zeigen, welchen besonderen Stellenwert für Herbert Batliner Wissenschaft und Forschung, nämlich im Bereich der geisteswissenschaftlichen Grundlagenforschung darstellen; zuletzt auch mit der Unterstützung des von unserem Herrn Erzbischof ins Leben gerufene Ethikinstituts.
Die größte Einzelspende für die Sanierung der Domfassade kam von Herbert Batliner; in einer Blitzaktion konnte er den Erwerb eines spätgotischen Tafelbildes eines Salzburger Meisters aus den Jahren um

1403 mit einer Darstellung der heiligen Dorothea und Cäcilia, ein Werk von seltener Qualität, ermöglichen; er hat dieses kostbare Werk angekauft und dem Salzburg Museum als Dauerleihgabe zur Verfügung gestellt. Ohne ihn wäre die Renovierung des Faistauer-Foyers im Kleinen Festspielhaus nicht möglich gewesen und auch nicht jene des Kirchenturms von Maria Dürrnberg. Die Orgel für den Großen Saal des Mozarteums, deren Fertigstellung für 2010 erwartet wird, wäre ohne Herbert Batliner nicht denkbar.

Die Aufzählung dieser Leistungen von Herbert Batliner, seiner Großzügigkeit und Uneigennützigkeit ist unvollständig, sie muss unvollständig bleiben, weil Herbert Batliner nicht Buch führt, weil in der ihm eigenen Spontaneität, die Sache, die Begeisterung für die Idee, die kunst- und kulturhistorische Notwendigkeit im Mittelpunkt stehen, nicht aber die penible Auflistung von Großtaten, um sie dann in ein Soll und Haben von Zuwendung und Anerkennung zu saldieren.

Herbert Batliner, der Europäer

Es ist ein schönes Zusammentreffen, dass der Wolfgang-Schüssel-Preis der ISA im Jahr der hundertsten Wiederkehr des Geburtstags des großen Salzburger Philosophen Leopold Kohr verliehen wird.
Nichts hat die Weltoffenheit und das Weltmännische an Herbert Batliner so geprägt, wie seine Herkunft aus einem Kleinstaat, dem Fürstentum Liechtenstein. Dies bedarf nur aufs erste Ansehen einer Erklärung, in Wahrheit sind es aufgrund der Notwendigkeit „in die Welt zu gehen" gerade die Bürger kleiner Staaten, die besondere Verwurzelungen in ihrem Land haben und diese mit dem Wissen um die Bedeutung der Internationalität verbinden. So ist Herbert Batliner ein überzeugter Europäer, und er spricht nicht nur davon, er handelt: Mit der Gründung des Herbert-Batliner-Europainstituts und der Aussetzung des hoch dotierten Kleinstaatenpreises gelingt es immer wieder, in Salzburg hervorragende Persönlichkeiten oder Institute zu würdigen, die sich um den Kleinstaat und seine Anerkennung in politischer, wissenschaftlicher, kultureller oder wirtschaftlicher Weise verdient gemacht haben. Auch angesichts der bevorstehenden Wahlen zum Europäischen Parlament, angesichts der immer wieder zitierten Europamüdigkeit, vor allem aber angesichts des politischen Kleingeldes, das mit antieuropäischen Stimmungen am Biertisch und in kleinen Formaten gepflogen wird,

bleibt es dabei: Dieses Europa ist das größte Friedenswerk der Geschichte, auf einem Kontinent, der seine Melancholie aus einem Meer an Blut und Tränen bezieht und dennoch gleichzeitig Höchstleistungen in Wissenschaft und Technik, in Kultur und Menschlichkeit aufzuweisen vermag. Leopold Kohr hat die Kraft des Kleinstaates philosophisch ergründet, Herbert Batliner sie vor den Vorhang geholt. Eine bessere Bühne als Salzburg hätte er sich dafür nicht aussuchen können.

Der Mensch Herbert Batliner

Was bewegt einen Menschen, immer wieder in großzügiger Weise kulturelle Entwicklungen zu ermöglichen, ein Mäzen zu sein, benannt nach jenem Gaius Cilnius Maecenas, der um 70 vor Christi geboren wurde, ein enger Vertrauter und politischer Berater des römischen Kaisers Augustus. Er hat vor allem aber die Künste in einem Ausmaß gefördert, dass sein Name „Mäzen" zum Gattungsbegriff wurde. „Maecenates voco!" riefen Politiker nicht nur im alten Rom, wenn es Notwendiges zu finanzieren galt, das Budget dafür aber nicht vorhanden war. „Maecenates voco!", wie oft hat Herbert Batliner, nicht nur, aber auch diesen Ruf aus Salzburg vernommen und wie selten hat er sich verweigert. Er, der am 26. Dezember 1928 in Vaduz in die Familie Eduard und Maria Batliner geboren war, der Vater war lange Zeit bei einer Bank in Innsbruck beschäftigt und zuletzt Präsident der Liechtensteinischen Staatsbank; auch der Vater übrigens ein großer Förderer, und zwar der österreichischen Bobmannschaft, die bei der Olympiade in Innsbruck die Goldene Medaille im 4er-Bob erreicht hatte. Das Mäzenatentum liegt also in der Familie, wohl auch das Austrophile, ist doch das liechtensteinische Unterland mit Mauren, woher die Familie stammt, austrophil und das liechtensteinische Oberland schwyzophil. Der Schule folgte das Studium der Rechte in Innsbruck und Bern und jenes der Wirtschaftswissenschaften als reine Trotzreaktion, da er von Schweizer Kollegen immer gehänselt wurde, dass der Doktor Juris in Innsbruck ohne Doktorarbeit allein mit Rigorosen möglich wäre. Vieles mag Herbert Batliner im Laufe seines 80-jährigen Lebens geprägt haben, wohl die Mutter, am meisten aber seine Frau Rita. Es war der 25. Juli 1954, als der noch nicht 26-jährige Herbert Batliner bei der Fahnenweihe des Musikvereins in Mauren die Festrede hielt und der Fahnenpatin Rita, der Tochter des Bürgermeisters, zu ihrer hohen, verantwortungsvollen Aufgabe als Fahnenpatin herzlich gratulierte. Ver-

mutlich hat es noch am selben Tag gefunkt und schon am 19. Juli 1956 wurde geheiratet. Der Ehe entsprangen vier Kinder. Was schließen wir daraus: Wenn Du eine Fahne hast, wirst Du entweder geheiratet oder Du hast zu viel getrunken. Beides sorgt meist für Beschwingtheit, wenn man nicht wankt.
In anfänglich harten Zeiten als Anwalt half Rita mit, bis die Kinder kamen, eins nach dem anderen. Der Aufstieg von Herbert Batliner war kometenhaft. Nicht nur höchst erfolgreicher Rechtsanwalt, sondern auch Präsident des Verwaltungsgerichtshofes, Präsident des Staatsgerichtshofes in Liechtenstein. Bei Gründung der Kanzlei hatte er von seinem Vater 1954 5000 Schweizer Franken zur Kanzleieinrichtung bekommen. Ein Investment, das sich bezahlt gemacht hat. Herbert und Rita sind ein glückliches Ehepaar, sie haben jetzt viel mehr Zeit füreinander, etwas was sie lange aufgrund der intensiven beruflichen Reisetätigkeit und Beanspruchung von Herbert vermissen mussten. Rita sagt, Herbert war zwar für die Familie da, aber nicht anwesend, ein Satz, der mir irgendwie bekannt vorkommt. „Er ist ein lieber Kerl, ein Pascha, verwöhnt", sagt sie, heute packt sie ihm noch die Koffer wie all die Jahre, sie mag seine Zuverlässigkeit. Was sie ärgert an Herbert? „Heute nichts mehr", die Antwort. Wie schön, so ein Paar nach 53 Jahren Ehe zu sehen, wie sie einander bedürfen und mögen, nicht ohne einander können, längst eins geworden sind. Man merkt, er versteht jedes Wort, das sie nicht gesagt hat.

Herbert Batliner ist ein brillanter Netzwerker, er hat einen guten Zugang zu Entscheidungsträgern. Dort investiert er Zeit; für andere, die die er mag, nimmt er sich Zeit – ein Riesenunterschied: Er ist ein wunderbarer Freund, charmant, liebenswürdig, interessiert und immer für einen da.
Sein Witz ist trocken und kurz angesetzt, das heißt, er trifft den Punkt, ohne zu verletzen, und liebt es, Anekdoten zu erzählen, aber auch zu hören. Ein großartiger Gastgeber – er tut so, eigentlich ist es seine Frau –, ein ausdauernder Tarockierer, ein begeisterter Coleurstudent und Jäger: Beides Umwege ins Wirtshaus, teils farbtragend, teils bewaffnet.
Herbert Batliner ist ein treuer Mensch. Wen er einmal ins Herz geschlossen hat, zu dem steht er auch. Das wissen seine Freunde hier, hier in dieser Stadt, die seine zweite Heimat geworden ist. Er leidet allerdings ein wenig unter dem Problem, dass Thomas Bernhard in „Eli-

sabeth II" so treffend formuliert: „Man kann nicht überall hinfahren, wo man ein schönes Haus hat."

Herbert Batliner und die Kunst

Die Beziehung Herbert Batliners zur Kunst begann erst mit einem säumigen Klienten, der anstelle des Honorars ein Bild von Toulouse-Lautrec löhnte. Es folgte der spontane Kauf einer Giacometti-Büste in Paris (1962), das war sozusagen die Initialzündung. Heute ist die Sammlung Batliner eine der ganz großen Sammlungen.

„Stand am Anfang des sammlerischen Interesses vor allem die Sehnsucht nach dem Licht der Impressionisten und der fauvistischen Farbenglut, so fesselten uns später mehr die radikalen Zweifel an der sichtbaren Erscheinung, wie sie der französische Kubismus und die russische Avantgarde vorzubringen wagten. In den letzten Jahren schließlich erweiterte sich der Blick noch einmal nachhaltig dank den faszinierenden Einsichten, welche die zeitgenössische Kunst zu öffnen imstande ist", so Herbert Batliner in seinem Vorwort zu dem imposanten Katalog über seine Sammlung „Verborgene Meisterwerke". Herbert Batliner sieht den eigentlichen Gewinn beim Sammeln von Kunst, den intellektuellen und sinnlichen Mehrwert, die emotionale Bereicherung, die das Kunstwerk zu erzielen vermag, erst in den vielen Monaten und Jahren, in denen das Werk langsam zu sehen lehrt, etwas zu erzählen beginnt und mit jedem Tag tiefer berührt. Es ist die Sehnsucht nach Nachhaltigkeit und nach den tieferen Schichten des Seins, die zur Kunst drängt, nicht der oberflächliche Kick, der sich in der Sekunde des Erfolgs einstellt. Dies erklärt auch, warum es nicht die Schlechtesten der großen Sammler sind, die auch im fortgeschrittenen Alter den Dialog mit der Kunst weiterführen und in dieser Runde des Geistes und der Sinne immer wieder neue Teilhaber einbeziehen.

Mit anderen Worten, Kunst wischt Staub von der Seele. Und wie hat Strindberg schon richtig bemerkt: Er umgibt sich lieber mit Bankiers und Wirtschaftsmagnaten, weil man mit diesen über Kunst sprechen kann, unter Künstlern spricht man ohnedies nur über das Geld.

Abschluss und Preisverleihung

Der Wolfgang-Schüssel-Preis der Internationalen Salzburg Association wurde gemäß seinem Statut ausgesetzt, um herausragende Persönlichkeiten für ihre außerordentlichen Verdienste, im Begegnungsschnittpunkt von Wirtschaft, Wissenschaft und Kultur, unter dem Gesichtspunkt einer offenen und toleranten, jedoch der europäischen Kultur verpflichteten Geisteshaltung mit besonderem Salzburgbezug auszuzeichnen.

Herbert Batliner ist ein würdevoller Träger dieses Preises. Er, der Salzburg seiner Freunde wegen für sich entdeckt hat und in ihr die wahre Kulturhauptstadt Europas sieht, ihr Ambiente liebt. Er, der ein großer Mäzen ist und damit im Gegensatz zum Sponsor nicht die Bewerbung eines Produktes durch Unterstützung eines kulturellen Zweckes beabsichtigt, sondern den Zweck, die Sache ohne weitere Absicht in den Mittelpunkt stellt.

Herbert Batliner hat hier Heimat gefunden, weil er sich hier Heimat geschaffen hat. Und das ist sein eigentliches Verdienst.

Maecenates voco? Habemus amicum Salisburgensis!

Aus einer Rede zur Verleihung des Wolfgang-Schüssel-Preises der ISA an den Fürstlichen Kommerzialrat Senator Prof. DDr. Herbert Batliner am 4. April 2009.

Rede und Antwort

Im Gespräch mit Univ.-Prof. Dr. Sonja Puntscher-Riekmann
und Univ.-Prof. Dr. Konrad Paul Liessmann
im Rahmen der Veranstaltungsserie „Zeitlinien“ am 12. Jänner 2009

Begrüßung durch Kommerzialrat Mag. Rudolf Weinberger, Kurator des Seebrunner Kreises

Sonja Puntscher-Riekmann: Meine sehr verehrten Damen und Herren! Auch ich darf Sie herzlich willkommen heißen zu dieser Diskussion, zu der Landeshauptmann-Stellvertreter Dr. Haslauer eingeladen hat. Ich habe in einem ersten Gespräch die Rolle der Moderatorin übertragen bekommen. Später mutierte dieser Auftrag dann, nicht nur zu moderieren, sondern auch mitzudiskutieren. Also ich mache beides sehr gerne. Danke für die einführenden Worte, für die Vorstellung, die jetzt auch Zeit spart.

Wir haben uns vorgenommen, ungefähr eineinhalb Stunden am Podium hier zu diskutieren und wir haben uns dafür drei große Themenblöcke vorgenommen, von denen jeder Einzelne mindestens abendfüllend wäre. Wir werden aber trotzdem versuchen, alle drei zu berühren.

Ich darf Sie vielleicht kurz einführen in das, was wir uns vorgenommen haben: Zu den großen Themen der Jetztzeit, und Zeitlinie ist ja ein Begriff, der das Jetzt meint, gehört natürlich Europa. Europa in seiner ganzen problematischen Wahrnehmung durch die Bürger und Bürgerinnen Europas mit einer ganz besonderen Facette in Österreich, aber darauf werden wir noch im Einzelnen zu sprechen kommen. Das Zweite, was uns unter den Nägeln brennt, ist die Finanzkrise und die daraus resultierende Wirtschaftskrise. Sie sehen alle die steigenden Arbeitslosenzahlen, die steigenden Insolvenzen.

Und nicht zuletzt die Frage, wie ist Kultur, wie ist Kulturpolitik – das ist ja nicht unbedingt das Gleiche – unter diesen Rahmenbedingungen überhaupt noch vorstellbar? Was sind die Perspektiven der nächsten Jahre?

Nun zunächst einmal zum Thema Europa. Die europäische Integration ist ein umstrittenes Gut geworden. Man kann das negativ betrachten, aber unter Umständen nicht nur negativ. Denn alles, was umstritten ist, ist auch in der Wahrnehmung der Menschen präsent und ist daher wichtig. Die Ablehnung der Europäischen Verfassung und dann des Nachfolgeprojekts des Vertrages von Lissabon in drei Referenden in Frankreich, den Niederlanden und Irland hat auch in jenen Staaten, in denen es nicht zu einer Volksabstimmung kam, Debatten über Sinn und Zweck der Europäischen Union ausgelöst. Aber wie wir sehen: Die Zustimmungsraten und Ablehnungsraten halten sich die Waage oder verändern sich in den Europa-Barometer-Umfragen, die wir zweimal im Jahr präsentiert bekommen. Und angesichts der Finanzkrise scheint die Liebe zu Europa wieder im Wachsen zu sein. Wenn wir dann einen Blick auf jene Umfragen werfen, die die Frage des Vertrauens in nationale und supranationale Institutionen stellen, sind wir überhaupt mit sehr interessanten Daten konfrontiert. Es scheint so zu sein, dass die Europäer und Europäerinnen größeres Vertrauen in die europäischen Institutionen haben als in die nationalen.

Nun gibt es so einen allgemeinen Tenor in der Debatte zur Europäischen Union und der lautet „Die Union ist ein Elitenprojekt, das an den europäischen Bürgern und Bürgerinnen vorbeiläuft!" Ist das so, Herr Dr. Haslauer?

Wilfried Haslauer: Schönen guten Abend, Herr Generalvikar, Herr Landeshauptmann, Herr Präsident! Lieber Kurator!

Ich freue mich sehr, dass ich als kleiner privater Lebensphilosoph mit dem hier anwesenden intellektuellen Überbau ins Gespräch treten darf. Ich freue mich auf diesen Abend, wo wir uns sozusagen austauschen können. Theorie und Praxis. Wie sieht es die Politik? Wie sieht es die Wissenschaft?

Ist die Europäische Union wirklich eine Frage der Eliten – ja und nein. Die Europäische Union ist aus Sicht der Bevölkerung, aus Sicht unserer eigenen Bevölkerung mit der ihr eigenen Generalskepsis ein lieb gewordenes Entfremdungsobjekt. Es ist eigentlich immer dasselbe: Die Bürgermeister schimpfen auf die Landesregierung. Die Landesregierung auf den Bund. Der Bund und alle anderen auf die Europäische Union. Also ist es eine Frage der politischen Entfernung. Und politische Entfernung hat immer mit Entfremdung zu tun. All jene, die bei der Europäischen Union und ihren Institutionen, die zweifellos verbesserungsbedürftig und -würdig sind, das Gesamtunheil der Welt festmachen, wollen eigentlich nicht wirklich aus dieser Europäischen Union ausscheiden. Wer möchte wieder aus Italien den Wein heraufschmuggeln müssen, wer möchte zurückkehren zu alten Währungen, zu Wechselkursdifferenzen? Wer möchte die Chance vor allem für unsere jungen Leute, in allen europäischen Ländern arbeiten zu können, wieder rückgeschraubt haben? Wer möchte dieses große Friedenswerk, und das sollte man ja nicht aus den Augen verlieren, dass dieser Kontinent noch vor 60 Jahren in Schutt und Asche lag, weil es eben so etwas wie die Europäische Union nicht gab, infrage stellen wollen?

Letztlich ist es dieser Europäischen Union nicht in ausreichendem Maß gelungen, in die Herzen und Emotionen der Menschen hineinzukommen, die sich alle dennoch als Europäer fühlen. Und wenn es nicht gelingt, Europa und Europäische Union sozusagen deckungsgleich zu machen, werden wir immer dieses emotionale Problem, das eben kein intellektuelles, sondern ein emotionales Problem ist, vor uns herschieben.

Sonja Puntscher-Riekmann: Ein emotionales Problem, Herr Liessmann oder ein utilitaristisches? Also: Man liebt Europa, wenn es hilft, Probleme zu lösen. Und wenn das nicht der Fall ist, dann fällt man wieder zurück in seine nationalen, regionalen Identitäten. Aber lässt sich Identität überhaupt so diskutieren?

Konrad Paul Liessmann: Auch von meiner Seite her einen schönen Abend. Wir sind jetzt gleich bei einem der ganz, ganz schwergewichtigen Probleme, nämlich der Frage, wie so etwas wie Identität in einem sozialpolitischen, kulturpolitischen Sinn überhaupt entstehen kann. Man muss ja ganz nüchtern sagen: Europa ist ja nicht als Herzensprojekt gestartet. Ein Herzensprojekt ist Europa eigentlich nie gewesen, auch dort, wo es schon vor der Gründung der Montanunion und der Europäischen Wirtschaftsgemeinschaft als Vorläufer der Europäischen Union fantasiert worden war, wo Europa als Friedensprojekt konzipiert worden war, wo paneuropäische Ideen gepflegt worden sind, ging es eher einerseits um Fragen, wie dieser so sehr und so lange zerrissene, politisch zerrissene, konfessionell zerrissene, sozial zerrissene Kontinent eine Ruhe und eine Einheit finden kann. Nach dem Ersten Weltkrieg war ganz stark die Frage, wie kann Europa seine politische und zivilisatorische Weltgeltung, die es durch diesen Krieg verloren hatte, wieder gewinnen. Also eine ganz harte machtpolitische Frage, die den

Europadiskurs der Zwischenkriegszeit bestimmt hat und nach dem Zweiten Weltkrieg war ja eher die Frage auf der einen Seite, wirtschaftlich in Westeuropa organisiert und auf der anderen Seite, und das war eine utopische Diskussion, die man etwa in den 50er-, 60er-Jahren geführt hat, dieser durch den Eisernen Vorhang gespaltene Kontinent, ob der überhaupt noch eine Zukunft als Kontinent hat.

Von Herz, von Emotion, was es heißt, sich als Europäer zu fühlen, war keine alltagspolitische Frage, sondern wenn man so sagen will, eher schon in dieser Entwicklung so etwas, ich würde fast sagen, ein kultureller Luxus. Der sich beziehen konnte – und damit sind wir genau bei dem Problem – beziehen konnte, auf eine diffuse Vorstellung, dass der Europäer, der europäische Mensch, der, der sich als Europäer fühlt, Angehöriger einer ganz bestimmten Kultur ist, einer ganz bestimmten Lebensform ist, einer ganz bestimmten Form ist, die Welt zu sehen und zu deuten. Also meine These wäre, um das ein bisschen zuzuspitzen, dass alles das, was tatsächlich als Bestandteil europäischer Identität oder als mögliche europäische Identifikationsfigur gelten könnte, mit Fug und Recht gelten könnte, gegenwärtig aus politischen Gründen, aus moralischen Gründen, aus opportunistischen Gründen außer Kraft gesetzt ist. Ich nenne vielleicht nur drei ganz wesentliche Gesichtspunkte: Europa als christlicher Kontinent. Damit ist kein Staat zu machen. Und damit ist keine Identitätsdiskussion zu führen, obwohl das tatsächlich genau dasjenige ist, was sozusagen zur Herausbildung des modernen Europa ganz wesentlich beigetragen hat.

Europa als Kontinent der Aufklärung. Das war zwar ein spezifisches europäisches Projekt. Aber wir dürfen es aus politisch korrekten Gründen gar nicht mehr so nennen und wir wissen, die Ideen der Aufklärung, der neuzeitlichen Wissenschaft, der neuzeitliche Rationalismus: Das ist mittlerweile ein Weltgemeinschaftserbe, das gibt nichts mehr her für eine spezifische – weltpolitisch gesehen – regionale Identität. Es wäre lächerlich zu sagen, es ist typisch europäisch und nicht amerikanisch, nicht japanisch, nicht chinesisch, die Welt nach den modernen Wissenschaften zu deuten und zu erforschen.

Dritter Aspekt. Europa als zivilisatorisches Projekt. Das geht schon gar nicht. Man darf nicht vergessen, dass, was die Europäer als ihr Europäertum fühlten, bis zum Ersten Weltkrieg, war dieses seltsame Bewusstsein, den anderen Regionen, Kontinenten und Kulturen dieser Erde in einem zivilisatorischen Fortschrittssinn gesehen unendlich weit voraus zu sein. Und da ist auch das Recht abzuleiten dieser kolonisierenden, zivilisierenden, wie auch immer, Maßnahmen, die Europa diese Position und diese Weltgeltung verschafft hatten. Das geht schon gar nicht mehr. Aus begreiflichen Gründen ist auch nicht wieder zu rekonstruieren, was bleibt eigentlich jetzt über an dem, was Europäer sein heißen kann und woran sich unsere Herzen entzünden könnten.

Ich habe da so meine Vorbehalte. Europa, die Europäische Union ist, wie Frau Puntscher-Riekmann das schon gesagt hat, als politisch, ökonomisch, utilitaristisches Projekt, ist in gewisser Hinsicht ein höchst erfolgreiches Projekt, ist in anderer Hinsicht auch ein höchst riskantes Projekt und zwar jetzt nicht aus, wenn man so sagen will, identitätspolitischen Gründen, sondern weil es ein Projekt ist, das eigentlich weltgeschichtlich gesehen, staatstheoretisch gesehen, keine Vorbilder kennt.

Keine Vorbilder kennt, in dem Sinne, dass Europa offensichtlich nicht gedacht werden kann oder modelliert werden kann nach dem Konzept, wie sich im 19. Jahrhundert Nationen gebildet haben! Auch wenn manche von der Nation Europa träumen mögen: Ich halte das erstens für einen unrealistischen und zweitens prinzipiell für einen falschen Traum. Europa wäre schlecht beraten, wenn es versuchen sollte, die Nationalismen, unter denen es zwei Jahrhunderte lang gelitten hat, zu überbieten durch einen Euronationalismus. Das wäre nur die Austreibung des Teufels durch den Beelzebub.

Auf der anderen Seite gibt es sozusagen auch staatspolitisch keine Vorbilder für den Zusammenschluss, für den freiwilligen Zusammenschluss souveräner Staaten zu einer neuen politischen Einheit. Das hat es so noch nicht gegeben. Auch die Vereinigten Staaten von Amerika, die oft als Vorbild zitiert werden, sind anders entstanden, unter anderen Voraussetzungen. Und in ihrer gegenwärtigen Form, wie wir wissen, nicht freiwillig, sondern unter brutalsten und verlustreichsten Bürgerkriegen, die die Neuzeit gesehen hat. Andere Staatszusammenschlüsse mag es zwar gegeben haben, sie sind aber wesentlich gewaltsam geprägt. Und das einzige Modell, wo man sagen könnte, hier gab es so etwas wie einen freiwilligen Zusammenschluss unterschiedlicher Staaten, die zum Teil souverän gewesen waren, zum Teil nicht souverän gewesen waren, wären ein schlechtes Beispiel für Europa, nämlich das alte Jugoslawien. Das heißt, man muss hier sehr, sehr vorsichtig sein.

Das europäische Projekt, das ist für mich das Faszinierende daran, ist tatsächlich ein Projekt, das Neuland betritt und das deshalb, glaube ich, auch diese Ambivalenzen erzeugen muss, weil wir nicht genau wissen und nicht genau wissen können, in welche Richtung es gehen kann und in welche Formen es gehen kann. Und diese Debatten um den Verfassungsvertrag, um den Vertrag von Lissabon, die sehe ich wesentlich weniger dramatisch als andere Beobachter. Das sind notwendige Diskussionen, deren Pole und deren Streitpunkte auch Ausdruck der Unsicherheit sind, dass wir die Formen, in denen die europäischen Staaten einen gemeinsamen Rahmen finden wollen oder finden können, dass uns diese Formen noch nicht ganz klar sind.

Man kann schon über den Begriff Verfassung lange diskutieren, ob der je angemessen war gegenüber diesem Vertrags- und Regelwerk, mit dem sich Europa gegenwärtig in irgendeiner Art und Weise behelfen muss. Verfassungen haben in europäischer Protektion einen anderen Stellenwert, als diesem Vertragswerk gegenüberstehen. Also das sind Fragen, die zu diskutieren sein werden. Ich sehe aber wenig Ansätze für das Herz. Ich sehe interessanterweise, verzeihen Sie es mir, auch nicht unbedingt diese große Notwendigkeit, das heißt, ich zucke eher zusammen, wenn jemand von sich behauptet, er ist glühender Europäer, weil ich ehrlich gesagt nicht genau weiß, erstens wofür glüht er und zweitens weil mir glühen in der Politik immer höchst suspekt erscheint!

Sonja Puntscher-Riekmann: Also wäre es nicht überhaupt klüger, Fragen der Identität beiseitezuschieben, sie nicht zu stellen? Das ist ein Punkt, wo ich mit Herrn Liessmann sehr einer Meinung bin. Ich stelle diese Frage nie. Ich weiß ja nicht einmal, wer ich selber bin. In der Psychologie spricht man vom „Multiple Self", einem vielfältigen Selbst, das von beständigen Schwankungen und Änderungen persönlicher Meinungen, Positionen, Gefühle geprägt ist, das zeigt, dass wir nicht ununterbrochen eins mit uns selbst sind.

Tatsache ist, dass in der Politik stets Emotionen mit im Spiel sind, diese sich aber eher auf den Nationalstaat oder die Region als auf Europa richten. Aber ich bin ganz Ihrer Meinung. In Wahrheit ist das nüchterne Projekt Europas auch das, was ein großes Stück seines Erfolges ausmacht. Nur: Widersprechen würde ich im Bezug auf die Frage der Verfassung. Es ist natürlich richtig, dass in den Nationalstaaten konstitutionelle Fragen zunächst einmal im Zuge von Revolutionen gegenüber bestimmter Herrschaftsformen, in der Regel absolutistisch monarchischer Herrschaftsformen auftauchten. Aber Verfassungen tun nichts anderes, als Macht zu zähmen. Das ist die erste und oberste Aufgabe einer Verfassung, Macht zu konstituieren, wie Hannah Arendt sagt, und das ist das Ziel des europäischen Verfassungsvertrags und des Vertrags von Lissabon. Es ist kein abgeschlossenes Werk, aber es will die Konstituierung von Macht in der Europäischen Union. Es ließe sich jetzt lange darüber streiten, ob der Vertrag von Lissabon das gut oder schlecht macht. Es ist jedenfalls der Kompromiss, der am Ende der langen Verfassungsdebatte in Europa stand und ich glaube, dass man damit leben kann.

Ich weiß nicht, wie Regionen oder wie Politiker in einem regionalen Kontext mit diesem Vertrag arbeiten werden, sollte es zu einer Ratifikation kommen. Ein zentrales Stück dieses Verfassungsvertrages jetzt in Form von Lissabon ist das Subsidiaritätsprinzip. Ist das ein Prinzip, das für Sie Relevanz hat, Herr Dr. Haslauer? Ist das eines, das sozusagen täglich in Ihrem Handeln im regionalen Kontext auftaucht, beständig geprüft wird oder geschieht regionale Politik ganz anders?

Wilfried Haslauer: Das ist natürlich jetzt aufgelegt, vielen Dank Frau Professor. Subsidiarität ist natürlich einer unserer Eckpfeiler. Die Philosophie, dass die kleinen Einheiten das von ihnen Regelbare besser regeln können als die großen Einheiten, beginnend bei der Familie, über die Gemeinden und so weiter die ganze Stufenleiter hinauf, glaube ich, hat sich weitgehend durchgesetzt.

Interessant ist allerdings, dass Landespolitiker, die in den Bund gehen, sehr schnell von föderalistischen Politikern auf einmal zu Zentralisten werden. Es ist immer wieder dasselbe Phänomen. Insoweit glaube ich, ist dieser Vertrag ein Fortschritt, weil der Moloch Europa von Brüssel aus nicht verständlich regelbar ist, für die Bevölkerung nicht verständlich regelbar ist. Und da ist auch mein Widerspruch Ihnen gegenüber, Herr Professor!

Natürlich, wenn man die Europäische Union aus rein utilitaristischen Gründen, aus Nützlichkeitsüberlegungen sieht, was legitim ist, dann wird sie funktionieren. Aber nicht mehr. Und sie wird immer das Projekt einer intellektuellen Minderheit bleiben. Sie wird nicht jene politische Akzeptanz bekommen, die ein solches Projekt auf Dauer braucht, um überleben zu können. Und natürlich: Die Frage der Identitäten ist eine sehr komplexe und vielfältige. Was ist eine europäische Identität? Wahrscheinlich hat da jeder nur seine sehr individuellen Antworten. Für mich ist das die Antithese zur Gesichtslosigkeit, zur amerikanischen Gesichtslosigkeit. Ein Beispiel: Fahren Sie nach Amerika und es schaut alles gleich aus. Die Städte schauen gleich aus. Das Leben ist gleichmäßig und gleichartig. Fahren Sie in europäische Städte, so ist mein Empfinden – Sie schütteln den Kopf – mein Empfinden ist ein anderes, die Vielfalt ist beeindruckend.

Was Europa spürbar kennzeichnet, ist die Melancholie der Geschichte, wenn ich das so bezeichnen darf, diese Jahrtausende an Blut, Schweiß und Tränen, die in diesem Kontinent die Lebenskulturen so hervorgebracht haben, wie sie sind. Oft werden drei Klammern Europas zitiert, und wie ich meine zu Recht: Europa hat von den alten Griechen, den Hellenen, das Empfinden für das Wahre und Schöne, von den Römern die Ausprägung für Recht und Gerechtigkeit und vom Christentum Liebe und Vergebung als Lebensprinzipien. Das sind drei europäische, abendländische Klammern. Jetzt kann man natürlich sagen, das sind Prinzipien, die sich weltweit durchgesetzt haben. Ich meine aber, sie prägen Europa in seiner ganzen Entwicklung in besonderer Weise.

Sonja Puntscher-Riekmann: Erlauben Sie mir nochmals kurz die Identitätsfrage wieder aufzunehmen. Identitäten sind Konstruktionen. Sie sind nicht vom Himmel gefallen, sie sind politisch konstruiert, sie sind kulturell konstruiert und sie wurden im Nationalstaat auf eine besondere Art und Weise konstruiert. Dass wir heute davon absehen, ist, glaube ich, ein wirklicher kultureller Fortschritt. Denn Konstruktionen von Identitäten sind immer auch Konstruktionen des anderen, der „anders“ ist und fremd bleiben muss, damit ich meine Identität definieren kann. Und die Konstruktion muss beständig wiederholt werden. Dass Europa diesen Vorgang nicht wiederholt, ist ein Fortschritt.

Nun zur Frage, was ist dann genuin europäisch gegenüber dem Rest der Welt. Es ist die Fähigkeit, aus der absoluten politischen Katastrophe, die mit 1945 zu Ende ging, die neue Konstruktion durch Zusammenarbeit und durch das „Poolen von Souveränität", wie das Kollegen aus dem politikwissenschaftlichen Bereich der internationalen Beziehungen genannt haben, zu leisten. Würden Sie dem zustimmen?

Konrad Paul Liessmann: Dem kann ich gerne zustimmen! Nur dann muss uns klar sein, die Frage ist, ob man das will oder nicht will. Dann bleibt Europa ein Elitenprojekt. Weil das sind natürlich auf der einen Seite strategische Überlegungen, sind reflexive Überlegungen. Das sind Überlegungen, die genau aus dieser Erinnerung heraus und aus den Überlegungen heraus, welche Rolle Europa in der Welt einnehmen kann, zu solch einer Konzeption von geteilter Souveränität, oder wie man es dann nennen will, kommen kann.

Es sind sozusagen die souveränen Regierungen, die Teile ihrer Souveränität abgeben. Es ist ja, glaube ich, nicht Zufall, dass sozusagen die entscheidenden Instanzen und die entscheidenden Institutionen in der europäischen Politik, sozusagen von nationalen Regierungen legitimierte Institutionen sind. Sieht man vom Europäischen Parlament ab, das in dem Kontext noch immer eine untergeordnete Rolle spielt und man noch nicht weiß, ob man überhaupt wollen soll, dass es eine bedeutendere Rolle spielen soll. Das heißt in dem Zusammenhang, ja.

Auf der anderen Seite heißt das aber dann, dass die Frage der europäischen Identität oder auch des emotionalen Europa oder was es heißt Europäer zu sein, dann wahrscheinlich jetzt nicht derart empathisch beantwortet werden kann, wie Sie das angedeutet haben, obwohl ich mit diesen Hinweisen sehr viel anfangen kann. Es gibt verschiedene intellektuelle geschichtsphilosophische Überlegungen, was das Spezifische des Europäischen ausmacht, jetzt in geistiger Hinsicht. Und natürlich wird man auf diese Formen des Denkens in der griechischen Antike, zu diesen Konzeptionen von Wahrheit, von Schönheit zurückverwiesen werden.

Und natürlich ist Europa ohne die Idee des Imperiums des Römischen Rechts nicht denkbar. Und sehr viele europäische Institutionen, gerade der Moderne, haben sich wie Marx Hönisch einmal bemerkte, immer wieder als römische Institutionen verkleidet. Wir haben heute noch Senate. Wir nennen uns Republik und wir haben Konsuln und was auch immer. Lauter römische Institutionen. Das heißt, unser politisches europäisches Denken ist natürlich von der römischen Antike in hohem Maße geprägt. Aber wenn ich jetzt sagen würde, das sind genau die Punkte, wo wir uns auch emotional damit identifizieren sollten, frage ich mich erstens, ob das geht und zweitens muss ich sagen, was tun wir dazu? Wir haben die alten Sprachen so gut wie eliminiert. Wir haben den Geschichtsunterricht, der sich mit der Antike beschäftigt, so gut wie eliminiert. Wir tun alles, um gerade diese europäische Geschichte zu vergessen. Das heißt also die ganze offizielle Kultur- und Bildungspolitik hat andere Zielsetzungen, hat andere Prioritäten gesetzt. Das heißt, ich werde wahrscheinlich eine emotionale Beziehung zu Europa über die Erinnerung an diese europäische Geschichte nicht herstellen können, wenn diese europäische Geschichte in niemandes Kopf und Bewusstsein mehr ist, vor allem den Bevölkerungsgruppen, denen man immer sozusagen europäisches Bewusstseinsdefizit nachsagt, obwohl ich gar nicht weiß, ob das stimmt. Das heißt, weil diese, wie es schon angedeutet wurde, diese Geschichte, wie die Menschen sozusagen ihre Einstellung zu Europa formulieren, sehr, sehr abhängig ist von den Formen, wie sie von Europa im Positiven oder Negativen betroffen sind und das sind Stimmungsschwankungen. Und da würde ich Ihnen recht geben, die sich alle innerhalb einer grundsätzlichen Zustimmung zu Europa bewegen und deshalb auch so gesehen werden sollten.

Zur Identität nur noch eine Anmerkung. Ja. Ich muss da meine Ratlosigkeit eingestehen. Ich weiß nicht, was in dem Kontext Identität bedeuten soll. Von Wittgenstein stammt die böse Bemerkung, der Begriff der Identität ist ein vollkommen leerer und sinnloser Begriff. Denn entweder ist eine Sache mit sich identisch, dann braucht man nicht Identität sagen, sondern benennt einfach die Sache. Oder sie ist nicht mit sich identisch. Dann ist es erst recht keine Identität. Da gibt es eben Differenzen. Ich kann deshalb auch mit dem Begriff der multiplen Identität nichts anfangen. Natürlich, ich bin Österreicher einerseits, ich bin aber auch in Kärnten geboren, ich weiß nicht, ob das jetzt überhaupt noch erwähnenswert ist oder erwähnt werden soll. In Zeiten wie diesen verschweigt man das ja eher. Dann natürlich gehöre ich einem bestimmten Sprach-, Kultur- und Denkraum an, der sich zum Teil mit Europa deckt, aber nicht unbedingt mit den politischen Grenzen Europas decken muss. Es ist für mich selbstverständlich, dass Dostojewski ein europäischer Schriftsteller ist, von dem ich viel gelernt habe, den ich wahnsinnig gern gelesen habe. Mir ist klar, Russland wird nie Mitglied der Europäischen Union sein. Aus verschiedensten Gründen. Das heißt, hier gibt es unterschiedlichste Überschneidungen und Überfächerungen. Aber das ist doch keine Identitätsfrage in diesem Sinne! Ja, das heißt also, das sich zugehörig fühlen in bestimmten Teilen seiner Existenz, zu unterschiedlichen politischen, sozialen Segmenten ja ganz entscheidend und wichtig zu sein und jeder Mensch ist in mehreren dieser Segmente beheimatet. Da kommt noch die Religion dazu, da kommt noch die Familiengeschichte dazu, woher sich die verschiedenen Familienmitglieder zusammensetzen. Es gibt kaum einen Österreicher, der nicht irgendwo auch ungarische, slawische, rumänische oder sonstige Wurzeln hat. Das heißt also, alles das macht aber meines Erachtens oder ist überdeterminiert und damit gefährlich überdeterminiert, wenn man das zu Identitätsfragen hochstilisiert.

Deshalb würde ich auch eher dann versuchen, diesen Identitätsdiskurs zu entschärfen und weniger starke Vokabeln zu verwenden, die auch weniger Ansprüche stellen wie etwa Zugehörigkeiten unterschiedlicher Grade, unterschiedlicher Intensitäten und unterschiedlicher emotionaler Besetzung. Natürlich hat man zu Menschen, mit denen man zusammenlebt, die man kennt, die man liebt oder hasst – Emotionen haben immer negative und positive Optionen – hat man andere und intensivere emotionale Beziehungen als zu einer Verwaltung, die irgendwo 800 oder 1200 Kilometer entfernt sitzt. Also irgendwo zu verlangen, die Bürokratie in Brüssel zu lieben: Nein, bitte nicht! Ich kann es nicht. Ich werde es auch nicht. Das übersteigt mein emotionales Fassungsvermögen.

Letzter Punkt und Gedanke dazu: Es stimmt zwar, ich spreche jetzt nicht von Identitäten, aber dass diese Zugehörigkeitsgefühle unterschiedlicher Ausprägungen und Intensität in hohem Maße konstruiert sind. Aber sie sind natürlich nicht im luftleeren Raum konstruiert.

Auch die Nationalismen des 19. Jahrhunderts hatten natürlich, wenn man so sagen will, so etwas wie Materialien, aus denen diese zum Teil verhängnisvollen und zum Teil weniger verhängnisvollen „nationalen Identitäten“ konstruiert worden sind. Natürlich gibt es schon allein die Zufälligkeit der Geburt, dass man einfach in eine bestimmte Region dieser Erde geboren wird und man nichts dafürkann, entscheidet in hohem Maße schon über ganz bestimmte Optionen, solche Zugehörigkeitsgefühle zu entwickeln. Die soziale Schicht, in die man hineingeboren wird; das kulturelle und Bildungsmilieu, in das man hineingeboren wird. Und das sind ja genau diese Bereiche, aus denen man dann solche Konstruktionen erst gestalten kann. Und so wurde das ja auch in hohem Maße praktiziert. Erfinden kann man Nationen auch nicht am Reißbrett und das ist vielleicht ein bisschen auch das Problem der europäischen Identität und Nation, dass manche geglaubt haben, man kann das am Reißbrett erfinden und wenn es schon auch solche emotionalisierten Zugehörigkeitsgefühle im großen politischen Stil gibt, dann muss man sich auch über die Zeitdimension im Klaren sein, die das Entwickeln solcher Zugehörigkeitsgefühle erfordert.

Wenn man sich dann allein erinnert, wie lange es gebraucht hat, dass Österreicher sich politisch als Österreicher fühlten. Noch in den 50er-Jahren war die Mehrheit der Bewohner der Zweiten Republik der Auffassung, sie sind eigentlich keine Österreicher, sondern sie sind Deutsche. Am Ende der 60er-Jahre, Anfang der 70er-Jahre, fast drei Generationen nach Gründung der Ersten Republik, hatten wir erst die ersten Umfragen, die gezeigt haben: Überwiegend fühlen sich in Österreich lebende Menschen sozusagen als Österreicher.

Also warum sollen sie sich schnell als Europäer fühlen? Innerhalb von fünf Jahren, von zehn Jahren. So geht das nicht! So macht man das nicht und so wird das nicht gemacht.

Wilfried Haslauer: Ich stimme Ihnen soweit zu. Wenn es schon ganz und gar unmöglich ist, die Bürokratie in Wien zu lieben, wie soll das gegenüber Brüssel passieren können. Ich muss sagen, ich fühle mich in Europa als Österreicher, aber in den USA oder in Asien als Europäer – und zwar dort primär als Europäer und nicht als Österreicher interessanterweise. Diese Beobachtung habe ich an mir gemacht. Und ich glaube, diese Diskussion, die wir hier führen, ist eine Diskussion unserer Generation, die eine zeitliche Lösung haben wird.

Sprechen Sie mit heute 20-, 25-Jährigen, die in ihrem politischen Erinnerungsvermögen, in ihrer politischen Auffassung gar nichts anderes kennen als das freie grenzenlose Europa. Die werden Europa überhaupt nicht infrage stellen. Im Kontext dazu ist zu sehen, dass die Welt wesentlich kleiner geworden ist, mit allen Möglichkeiten an Bereisbarkeit. Als ich mit 16 Jahren, und das ist leider schon eine ziemlich lange Zeit her, zum Schüleraustausch nach England geflogen bin, war das eine Weltreise für mich. Heute ist das eine Tagesreise, die man gar nicht mehr als außergewöhnlich empfindet. Die jungen Leute fliegen im Rahmen ihrer Schulausbildung nach Amerika, nach China, wohin auch immer. Also da hat sich die Welt entscheidend verändert und ich glaube, dass auch diese geografische, räumliche Dimension für die zukünftige Akzeptanz Europas eine ganz entscheidende Rolle spielen wird.

Sonja Puntscher-Riekmann: Das heißt, das, worauf wir uns konzentrieren sollten, sind eigentlich die Materialien, um Liessmanns Begriff aufzunehmen. Und wenn wir auf die Materialien der Union schauen, dann glaube ich, sind die zuhauf vorhanden. Und ein ganz wichtiges Material, mit dem wir in den letzten Monaten konfrontiert wurden, ist die Fähigkeit, die Finanzkrise auf eine Weise zu behandeln und zu bewältigen, wie das vor zwanzig Jahren noch undenkbar gewesen wäre. Es war zwar nicht die supranationale Union, sondern vielmehr das intergouvermentale Europa, das agiert hat. Allen voran Gordon Brown und der gute Verkäufer Nicolas Sarkozy, der das Ganze als europäische Initiative zu verkaufen wusste, während die Bürokratie, also die Europäische Kommission weitgehend abwesend war, denn sie gehörte nicht zu den handelnden Akteuren, sondern eher zu jenen, die hinterher diese Entscheidungen implementierten.

Nur in Klammer gesagt, ich glaube, Bürokratien werden niemals geliebt. Egal, wie nah oder fern sie sind, oder könnten Sie von der Salzburger Bürokratie etwas anderes behaupten? Zugleich ist bürokratisches Handeln notwendig, ohne das die moderne industrialisierte Welt, aus den Fugen geraten würde. Bürokratien sind entstanden, weil wir rationales Handeln beanspruchten. Max Weber hat darüber wichtige Bücher geschrieben. Das nachvollziehbare rationale Handeln als bürokratisches Handeln ist das, was moderne Politik auszeichnet. Daher bin ich auch immer die Erste, die für die Bürokratie in die Bresche springt, man sollte sie nicht nur verteufeln. Doch zurück zu Europa und der Möglichkeit der Einzelnen, europäische Entscheidungen nachzuvollziehen und zu akzeptieren. Eine wichtige Institution zur Legitimation europäischer Entscheidungen ist das direkt gewählte Europäische Parlament. Das sage ich kritisch zu Herrn Liessmanns Bemerkung, es sei noch nicht außer Streit, ob wir das Europäische Parlament wirklich brauchen und auch mögen sollen.

Zunächst ist die Existenz des Europäischen Parlaments ein Faktum. Ein Faktum, das seine Rechtfertigung darin findet, dass auf europäischer Ebene Macht ausgeübt wird und das Parlament unter anderem ein Organ nicht nur der K.O.-Gesetzgebung, sondern auch der Kontrolle ist. Also wäre ein Moment des sich Identifizierens mit der europäischen Institutionenordnung, sich an den europäischen Wahlen zu beteiligen. Was immer man dann an realen Machtkontrollen an das Europäische Parlament delegiert, ist eine Frage der Verfassung oder der Verträge. Das ist das kleine Einmaleins demokratischer Politik und insofern beunruhigt der zum Teil massive Unterschied in der Wahlbeteiligung, je nachdem, ob ein regionales, ein nationales oder das Europäische Parlament gewählt wird. Am meisten frappiert mich, dass es in Österreich, wo wir ja nach wie vor mit sehr, sehr hohen Wahlbeteiligungen im Unterschied zu anderen Staaten in und außerhalb Europas konfrontiert sind, eine so große Wahlenthaltung bei Europaparlament-Wahlen gibt. Wie erklären Sie das, Herr Dr. Haslauer?

Wilfried Haslauer: Ich denke, das hat mit dieser Entfernung und Entfremdung zu tun. Die Wählerinnen und Wähler haben eigentlich zu diesen Institutionen in Europa relativ wenig Beziehung, sie kennen kaum ihre Europa-Abgeordneten. Die sitzen halt überwiegend in Brüssel, haben auch relativ wenig Kontakt in ihren Wahlkreisen. Das ist der eine Punkt. Der zweite Punkt ist, dass wir natürlich schon eine Menge von Wahlen zu schlagen haben. Wir haben Gemeindevertretungswahlen, Bürgermeisterwahlen, nachfolgende Stichwahlen, Landtagswahlen, Nationalratswahlen, Bundespräsidentenwahlen, EU-Wahlen.

In Salzburg haben wir zwar einige Wahlen zusammengelegt, aber das ist schon eine Inflation an Wahlen. Dann gibt es ja auch noch vorgezogene Wahlen. Diese Vielzahl an Wahlen macht die Leute wahlmüde und die unmittelbare Betroffenheit von alldem – Positivem und Negativem – was aus Brüssel kommt, ist für die Bürgerinnen und Bürger nicht immer wirklich wahrnehmbar. Die Berichterstattung darüber in den Medien, im Fernsehen, in der Presse hält sich in bescheidenen Grenzen. Es interessiert die Leute ganz einfach nicht. Das ist im Grunde genommen die Antwort!

Sonja Puntscher-Riekmann: Aber ist es denn nicht paradox, dass einerseits große Klagen geführt werden darüber, wie bestimmend Brüssel mittlerweile ist. Je nachdem, welcher Statistik Sie glauben, kommen ungefähr 80 Prozent der wirtschaftsbezogenen Regulierungen mittlerweile aus der Union und nicht vom Nationalstaat. Wenn Sie die Tagesordnungen nationaler Parlamente betrachten, so werden Sie ein hohes Maß an Durchführungs-, Umsetzungs-, Vollzugsbestimmungen, die dort zur Diskussion stehen, finden, die einfach europäisches Recht umsetzen. Und wenn man sich anschaut, wie groß die Macht des Europäischen Parlaments in den letzten fünfzehn Jahren geworden ist und wie viele Gesetzgebungsakte dort auf der Tagesordnung stehen, ist es ja umso unverständlicher, dass man nicht mitbestimmen will, wer dort bestimmt.

Wilfried Haslauer: Jetzt schließt sich der Kreis zum Einstieg in unsere Diskussion. Sie haben die Europäische Union als Nützlichkeitsprojekt, als technisches Projekt geschildert. Wahlen sind keine technischen Vorgänge. Das sind zum Teil, vielleicht sogar zum Großteil emotionale Vorgänge, bei denen die Wählerinnen und Wähler über die Zukunft, über Vertrauen abstimmen, bei denen Hoffnungen eine große Rolle spielen und bei denen man glaubt, sich in politischen Programmen von Parteien oder der Persönlichkeit von Kandidaten selbst auch wiederzufinden. Und all das hat bei technischen Vorgängen so gut wie keinen Platz. Wenn es auch richtig ist, dass die Einflussnahme von Europa auf das Wettbewerbssystem, das Wirtschaftssystem, auf viele Bereiche in unserem Leben nicht zu unterschätzen ist, aber das ist eine intellektuelle Wahrnehmung und kein emotionaler Zugang, der aber ist dafür ausschlaggebend, überhaupt zu einer Wahl zu gehen.

Konrad Paul Liessmann: Vielleicht kommt auch dazu – ich kann dem allen nur zustimmen – aber vielleicht kommt auch dazu, dass durch den bisherigen Gang der Entwicklung bei vielen Menschen auch so der Eindruck ist, dass ohnehin sozusagen diese Regularien in Brüssel gemacht werden und dann kommen, ob man jetzt etwas dagegen hat oder nichts dagegen hat. Das heißt also, dieses alltägliche Regelwerk, dem wir unterliegen, das ist einfach da. Und das Bewusstsein, dass wir jetzt über das Europäische Parlament, also auch direkter als nur über die nationalen Vertretungen in Brüssel Einfluss darauf nehmen könnten, ist in dem Maße wahrscheinlich noch nicht vorhanden. Weil das auch ein Lernprozess, ein Informationsprozess ist, auch ein Prozess der Erfahrung ist, dass man wirklich etwas bewerkstelligen kann.

Auf der anderen Seite könnte man natürlich auch etwas zynisch sagen, dass das europäische Projekt, das bisher gelaufen ist, natürlich auch vor allem Staaten und Gemeinschaften sehr, sehr nahe kommt, die ohnehin, wenn man so will, ein eher aformatives Verhältnis zu Autoritäten haben. Ich halte es für keinen Zufall, dass die drei Staaten, die den Verfassungsvertrag oder den Vertrag von Lissabon abgelehnt beziehungsweise infrage gestellt haben, nämlich Frankreich, Niederlande und Irland, nicht nur zu den ältesten Demokratien in Europa zählen, sondern durch ihr Rebellentum immer schon auf sich aufmerksam gemacht haben.

Das heißt, die anderen Staaten, gerade Deutschland und Österreich, mit ihren starken autoritätsfixierten Verhaltensweisen gehen prinzipiell eher so mit diesem Problem um, auf der einen Seite „die sollen entscheiden, wo auch immer“ und „wir werden halt dann darüber raunzen“. Aber jetzt mitzugestalten ist ja nicht gerade die Stärke dieser Regionen. Und die osteuropäischen Staaten aufgrund ihrer Geschichte, der jahrzehntelangen Diktaturen, unter denen sie gelebt haben, haben vielleicht noch überhaupt ein anderes Verhältnis zu solchen Mitbestimmungsprozessen auf einer gesamteuropäischen Ebene. Das heißt, wir haben hier auch in Europa Staaten mit sehr unterschiedlichen Erfahrungen mit demokratischen Mitbestimmungsprozessen und auch mit unterschiedlichen historischen Zeiten, in denen solche Erfahrungen gemacht werden konnten. Und das wäre, glaube ich, auch vermessen und utopisch zu glauben, dass jetzt alle wie auf Knopfdruck sozusagen zur Wahl gehen und abstimmen. Das wäre sozusagen nur noch ein zusätzlicher Grund, ein zusätzlicher Hinweis.

Ich wollte noch etwas anderes sagen zu einem anderen Aspekt dieser Frage, aber das ist mir jetzt entfallen. Vielleicht taucht es wieder auf.

Wilfried Haslauer: Vielleicht darf ich noch einen Satz zur mangelnden Wahlbeteiligung sagen. Meiner Einschätzung nach hängt es auch damit zusammen, dass es an Gesichtern mangelt. Die wechselnden Ratspräsidentschaften bringen keine personelle Kontinuität zusammen. Ich könnte mir gut vorstellen, dass eine längere Funktionsperiode, etwa des genialen Verkäufers und auch Schauspielers Sarkozy hier ein ganz anderes emotionales Gefüge beim Wähler auslösen würde. Aber das findet eben nicht statt, daher wird technisch abgestimmt. Man hat seine Parteizugehörigkeiten oder Parteiaffinitäten auf europäischer Ebene und damit hat es sich schon, ohne dass man an die Dinge an Personen festmachen kann.

Sonja Puntscher-Riekmann: Der Vertrag von Lissabon wird ja, wenn er in Kraft treten sollte, daran was ändern. Es wird dann den Präsidenten des Europäischen Rates auf zweieinhalb Jahre geben. Es wird eine Figur sein, die nicht zugleich ein nationales Amt innehaben kann, aber er wird nicht direkt gewählt werden. Daher sind wir in dieser Form von der Identifikation mit Personen noch weit entfernt. Die europäischen Abgeordneten werden auf Weiteres die Einzigen bleiben, die direkt gewählt werden. Es wird einen zweiten Aspekt im Vertrag von Lissabon geben, nämlich die sogenannte Bürgerinitiative, ein Verfahren der direkten Demokratie, die dem österreichischen Volksbegehren nahe kommt. Es wird die Zukunft weisen, in welcher Form dieses Bürgerbegehren verwendet und welches Maß an Erfolg es haben wird, die Europäische Kommission zur Initiierung entsprechender Rechtsakten aufzufordern.

Aber erlauben Sie mir, die Diskussion jetzt zum zweiten Themenblock zu führen. Denn das, was wir auf europäischer und auf nationaler Ebene erleben, ist ja in den letzten Jahren ein wachsender Streit darüber, welche Form von Wirtschafts- und Sozialpolitik in Europa, auf europäischer wie auf nationaler Ebene gemacht werden soll. Der Konflikt, mit dem wir jetzt, ich würde sagen seit rund zwei Jahrzehnten konfrontiert sind, ist folgender: Ist Europa das Einfallstor eines neoliberalen Kurses, der die alte Tradition der Sozialen Marktwirtschaft erodiert oder überhaupt auflöst? Was sind jetzt die Lehren, die aus der Finanz- und Wirtschaftskrise zu ziehen sind? Haben wir in Europa noch ein Konzept Sozialer Marktwirtschaft?

Heinrich Neisser erzählte mir einmal von einer Diskussion europäischer konservativer Parteien über die Frage nach möglichen Formen von Sozialer Marktwirtschaft und deren Realisierbarkeit in Europa, einer Diskussion, in der sich kaum noch gemeinsame Linien ausmachen ließen.

Lässt sich da noch ein gemeinsames Leitbild finden?

Wilfried Haslauer: Ja, in der Tat glaube ich, dass diese Frage nicht bloß am europäischen Wirtschaftssystem festgemacht werden kann. Es ist eine globale Erscheinung. Die globale Weltwirtschaft, das ist eigentlich ein Pleonasmus, aber die globale Weltwirtschaft ist ja nur verständlich vor dem Hintergrund der Digitalisierung der Kommunikationsmedien. Täglich werden Trillionen von Euros, Yens, Dollars um die Welt geschickt, 24 Stunden am Tag. Neben der Realwirtschaft hat sich eine Finanzwirtschaft etabliert, die ein völlig anderes industrielles Dasein führt und abgekoppelt von der Realwirtschaft, von der Erzeugung von Produkten und so weiter sich mit eigenen Marktmechanismen entwickelt hat. Die Soziale Marktwirtschaft wurde von Müller-Armack in Deutschland in den 50er-Jahren auf drei Grundpfeiler gestellt: Freiheit, soziale Verantwortung und wesentliche Grundzüge der christlichen Sozialethik. Und ich habe tatsächlich den Eindruck, dass in den letzten, ich würde einmal sagen zehn, fünfzehn Jahren, vor dem Hintergrund des globalen Wirtschaftens diese Soziale Marktwirtschaft von ihren ethischen Anforderungen in den Hintergrund getreten ist. Das, was wir jetzt in den letzten Monaten erlebt haben, ist eigentlich das Abmelden eines Wirtschaftssystems, das an seiner eigenen Gier erstickt ist und in Wahrheit die Auseinandersetzung zwischen zwei Finanzierungsformen des Wirtschaftens: auf der einen Seite die Börsen mit ihren börsenotierten Gesellschaften, die nach ganz eigenen Regelungen und Zielsetzungen funktionieren. Auf der anderen Seite Familienunternehmen, die sich eben nicht nur über Gewinn, Kursentwicklungen und Shareholder-

Value definieren, sondern ein darüber hinausgehendes Wertegefüge in das Wirtschaften einfließen lassen.

Ein Börseunternehmen hat einen ganz wesentlichen Zweck. Viele Eigentümer zu haben und das Geld dieser Eigentümer nicht nur in Form hoher Dividenden zu vermehren, sondern vor allem in Form der Kursentwicklung der Aktien. Das heißt, der Vorstand wird im Prinzip dafür bezahlt, dass er die Börsenkurse hinauftreibt. Das gelingt oft mit kurzfristigen Aktionen, hohe Prämien werden an das Management ausgeschüttet, wenn die Börsenkurse und die Aktionäre aus dem Handel mit Aktien Gewinne erzielen.

Ein Familienunternehmen denkt in Generationen. Die Eigentümer denken gar nicht daran, wie viel ihr Unternehmen wert ist, weil sie es sowieso nicht verkaufen, sondern das Unternehmen in eine nächste Generation hineinführen wollen. Mit allen regionalen Verwurzelungen, mit allen sozialen Verantwortlichkeiten, was Mitarbeiter betrifft.

Ich weiß schon. Das ist jetzt Schwarz-Weiß-Malerei, was ich hier mache, ist schon klar. Tatsache ist aber, dass dieses System der börsenotierten Gesellschaften längst in bisher nicht bekanntem Ausmaß seine Auswirkungen auch auf Europa genommen hat. Sie erinnern sich an den Hype der Börsen der letzten 15 Jahre. Die Rechnung haben wir jetzt präsentiert bekommen.

Und es gibt wahrscheinlich auch ein Versagen staatlicher Kontrollmechanismen, gerade im Bereich der Finanzwirtschaft. Mit Basel II wurde speziell in Europa in jenes Geschäft reglementierend eingegriffen, das die Banken ohnedies bestens beherrschen, das ist ihr Kerngeschäft, nämlich das Kreditgeschäft, und damit vielen Unternehmen das Leben eher schwerer als leichter gemacht.

Aber der Handel mit Finanzprodukten zwischen den Banken und zwischen jenen Institutionen, die sich der Aufsicht entziehen, ist im völlig luftleeren Raum durchgeführt worden. Dort gab es eben die großen Pleiten, die großen Überbewertungen, die große Reinlegerei. Die Amerikaner haben uns da wirklich reingelegt, das muss man so sagen, indem sie ihre notleidenden Immobilienkredite in Fonds verpackt, und an gutgläubige europäische und asiatische Institute verkauft haben. Dann sind die Immobilienwerte heruntergerasselt und auf einmal waren die Papiere nichts mehr wert. In dieser Pleitenentwicklung passiert die Ankoppelung der künstlichen virtuellen Finanzwirtschaft an reales Vermögen, indem tatsächlich Anleger Geld verlieren, Notverkäufe machen müssen, nicht mehr investieren können und sich auch dramatische Einzelschicksale abspielen.

Sonja Puntscher-Riekmann: Ich würde Ihnen gerne ein klein wenig widersprechen, was sozusagen die eindeutige Schuldzuweisung an die Amerikaner betrifft. Man könnte das natürlich auch umdrehen. Die Europäer waren nicht schlau genug, dieses Spiel zu durchschauen. Das spricht nicht unbedingt für uns. Im Übrigen hat der „Economist", die britische Wochenzeitung ab 2005 mindestens einmal im Jahr eine Titelstory zur Immobilienblase geschrieben und immer wieder darauf hingewiesen, dass es zum Verpacken fauler Kredite in Finanzderivate kommt, die auch die Europäer kaufen.

Aber erlauben Sie mir, diese Diskussion noch ein Stück weiter zu treiben: Wir haben ja in den letzten Jahren und das gilt mindestens seit der ersten Blase mit der New Economy, auch allen in Europa eingeredet, es gäbe eine völlig neue Form von Marktwirtschaft, in der der Staat keine Position mehr hat. Die Ironie der Geschichte ist, dass heute so sehr nach dem Staat gerufen wird wie noch nie und ohne staatliche Intervention in der Tat diese Weltwirtschaft in den Abgrund gefahren wäre. Auch auf europäischer Ebene wird ja nach staatlichen Funktionen gerufen, die eben strengere Regulative wieder einführen und nicht einfach alles der Selbstregulierungsfähigkeit des Marktes überlassen sollen. Was bedeutet diese Renaissance des Staatsdiskurses? Ist das etwas Längerfristiges oder nur jetzt als Feuerwehraktion gedacht?

Konrad Paul Liessmann: Wenn das so einfach zu beantworten wäre. Ich kann es sozusagen nur als Symptom betrachten und versuchen, das Symptom zu deuten. Momentan habe ich eher den Eindruck, es handelt sich um Feuerwehraktionen, die zum Teil berechtigt und notwendig gewesen sein mögen, die zum Teil aber auch für mich schon sehr seltsame – wie soll man sagen – zusätzliche Konnotationen haben.

Also ich kann mich manchmal des Eindrucks nicht erwehren, dass das auch ein Spiel ist, das so geht: Zuerst zockt man die Menschen ab, dann führt man sie in die Krise, dann ruft man den Staat zur Hilfe. Und die Abgezockten müssen, damit sie nicht vollends nackt dastehen, mit den Steuergeldern die Abzocker noch einmal finanzieren. Ja, das passiert ja momentan. Das heißt also, ich weiß nicht, ob diese Staatsinterventionen, die jetzt stattfinden, diese Rettungsaktionen alle den guten Sinn haben, eine aus den Fugen – der Marktwirtschaft – geratene wieder in geregelte Bahnen zurückzuführen. Das mag in manchen Fällen der Fall und notwendig sein. In anderen Fällen kann man das wahrscheinlich aber auch dann kritisch sehen.

Das Zweite ist, was mich so ein bisschen irritiert, wie schnell man hier von Marktversagen spricht. Der Markt hat ja nicht versagt. Sondern das Einzige was uns irritiert, ist, dass die Konsequenzen eines funktionierenden Marktes für viele Menschen, für ganze Gemeinschaften, für ganze Staaten offensichtlich nicht tragbar sind! Der Markt hat funktioniert. Die Lehmann-Brothers mussten Konkurs anmelden. Der Markt hat funktioniert. Banken, die sich verspekuliert haben, sind in die Krise geraten. Der Markt hat funktioniert. Autoindustrien, die auf völlig falsche Mobilitätskonzepte gesetzt haben, sind jetzt in der Krise. Würde man wirklich, wenn man „A" sagt, auch „B" sagen, würden die großen Prediger des Marktes einigermaßen ehrlich und konsequent sein, dann müssten sie sagen, der Markt funktioniert, die Banken sollen pleitegehen. General Motors soll pleitegehen, Chrysler soll pleitegehen, Magna soll pleitegehen! Es ist eben so, wenn man auf Marktwirtschaft setzt, hat man in Krisensituationen mit Millionen von Arbeitslosen, mit Hunger, mit Elend zu rechnen. Das ist der Markt! Wer das nicht will, soll aber dann auch nicht „A" sagen. Sondern er muss von allem Anfang an sagen, der Markt ist ein Mechanismus, der aufgrund seiner Krisenanfälligkeit immer dieses Potenzial, gerade weil er funktioniert, nicht, weil er nicht funktioniert, sondern weil er funktioniert, hat er dieses negative Potenzial. Und wer das nicht in Kauf nehmen will, aus sozialethischen Gründen, aus politischen Gründen, vielleicht auch aus Gründen des Friedens. Ich meine, Bürgerkriege sind auch keine lustige Angelegenheit, muss man sagen, wer das alles nicht will, der hätte sich dann von allem Anfang an überlegen sollen, wo der Markt tatsächlich funktionieren kann, ohne diese negativen Konsequenzen zu haben und wo er tatsächlich Kontrollen und Rahmenbedingungen braucht, die ihn in der Art und Weise, sozusagen nicht sich selbst überlassen können.

Jetzt ist gerade diese Sache mit den Finanzmärkten etwas, was nicht vom Himmel gefallen ist. Das sind keine Naturgesetze, sondern es wurden ganz bewusst seit den späten 80er-Jahren alle Finanzregulierungsinstrumente außer Kraft gesetzt, in der Hoffnung darauf, das Funktionieren des Marktes bedeutet, er wird zu steigendem Wohlstand für alle auf ewige Zeiten führen. Dass das nur Illusion war, hätte man wahrscheinlich auch ohne tiefgründiges Volkswirtschaftsstudium schon vor zwanzig Jahren wissen können. Aber wir alle haben an diese Illusion geglaubt und wir haben daran glauben wollen. Weil steigender Wohlstand für alle, das ist doch ein wunderbares Konzept, nicht? Und wenn das der Markt schafft, dann soll man es ihn doch tun lassen! Ja, das heißt, es war zum Teil schon auch unser Wille, uns diesen Marktillusionen hinzugeben, der dieses an sich in Europa auch entwickelte und zum Teil ja auch recht gut funktionierende sozialmarktwirtschaftliche Konzept eruieren. Da kann man natürlich schon sagen, sind die Verantwortlichen in Europa nicht ganz davon freizusprechen. Sie haben mitgespielt. Und ich glaube, die Europäische Union hat ja durchaus, weil das die Eingangsfrage war, hat ja durchaus eine höchst ambivalente und widersprüchliche, ich sage es noch einmal, Funktion, und ich sage es noch einmal, erscheint zumindest widersprüchlich.

Da kann man sich des Eindrucks nicht erwehren, dass es natürlich der Europäischen Kommission auch um Wettbewerb, um Deregulierung, um Etablierung dieser Finanzmärkte gegangen ist. Dass das natürlich Maßnahmen waren, die in erster Linie den freien Kapitalverkehr unterstützen sollten und auf der anderen Seite völlig unmarktwirtschaftlich gedacht, ist die Europäische Union wahrscheinlich die Institution, die so viel reguliert wie sonst niemand auf der Welt. Nur werden da Dinge reguliert, wo man sich fragt, muss man mich jetzt wirklich zwingen, auf Sparglühlampen umzusteigen? Könnte man das nicht dem freien Markt überlassen? Ist es nicht so, wenn die wirklich effizienter und besser sind, dass der freie Markt die Bürger schon dazu bringen wird, das Effizientere und Bessere zu kaufen oder muss ich hier über ein ganz normales Produkt, das überall angeboten werden kann, zu einem bestimmten Kaufverhalten gezwungen werden? Also das Gegenteil von

Markt ist, den Menschen durch Gesetze zu einem Kaufverhalten zu zwingen! Die Europäische Union macht beides.

Sie liberalisiert auf der einen Seite, im Dienste offensichtlich auch von sehr kapitalintensiven Strategien und auf der anderen Seite reguliert sie die Dienste, dass sie Konsumverhalten, Kaufverhalten ihrer Bürger in hohem Maße versucht zu regulieren. Und ich glaube, das wird aus guten Gründen tatsächlich einerseits als Widerspruch und auf der anderen Seite natürlich auch als gewisses Defizit der Europäischen Union empfunden, nämlich in der Hinsicht, dass wir von einer europäischen Politik im Bereich der Steuergesetzgebung, der Sozialgesetzgebung, integrativer Aktionen noch relativ wenig spüren. Was die Menschen hören, ist Wettbewerb, Wettbewerb, Wettbewerb! Das ist alles. Und wenn es hier aufgrund dieser Finanz- und Wirtschaftskrise sozusagen zu einem Einbruch dieses Denkens kommt und zu einer Neu- oder Umorientierung, dann wäre das natürlich sehr, sehr begrüßenswert und müsste die europäische Perspektive auch unter den Aspekten diskutiert werden: Erstens, was bedeutet das für Europa, auch als eine soziale Gemeinschaft und nicht nur als eine Wirtschaftsgemeinschaft. Wo sind die Grenzen des Wettbewerbs, des Marktes, auch in Europa selbst. Und auf der anderen Seite hochinteressant jetzt in dem Zusammenhang, was bedeutet diese Krise tatsächlich für Europa als einen Verband noch immer von Staaten. Und wir haben hier ganz interessante ebenfalls höchst ambivalente Gesichtspunkte zu beobachten. Auf der einen Seite war wahrscheinlich, wer hätte es je gedacht, die Zustimmung zum Euro noch nie so groß wie jetzt in dieser Krisenzeit. Ist ja auch ganz klar. Plötzlich fühlt man sich in einer großen Währung, die gegenüber dem Dollar immer wieder gewinnt, besser aufgehoben als in einer kleinen Währung. Wenn man denkt, die Schwedenkronen in der Krise, womöglich bald der Schweizer Franken in der Krise. Gott sei Dank haben wir keine Frankenkredite, sondern Eurokredite, nicht, wie wir heute wissen. Das ist das Eine.
Das Andere, diese ganzen Hilfsaktionen, die jetzt gestartet werden, sind nationalstaatliche Aktionen, die natürlich von den in diesen Staaten lebenden Bürgern über ihr Steueraufkommen in den nächsten Jahren und Jahrzehnten werden beglichen werden müssen. Da gibt es keinen europäischen Plan. Da gibt es Staatsmänner und -frauen, die sich darauf versucht haben zu einigen und ihre Pakete sinnvoll aufein-

ander abzustimmen. Mit durchaus vorhandenen Differenzen. Sarkozy und Merkel waren durchaus nicht ein Herz und eine Seele, was diese Strategien betrifft und aber auf der anderen Seite sind das klassische staatsintervenistische Nationalstaaten, die zwar europäisch abgestimmt sein mögen, aber keine europäischen Aktionen darstellen. Also in dem Sinne, ich fürchte, dass diese Krise zu einer Neureflexion der Nationalstaaten im Kontext des europäischen Staates selbst wird. Es hätte nie jemand noch vor zwei Jahren gewagt zu prophezeien, dass die europäischen Staaten einmal nicht nur gezwungen sein werden, sondern unter dem Beifall auch der Öffentlichkeit zu solchen nationalen interventionistischen Politiken zurückgreifen können oder müssen.

Wilfried Haslauer: Vielleicht ein ganz konkretes Beispiel. Oder anhand eines konkreten Beispieles ein Dilemma aufzeigen, das uns unmittelbar betrifft hier in Salzburg, das ist die Papierfabrik in Hallein. Gehört einem finnischen Konzern, M-real. Ein Konzern, der neun Papierfabriken europaweit betreibt und dort fein gestrichene Papiere produziert. Am Weltmarkt sind Überkapazitäten vorhanden. Die Nachfrage ist zu gering, um diese Überkapazitäten auszulasten. Was macht M-real? Es verkauft einen Großteil dieser Fabriken an einen Mitbewerber, den südafrikanischen Sappi-Konzern, der sich einige Millionen Tonnen Papierproduktion damit kauft, 750 Millionen Euro dafür bezahlt und zusätzlich vereinbart, dass M-real unter anderem das Werk in Hallein schließen muss, um weniger Produktion am Markt zu haben. Freie Marktwirtschaft möchte man meinen, das können die Zwei vereinbaren. Das ist nach meinem Begriff eine unzulässige Beeinflussung des Wettbewerbes, zumal ein dritter Käufer so wie im Fall Hallein, vorhanden ist, der bereit ist, diese Papierfabrik zu kaufen, um dort weiter Papier zu produzieren und am Wettbewerb teilzunehmen. Ich glaube schon, dass die Europäische Union mit ihren Wettbewerbsregeln hier eingreifen muss. Und jetzt stellt sich die Frage, was kann ein kleines Land wie Österreich oder wie Salzburg bei der Marktregelung, der Marktbeeinflussung zweier so großer Konzerne machen? Was kann die Politik hier machen, außer Verhandlungen zu führen, öffentlichen Druck zu entwickeln und so weiter?

Uns bleibt nur der Weg zu den europäischen Rechtsinstanzen. Uns bleibt nur, so lästig zu sein, dass die Finnen und die Südafrikaner dann sagen, bitte lasst uns in Ruhe mit diesen Österreichern, die sollen diese kleine Papierfabrik in Hallein betreiben, damit nur ja nicht das große Geschäft platzt. Das ist die einzige Möglichkeit, die wir haben. Ob wir dabei erfolgreich sein werden, weiß ich nicht.

Sonja Puntscher-Riekmann: Ich würde gerne dazu noch ein paar kritische Bemerkungen machen. Lassen Sie mich mit einer Überspitzung beginnen. Die Union gibt es nicht. Die Union ist das, was die Mitgliedsstaaten wollen, dass sie ist. Und wenn ich jetzt diese Argumentationslinie aufnehmen darf: Die Wettbewerbspolitik ist das, was die Mitgliedsstaaten in die Römischen Verträge geschrieben haben. Und es gibt Wirtschaftshistoriker, die zur Europäischen Union folgendes Bild zeichnen: Die sechs Gründungsstaaten haben nach 1945 oder beginnend mit der Gründung der Kohle- und Stahlgemeinschaft von 1952 den sogenannten Ordoliberalismus an die europäische Ebene delegiert. In den Mitgliedsstaaten selbst aber wurde eine zum Teil ganz andere Politik gemacht, nämlich eine, die nicht oder nur ansatzweise jene Wettbewerbspolitik im Auge hatte, die in den europäischen Verträgen stand. Damit wurde die Kommission sozusagen zur obersten Wettbewerbshüterin und damit zu einer Institution, mit der sich die Mitgliedsstaaten mehr oder weniger gut selbst diszipliniert haben ... Ich kann jetzt nicht in die Details dieser Geschichte eintreten, denn sie ist lange und kompliziert. Aber wenn ich mir allein anschaue, wie sich die Mitgliedsstaaten erfolgreich gegen die Interventionen der Kommission bei Gewähren von Staatsbeihilfen gewehrt haben und eine Staatsbeihilfenpolitik auch noch in den 80er-Jahren gegen den Willen der Kommission betrieben haben, dann ist das eine beeindruckende Geschichte von Doppelbödigkeit.

Das heißt, Mitgliedsstaaten haben diese Wettbewerbspolitik immer im Auge gehabt, sie wollten sie nur nicht selbst gegen die eigenen Unternehmer, gegen die eigenen Bürgerinnen und Bürger durchsetzen und gaben diese heiße Kartoffel an die Europäische Kommission weiter. Auch dort, wo Liessmann die Regulierungswut der Kommission anspricht: Wenn man auf einzelne Kommissionsakte genau blickt, dann wird man sehen, dass diese ohne Zustimmung der Mitgliedsstaaten überhaupt nicht durchsetzbar wären und die Mitgliedsstaaten wiederum die Kommission zum Sündenbock für alles machen, was sie selbst nicht wagen, vor den eigenen nationalen Öffentlichkeiten zu rechtfertigen. Und das Zweite ist, dass die Kommission immer wieder zum Opfer unter Anführungszeichen von Lobbyismus wird. Ich sage „Opfer" unter Anführungszeichen, denn sie könnte sich ja auch dagegen verwahren. Also insofern ist sie schon in die Pflicht zu nehmen. Aber auch das Glühlampenproblem wie im Übrigen eine ganze Reihe von anderen Problemen entsteht dadurch, dass die Kommission erfolgreich zur Zielscheibe von Interventionen wird.

Eines meiner Lieblingsbeispiele in diesem Zusammenhang sind immer die beheizbaren Schwimmreifen. Die Kommission hat eines Tages eine Verordnung erfunden, dass alle Schwimmreifen in Europa beheizbar sein müssen. Das Ding kam zu Fall, wie Ihnen vielleicht aufgefallen ist, Sie werden nicht gezwungen, beheizbare Schwimmreifen zu kaufen. Die Kommission kam zu dieser Aktion schlichtweg unter Druck skandinavischer Schwimmreifenhersteller, die dort eben durch ein Einfallstor, das ich jetzt nicht rekonstruieren könnte, ein offenes Ohr eines Kommissionsmitgliedes fanden, das meinte, ja das wäre eine gute Idee, denn in den Meeren des Nordens wurden beheizbare Schwimmreifen verkauft. Ich erzähle Ihnen das zur Illustration, dass diese Dinge nicht immer in der Kommission geboren und durchgesetzt werden.

Erlauben Sie mir noch einen letzten Satz zum Beispiel von Hallein. Ich würde sagen, das ist einfach die logische Folge globaler Märkte. Und Globalisierung, würde ich sagen, ist auch die logische Folge freier kapitalistischer Marktwirtschaft. Das 19. Jahrhundert hat im Übrigen einen Grad an Globalisierung erreicht, der dann mit dem Ersten Weltkrieg, mit den protektionistischen Politiken der Zwischenkriegszeit und dann natürlich noch viel stärker im Zuge der verschiedenen Faschismen temporär rückgängig gemacht und erst nach 1945 wieder aufgenommen wurde.

Das Kapital drängt immer auf die globalen Märkte und nicht nur auf die regionalen. Oder die regionalen sind Spielbälle eines globalen Denkens. Ist dagegen ein Kraut gewachsen, indem wir jetzt an die Kommission appellieren, sie möge Staatshilfen zulassen?

Wilfried Haslauer: Es geht nicht um das Thema der Staatshilfen. Speziell in Hallein nicht. Es geht darum, dass zwei Große sich ausmachen, auf dem Rücken von 750 Mitarbeitern in dem Fall in Hallein den Markt zu bereinigen, obwohl jemand da wäre, der zu vernünftigen Konditionen dieses Werk kaufen und in den Wettbewerb eintreten würde. Das ist die Thematik. Das hat mit staatlichen Beihilfen absolut nichts zu tun.

Und natürlich: Das Dilemma besteht darin, dass die Politik, auch die Wirtschaftspolitik chauvinistisch ist. Überhaupt keine Frage. Was wir machen in der Wirtschaftsförderungspolitik ist auch an der Grenze der Zulässigkeit der europäischen Richtlinien und Förderpolitik, wenn wir mit allen Kräften versuchen, Betriebe hier anzusiedeln, Arbeitsplätze zu schaffen und wir sind dabei sehr erfolgreich. Auch wenn es jetzt eine Delle gibt.

Und wer erinnert sich noch an den berühmt berüchtigten Lombardklub in Wien, als sich die Bankdirektoren allmonatlich zum Frühstück getroffen haben und die Finanzierungssätze absprachen, bis die EU mit der Wettbewerbsbehörde dem Spuk ein Ende bereitet hat. Das war damals ein Kavaliersdelikt. Hat ja niemand wirklich mit einem Unrechtsgehalt gesehen. Man hat über die verbotenen Absprachen sogar brav, wie es in Österreich üblich ist, schriftliche Aktenvermerke und Korrespondenz aufgezogen. Das zeigt schon, dass gravierende verbotene Wettbewerbsverstöße nicht einmal mit persönlichem Unrechtsbewusstsein ausgestattet sind.

Sonja Puntscher-Riekmann: Möchten Sie, Herr Liessmann, dazu etwas sagen?

Konrad Paul Liessmann: Ja. Ich kenne jetzt das Halleiner Beispiel im Detail nicht, aber ich fürchte, es ist schon sozusagen, im Kleinen wird hier ein Problem aufgeworfen, was ein großes Problem ist. Prinzipiell würde ich sagen, Marktwirtschaft funktioniert nur unter der Voraussetzung Verfügungsgewalt über Eigentum. Wenn diese Papierfabrik einem finnischen Konzern gehört und der will sie irgendjemandem verkaufen, dann kann er die dem verkaufen und der kann dann damit machen, was er will, egal, ob es andere Käufer gibt oder nicht. Wenn ich etwas verkaufen will, kann ich es auch jemandem verkaufen, der weniger zahlt als ein anderer Bieter, aus irgendwelchen Gründen. Das ist die

Freiheit der Verfügungsgewalt. Auch eine sozusagen europäische Tradition stammt aus dem römischen Eigentumsbegriff. Man kennt auch andere Eigentumsbegriffe in der Geschichte. Das ist nicht unserer. Das heißt also, da – würde ich sagen – muss man aufpassen.

Aber was dahinter zum Ausdruck kommt, ist natürlich etwas, was ja auch die Geschichte der Globalisierung auch vor 1945, wie du das angeschnitten hast, völlig zu Recht angeschnitten hast und was die Gegenwart betrifft: Viele Ökonomen und Globalisierungstheoretiker gehen davon aus, dass die Welt tatsächlich nur aus dem Homo oekonomicus besteht und wir praktisch nur noch die Wirtschaft haben und den Markt und sonst nichts. Das Dumme ist, wir haben auch sonst noch etwas, zum Beispiel politische Gemeinschaften. Die sind jetzt nicht unabhängig davon, die sind auch nicht deckungsgleich. Nationale Volkswirtschaften, den von Fichte beschriebenen geschlossenen Handelsstaat hat es nie gegeben, auch nicht in der Frühphase des Kapitalismus, gerade dort nicht. Aber es hat halt natürlich immer, verbunden mit ganz bestimmten Marktmechanismen, mit Wirtschaftsformen verbunden, hat es natürlich immer politische Interessen gegeben, die man auch nicht so kalkulieren kann wie ökonomische Märkte.

Und jetzt haben wir selber ein wunderbares Beispiel, ich sage nur die europäische Gasversorgung. Was mich wundert, ist, warum gibt es überhaupt eine Diskussion. Man hat uns doch jahrzehntelang eingeredet, wir leben in einer globalisierten Welt. Die Vorstellung, irgendein Staat oder irgendeine Gemeinschaft muss in irgendeiner Hinsicht autark sein, ist so was von gestrig. Es ist völlig klar. Es ist Arbeitsteilung, weltweit. Es fordert ja auch keiner, dass wir unsere Hemden wieder selber nähen. Das machen doch die Chinesinnen für uns. Und das ist gut so und das wissen wir. Und warum sollen wir selber nach Erdgas buddeln, wenn die Russen zu viel davon haben und es eh exportieren wollen, bislang zumindest zu relativ kulanten Preisen. So funktioniert ja das. Und rein ökonomisch betrachtet, versteht man die ganze Diskussion nicht, weil wir alle wissen, die russische Volkswirtschaft hängt in hohem Maße von Erdgas oder Gasexporten ab und das ist ihre wichtigste Einnahmequelle. Also ökonomisch rational wäre es nicht, diese Einnahmequelle auf längere Zeit abzuschneiden. Aber was man vergisst: Es gibt auch die Politik. Es gibt Konkurrenzen zwischen Staaten. Es gibt einen langen, seit 1971 oder noch weiter in die Geschichte zurückreichenden Konflikt zwischen der Ukraine und Russland. Es gibt sozusagen die Neuaufteilung ökonomischer und politischer Macht in Europa durch die Ausdehnung der Grenzen der EU bis hin an die Grenzen Russlands. Und plötzlich wird etwas ökonomisch, es ist völlig irrational, was da passiert. Einer hat etwas, der andere will es. Der Markt regelt das normalerweise auf die Art und Weise wie auch bisher. Wird das jetzt plötzlich zu etwas, was man nur mehr unter politischen Kategorien versteht und nicht mehr unter ökonomischen Kategorien? Das heißt gerade die Verwerfungen der Globalisierung, genau solche Beispiele im Kleinen und das, was jetzt die europäische Gasversorgung betrifft, im Großen wird man unter rein ökonomischen Kategorien nie verstehen, weil es ökonomisch irrational ist, was hier zum Teil passiert, politisch aber sehr wohl.

Und die Indienstnahme, der Einsatz auch von ökonomischen Potenzen, egal ob die jetzt privatwirtschaftlich organisiert sind oder halbstaatlich organisiert sind. Die amerikanische Autoindustrie, wie wir heute wissen, ist auch keine rein privatwirtschaftliche Veranstaltung, sondern war immer verknüpft mit amerikanischen Interessen. Von der Luftfahrtindustrie ganz zu schweigen. Es glaubt doch kein Mensch, dass Boeing sich am freien Markt einfach so als kleiner Privatunternehmer bewegt.

Das heißt also, diese Verknüpfung von ökonomischen und politischen Interessen bildet noch einmal eine andere Schicht gegenüber den reinen Märkten, und erklärt dann natürlich auch divergierende Interessen, wie Sie sie jetzt geschildert haben. Natürlich hat ein Staat, hat eine Region oder Gemeinschaft legitime Interessen der Versorgung der Bevölkerung, des Erhaltens von Arbeitsplätzen und dergleichen mehr. Die Frage ist sozusagen, wie hier die Abstimmung der Regeln zu den privat zu organisierenden Märkten passiert und wie die geschehen und da ist einiges, wenn man so sagen will, in den letzten Jahren in Bewegung geraten.

Sonja Puntscher-Riekmann: Wobei dann bei der Gasversorgung mit Russland auch noch dazukommt, dass jeder westeuropäische Staat versucht, seine eigenen, lange existierenden guten Beziehungen zu Russland ins Treffen zu führen. Also der Grund, warum es keine europäische Energiepolitik gibt, hat genau damit zu tun, dass jeder versucht, das Problem bilateral zu lösen.

Konrad Paul Liessmann: Wobei mich wundert, dass auch Deutschland leidet. Denn man fragt sich, wozu haben die den Gerhard Schröder zum Aufsichtsratvorsitzenden von Gazprom gemacht, wenn es jetzt kein Gas gibt? Nicht?

Sonja Puntscher-Riekmann: Gut. Ich will jetzt die etwas schwierige Brücke zur Frage der Kultur bauen. Und ich würde versuchen, die Brücke wie folgt zu konstruieren: Zum einen stellt sich die Frage, welche Kulturpolitik ist unter den Bedingungen, die wir bisher geschildert haben, überhaupt noch möglich, und ich meine vor allem die finanzpolitischen und wirtschaftspolitischen Bedingungen. Das Zweite ist: Es gibt nicht zuletzt unter der Ägide Frankreichs einen Konsens, die Union soll keine Kulturpolitik machen.

Kulturpolitik, so heißt es, ist die Aufgabe der Nationalstaaten, geboren nicht zuletzt aus der Angst vor Homogenisierung, vor Erosion der Sprachenvielfalt. Das Englische ist ohnehin die dominante Sprache auf der ganzen Welt geworden und das gilt daher auch für Europa. Andererseits wird aber die Vielfalt auch der Sprachen als europäisches Kapital beschworen.

Zugleich stehen wir alle unter dem hegemonialen Einfluss der US-Kulturpolitik vor allem in Form des Films, in Form der Videogames und Ähnlichem mehr. Wie lässt sich da überhaupt dieser Diskurs der Differenz aufrechterhalten? Ist das nicht im Grunde genommen nostalgischer Unfug und Schnee von gestern?

Wilfried Haslauer: Wir sitzen hier in einem interessanten Gebäude, dem Festspielhaus. Errichtet in den 60er-Jahren, Ende der 50er-Jahre, als es eigentlich darum ging, in einer zerstörten Stadt mit einem gigantischen Wohnungsbedarf Wohnungen zu bauen. Und dennoch hat sich die Politik damals entschlossen, sehr viel Geld in den Bau dieses Festspielhauses mit ausufernden Kosten zu investieren. Wenn man die Geschichte des Baus liest und die Diskussion, welche er im Landtag ausgelöst hat, ist es höchst erstaunlich, mit welchem politischen

Mut der damalige Landeshauptmann Klaus dieses Projekt durchgezogen hat.

Ich erwähne das deshalb, weil doch die Frage im Raum steht, wie viel Geld man in der Zeit der Krise in Kultur zu investieren bereit ist. Und das Wort „investieren“ muss man natürlich ein bisschen infrage stellen, ob das die richtige Wortwahl ist. Eine Fragestellung, die nicht ganz neu ist, die hat es immer wieder gegeben. Die Geschichte zeigt, meine ich, dass Investitionen in die Kultur die besten der langfristigsten Investitionen sind.

Wir haben zum Beispiel ein ganz unterschiedliches System im Verhältnis zu den USA. Beim MoMA, Museum of Modern Art in New York, wurde ein Anbau für ungefähr 100 Millionen Dollar, also rund eine Milliarde Schilling, errichtet. Die öffentliche Hand hat nicht einmal 20 Prozent beigesteuert. Der Rest kam aus einer Sponsorenschicht mit großer Sponsorentradition. Dieses System leidet jetzt natürlich extrem. Und das Phänomen des Staates mit seinen interventionistischen Instrumenten findet vor allem in der Kulturpolitik jetzt auch eine Renaissance und die lauten Rufe nach den privaten Sponsoren, die mehr oder weniger ausschließlich ohne den Staat den Kulturbetrieb aufrechterhalten sollen, sind doch merklich leiser geworden. Denn mit privaten Sponsoren steht natürlich auch immer deren Einflussnahme in den Kulturbetrieb in programmatischer Hinsicht auf der Tagesordnung. Wer bezahlt, möchte ganz gerne auch mitreden. Und der Staat, die öffentliche Hand, als Hauptfinanzier des Kulturbetriebes garantiert in gewissen Grenzen doch die Freiheit des Kulturbetriebes.

Natürlich hat sich durch die diversen Sparkurse bei uns in der letzten Zeit, auch und gerade bei den Festspielen, herausgestellt, dass ohne private, ohne institutionelle Sponsoren der Betrieb nicht aufrechtzuerhalten wäre. Wir haben heute bei den Festspielen weniger Subventionen als noch vor acht, neun Jahren und zwar sowohl prozentual als auch nominell. Dass die Festspiele dennoch erfolgreiche Saisonen in künstlerischer und kaufmännischer Hinsicht schaffen, ist eine Erfolgsgeschichte. Ich glaube, und da sind wir wieder bei der Identität, dass gerade im Bereich der kulturellen Identität das Thema der Kunst, der Kultur, ihrer Weiterentwicklung auch ein spezifisch salzburgisches Thema ist, das es lohnt, einmal einen ganzen Abend lang zu diskutieren, auch mit ihren Verwerfungen, mit ihren Neudefinitionen auch in der darstellenden, der bildenden Kunst. Aber in Zeiten der Krise gibt es für mich eine ganz klare politische Aussage: Die Krise und die Beiträge der öffentlichen Hand zur Bewältigung der Krise dürfen nicht am Rücken der Kunst ausgetragen werden.

Sonja Puntscher-Riekmann: Kultur ist ja ein weiter Begriff. Ich neige immer dazu, zu sagen, wir wissen gar nicht, was Kultur wirklich ist. Es sei denn, wir sagen, es ist das Gegenteil von Natur. Das scheint mir dann aber wiederum alles zu umfassen. Aber ich glaube, wir können uns darauf einigen, dass zur kulturellen Frage eines Landes, einer Region, auch die Bildungsinstitutionen, die Universitäten gehören.

Konrad Paul Liessmann hat sich ja in der Öffentlichkeit auch als heftiger Streiter für die klassische Universität und gegen eine ganze Reihe von Maßnahmen, die die Bildungseinrichtungen modernisieren wollten, hervorgetan. Als Angehörige des Rektorats dieser Universität könnte ich auch ein langes Lied davon singen. Also wenn wir jetzt einerseits den Kulturbetrieb, so wie Dr. Haslauer das jetzt definiert hat, als den einen Pol betrachten, aber die Bildungseinrichtungen als einen zweiten Pol, dann würde ich gerne gerade in dieser Frage das Wort Herrn Liessmann erteilen.

Konrad Paul Liessmann: Gerne. Zuerst nur eine ganz kurze Anmerkung zu dem, was Sie gesagt haben. Das stimmt natürlich alles. Und jetzt im Kulturbetrieb merken wir, das Erste, was wegbricht, sind die privaten Sponsoren. Man könnte nur sagen, dass die privaten Sponsoren hier sehr voreilig ihre Gelder abziehen, denn das Einzige, was von ihnen bleiben wird in der Geschichte, wird ihr Engagement für Kunst sein!

Die Lehmann-Brothers als Bank gibt es nicht mehr. Aber der Flügel, den sie dem Metropolitan Museum in New York gespendet haben, der wird ihren Namen in alle Ewigkeit tragen. Genauso: Das Geld der Medici ist schon lange weg. Ja, aber das, was sie für die Kunst getan haben, für Michelangelo getan haben, die Gebäude, die sie errichten haben lassen, die tragen ihren Namen in alle Ewigkeit fort. Also Appell: Sollten potenzielle Sponsoren hier sitzen, die auch überlegen, ob sie ihr Geld zurückziehen. Tun Sie es nicht! Wenn Sie etwas für Ihre Unsterblichkeit tun wollen, finanzieren Sie auch um den Preis des eigenen Ruins momentan etwas in die Kunst. (Gelächter) Das haben übrigens genau diese großen Mäzene etwa der Renaissance getan. Also die haben sich noch für die Kunst so sehr verschuldet, dass das ihren finanziellen und ökonomischen Ruin bedeutet hat, nicht umgekehrt. Dass sie zuerst ruiniert worden wären und dann haben sie sich aus der Kunst zurückgezogen. Sondern das war noch Enthusiasmus, das war noch Engagement. So etwas würde man sich wünschen.

Nachdem es das nicht mehr gibt, ist völlig klar, dass das eine öffentliche Angelegenheit ist und sein muss, wobei man sehr lange die Frage diskutieren könnte und müsste, welche Art von Kunst, welche Art von Kultur tatsächlich öffentlich finanziert oder unterstützt werden muss. Im Bereich der Populär-, du hast es angeschnitten, im Bereich der Popularkultur funktioniert ja der globale Markt und zwar in einem atemberaubenden Sinne und ist übrigens auch nicht so vereinheitlicht, wie man denkt. Also es ist auch hier, auch in der Popkultur ist Platz für eine bestimmte Form auch von Diversifizierung und von Differenz und auch die Hollywood-Filme gleichen sich nicht alle wie ein Ei dem anderen, obwohl bestimmte Schematismen sich hier natürlich durchsetzen. Aber das ist nicht unser Thema.

Was die Bildung betrifft, glaube ich, ist etwas ganz interessant, was sich auch von der Kulturdiskussion unterscheidet. Weil wenn man ernsthaft über öffentliches Engagement in Kunst- und Kulturfragen diskutiert, dann muss man sich wirklich diese Frage stellen, wie viel an vordergründig Überflüssigem können wir uns leisten? Ja, Kultur würde ich ganz einfach definieren, das ist das, was es sonst noch gibt, wenn alles andere erledigt und befriedigt ist. Also alle ökonomischen, alle politischen, alle rechtlichen, alle sexuellen Bedürfnisse sind befriedigt und dann ist da noch etwas. Ja, Kunst und Kultur. Deshalb sind Kunst und Kultur immer auch das Erste, das unter die Räder kommt, wenn bei den anderen Bedürfnissen Schwierigkeiten auftreten und man draufkommt, jetzt ist es kalt, jetzt muss man an das Heizen denken und jetzt ist weniger Zeit oder Muße dafür. Was eben auch damit zu tun hat, dass meines Erachtens zumindest der europäische Kunstbegriff, und da ist am Anfang schon drauf verwiesen worden, untrennbar verbunden ist mit der Idee des Schönen. Kultur ist das, was kultiviert in einem ästhetischen Sinne ist. Und das, fortgetrieben zu einer Selbstbezüglichkeit, hat zur europäischen Form der Kunst geführt. Einer Kunst, die um ihrer selbst willen goutiert wird, was es sonst übrigens in keiner Kultur gibt.

Franz Welser-Möst hat einmal bei einem Vortrag hier in Salzburg die interessante Bemerkung gemacht, dass die Idee der absoluten Musik, also wenn man sich irgendwo einfindet, und ohne rituellen Hintergrund, ohne dass es ein religiöses Ritual ist, ohne dass es ein politisches Ritual ist, ohne dass man dazu marschiert oder tanzt, einfach nur Musik um der Musik willen hört, dass das tatsächlich eine genuin europäische Identität ist. Musik haben alle Völker, haben alle Kulturen. Aber sie haben sie immer eingebettet gehabt in ganz bestimmte religiöse, lebenspraktische, sehr oft auch militärische oder andere Rituale, Trauer, Freude-, Tanzfeste. Ja, aber Musik um der Musik willen ist eine späte und eine genuin europäische Errungenschaft, die unseren Kunstbegriff ausmacht und gerade in Salzburg, glaube ich, kann man darüber mit Fug und Recht diskutieren: Die Festspiele leben gerade von dieser Idee und von keiner anderen! Wurden gerade aus dieser Überlegung heraus gegründet.

In der Bildung ist es etwas anderes. In der Bildung lässt sich nämlich tatsächlich unter dem Gesichtspunkt diskutieren – Sie haben früher das Wort in Bezug auf Kultur ja mit Recht unter Anführungszeichen verwendet. Bildung lässt sich diskutieren unter dem Gesichtspunkt der Investition für die Zukunft. Man kann Bildung, es wird immer so getan, als rein ökonomisches Problem sehen. Bildung ist nichts anderes als Pflege und Vermehrung von Human- und Sozialkapital.

Davon wird unsere Wirtschaft abhängig sein, wie gut ausgebildet die jungen Menschen sind. Davon wird die Prosperität und das Funktionieren der EU zum Teil abhängig sein, wie viel Erfahrung, wie viel Bildung, wie viel Wissen, wie viel Kompetenzen die jungen Menschen im Laufe ihrer Ausbildungsgänge erreichen können. Das heißt also, bei Verknappung im Bildungsbereich könnte man tatsächlich im Gegensatz zum Kunstbereich knallhart ökonomisch argumentieren und sagen, hier zu sparen, das ist tatsächlich aus ökonomischen Gründen ein Fehler, weil wir uns damit die Potenziale der nahen Zukunft abgraben.

Falsche Bildungspolitik rächt sich ja binnen weniger Generationen! Das wissen wir. Oder weniger Jahre, so könnte man sagen, binnen Schüler- oder Studentengenerationen, müsste man sagen. Eine falsche Universitätsreform und die Zukunftsmöglichkeiten von jungen Menschen sind in Fünf-Jahres-Schritten ruiniert. Das heißt also, hier könnte man durchaus auf dieser Ebene argumentieren. Ich selber bin ja der Ansicht, dass die europäische Bildungsidee, zumindest die kontinentaleuropäische Bildungsidee in ihren unterschiedlichen Ausprägungen eben tatsächlich nicht nur unter diesem Gesichtspunkt von mir und von Humankapital zu sehen ist, sondern eben sehr, sehr viel mit dem hat, und da schließen sich die beiden Bereiche jetzt wieder aneinander an, sehr viel mit dem zu tun hat, was man etwa im Kontext des deutschen Idealismus ästhetische Bildung genannt hat. Also der Gebildete ist genau gleichzeitig derjenige, der das Sensorium entwickelt und diese Sicherheit im Geschmack entwickelt, die es ihm erlaubt, dann Kunstwerke zu genießen. Das heißt, die Kunst braucht den Gebildeten, der Gebildete braucht die Kunst.

Nur um ökonomisch zu funktionieren, brauche ich beides nicht. Ich halte nicht sehr viel von diesen Theorien, die sagen, er muss schon Musikunterricht machen, weil man die Erfahrung gemacht hat, dass Menschen, die eine Ahnung von Musik haben, auch die besseren Manager sind. Das mag sogar empirisch nachweisbar sein, ist aber meines Erachtens trotzdem eine schlechte Argumentation für die Musik. Also die Musik muss aus sich heraus, selbst aus sich heraus als Wert empfunden werden können und nicht weil sie irgendwelche Gehirnvorgänge hilft zu beschleunigen. Das mögen nützliche Nebeneffekte sein, das ist aber nicht das Zentrum dessen.

Deshalb würde ich auch im Bereich der Bildung dafür plädieren, auf der einen Seite natürlich diesen Aspekt der Ausbildung, des ökonomischen Potenzials, des politischen Potenzials, das drinnen steckt, nicht außer Acht zu lassen, weshalb natürlich die politische Bildung einen ganz wesentlichen Aspekt ausmachen muss. Und aber auf der anderen Seite muss man sich auch darüber klar sein, dass es Aspekte, Komponenten der Bildung gibt, der Persönlichkeitsbildung, der Geschmacksbildung, der Bildung von ästhetischen Sensibilitäten, die in dieser rein ökonomischen Rechnung nicht aufgehen und die gerade deshalb auch ein öffentliches Anliegen sein müssen. War natürlich jetzt ein Plädoyer für die Stärken der musischen Fächer, wer es vielleicht nicht so herausgehört hat! (Beifall)

Sonja Puntscher-Riekmann: Wobei es ja interessant ist zu sehen, dass es weniger die musischen Fächer sind, die zu wenig Studierende anziehen, sondern die naturwissenschaftlichen Fächer. Wir haben ja viele eher das Problem des Mangels an Physikern und Chemikern. Und es sind die Techniker, die uns fehlen. Es gibt eine Tendenz in Richtung schöngeistiger Fächer, diese sind überlaufen und nicht jene, die sich längerfristig ökonomisch besser lohnen.
Herr Dr. Haslauer! Sie haben ja auch mitgewirkt, dass die Universität Salzburg ein ingenieurwissenschaftliches Studium eingerichtet hat. Sie würden vielleicht hervorheben, dass es dies war, was uns gefehlt hat.

Wilfried Haslauer: Na ja. Es ist sicher ein Defizit, das wir speziell in Salzburg haben. Wir haben keine Technische Fakultät. Wir hatten keine Medizinische. Jetzt haben wir eine Medizinische Privatuniversität, die sehr erfolgreich agiert. Und unseren Betrieben gehen schlicht und einfach die Techniker ab und auch jetzt in diesen wirtschaftlich schwierigeren Zeiten ist ein gigantischer Bedarf an Technikern vorhanden, der momentan immer noch nicht befriedigt werden kann. Es laufen die verschiedensten Programme unter den verschiedensten Abkürzungen. Diese Abkürzungen sind auch ein Phänomen unserer Zeit. Eines heißt zum Beispiel MUT – Mädchen und Technik. Da versucht man also, Mädchen in technische Berufe zu bringen. Das stottert so an, geht aber ganz gut. Und wir sehen ja auch bei diesem technischen Modularstudium – Materialwissenschaften –, das wir gemeinsam mit der Technischen Universität München machen, fünf Semester Salzburg und drei sind es in München, dass das Studium vom ersten Tag an bestens besucht und bestens gebucht war und dass wir hier in eine echte Marktlücke hineingestoßen sind.

Sonja Puntscher-Riekmann: Also ich würde ...

Konrad Paul Liessmann: Nur ein Satz, weil ich glaube, dass das ein Missverständnis war. Ich habe jetzt nicht dafür plädiert, dass alle Kunstgeschichte und Germanistik studieren sollen. In Musik machen es eh wenige, weil die technische Beherrschung eines Instrumentes nicht so einfach ist, halten sich die Zahlen in Grenzen, sind keine Massenfächer und keine Massenstudien. Sondern mein Plädoyer war ja, wenn man so sagen will, der musisch gebildete Techniker. Das heißt ein Bildungsbegriff, der nicht in der reinen Zweckrationalität, der ökonomisch orientierten Zweckrationalität aufgeht, sondern den Menschen zusätzliche Erfahrungsmöglichkeiten offeriert. Meines Erachtens schon auch im Wissen, dass gerade weil eben diese Hardcore-Wissenschaften, diese Technologien so unglaublich wichtig für unsere Gesellschaft und eben nie nur rein technische Probleme damit angesprochen sind, sondern immer auch gesellschaftspolitische Probleme damit verknüpft sind, dass sozusagen umfassend gebildete Menschen gerade an diesen Schlüsselstellen unserer wissenschaftlichen Zivilisation ganz, ganz, ganz dringend vonnöten wären. Dafür war mein Plädoyer!

Wilfried Haslauer: Der Virtuose am Pressluftbohrer sozusagen!

Konrad Paul Liessmann: Wer das meines Erachtens wahrscheinlich gar nicht so angenehme Schicksal hat, einen Pressluftbohrer bedienen zu müssen, hat auch nicht an einer Technischen Universität studiert. Ist wahrscheinlich auch nicht notwendig, weil die Pressluftbohrer noch relativ einfach zu bedienen sind, was ich weiß.

Sonja Puntscher-Riekmann: Meine sehr verehrten Damen und Herren! Ich glaube, wir sollten langsam zu einem Schluss kommen. Wir diskutieren hier angeregt seit ungefähr eineinhalb Stunden. Und ich würde gerne noch einmal anschließen an das, was wir am Anfang gesagt haben und das wären dann die beiden Schlussworte, um die ich meine Mitdiskutanten ersuche, nämlich: Gibt es etwas spezifisch Europäisches, das wir auch in die Welt hinaustragen können? Es gibt doch Einiges, was uns vom Rest der Welt unterscheidet. Doch zugleich müssen wir betonen, dass der Rest der Welt so sehr dem europäischen Denken huldigt, dass wir von einer großen Erfolgsstory Europas sprechen können! Dass Europa vielleicht heute nicht mehr so relevant ist wie in der Vergangenheit, darüber wäre noch zu diskutieren. Aber das Meiste, das wir im Laufe der letzten 3000 Jahre erdacht und erfunden haben, ist Weltkultur geworden. Dennoch ist es heute chic, in den Abgesang auf das Abendland einzustimmen. Ich stelle dagegen die Frage nach der künftigen Bedeutung der Europäischen Union, eines Marktes von 500 Millionen Menschen. Wir sind eine ökonomische Weltmacht. Aber wir sind keine politische Weltmacht mehr. Ist das gut so oder ist das wieder anzustreben? Es gibt eine ganze Reihe von Krisenregionen in der Welt, die durchaus auf ein europäisches Wort und auf eine europäische Handlung warten. Ist das realistisch? Ist das erstrebenswert, Herr Liessmann?

Konrad Paul Liessmann: Also zu dem, was Europa der Welt geben kann. Du hast das schon richtig angeschnitten, kann man nur sagen, wir haben der Welt ja unendlich viel gegeben. Man kann sagen, weite Teile dieser Erde sind einfach europäisiert worden, ob sie es wollten oder nicht. Die meisten wollten nicht, aber wir haben es getan. Böse Zungen behaupten ja, die zwei genuinen europäischen Erfindungen die weltweit von Erfolg gekrönt waren, waren die Maschine und die Nation. Beide, wenn man so sagen will, mit durchaus ambivalenten Effekten. Aber sie haben ihren weltweiten Siegeszug angetreten und das sind tatsächlich europäische Errungenschaften.

Das heißt also, ich weiß nicht, ob die Frage wirklich ist, was müssen wir der Welt noch geben. Ich halte auch dieses Pathos, dass Europa sich jetzt als völlig neues Modell sozialer Friedensordnungen und Vermittlertätigkeit hier präsentiert, für höchst problematisch. Ich sage es einmal so. Man sollte in diesem Kontext tatsächlich wissen, worin die europäischen Stärken liegen, auch in kulturpolitischer Hinsicht und da ist, glaube ich, die Besinnung auf diese europäischen Traditionen und Werte, Erfindungen und Errungenschaften durchaus nützlich, aber jetzt nicht im Sinne eines „das haben wir gegeben“ oder „das sollten wir geben“, sondern „das sind wir“. Das ist sozusagen unsere Geschichte. Da können wir nicht aus. Weder im Guten noch im Bösen. Das Zweite ist, ich halte auch nichts von diesen pausenlosen Entschuldigungsritualen der Europäer für das, was sie vor 200, 400, 500, 800 Jahren getan haben. Das ist europäische Geschichte und sie ist Weltgeschichte gewesen und geworden.

Das Zweite ist, man sollte auch klar sozusagen die Potenziale und die Grenzen dessen kennen, was Europa heute darstellt. Du hast völlig zu Recht gesagt, ein Markt von 500 Millionen Menschen, der sich auf technisch, politisch und ökonomisch höchstem Niveau bewegt, ist ein Machtzentrum, ob er will, oder nicht. Jetzt kommt es genau darauf an, wie dieser Raum organisiert ist. Wie der politisch organisiert ist, wie der ökonomisch organisiert ist, wie der – verzeihen Sie dieses etwas despektierliche Wort – wie er ideologisch organisiert ist. Denn natürlich ist es so: Das ist sozusagen die Kehrseite eines Prozesses. Je erfolgreicher der europäische Integrationsprozess sein sollte, desto vehementer wird sich die Frage stellen nach der Rolle Europas in der Welt. Es ist undenkbar, dass zwischen den USA, diesem hochgerüsteten technisch avancierten Land mit etwas über 300 Millionen Einwohnern und China, diesem Aufbruchsland mit über einer Milliarde Einwohnern, Russland mit noch knapp 200 Millionen Einwohnern, dass sich da dann eine technisch avancierte, ökonomisch starke Region von 500 Millionen Menschen als politische Einheit verstehen kann, ohne global als politische Einheit zu agieren. Und ich glaube, das ist eine Diskussion, die überhaupt erst noch geführt werden muss, was es heißt, in dieser Größenordnung, mit dieser ökonomischen Potenz, wie sie sich etwa auch in der weltweiten Geltung des Euro mittlerweile ausdrückt, in dieser Größenordnung, mit dieser ökonomischen Potenz, was es hier heißt, politisch agieren zu wollen oder nicht politisch agieren zu wollen. Das ist, glaube ich, auch eine der Grundfragen, die uns dazu wieder zurückführt, wie sehr wir diesen Integrationsgedanken, europäischen Integrationsgedanken forcieren sollen oder nicht forcieren sollen.

Denn wenn wir ein Forcieren wollen, ist Europa politisch militärisch nicht machtlos. Das darf man nicht vergessen. Europa, wenn die militärischen Kräfte Europas zum Beispiel integriert werden, ist die drittstärkste Atommacht dieser Erde. Eine Atommacht. Das ist einer der ganz großer Player im politisch-militärischen Kontext, wenn er sich als solcher verstehen will. Noch versteht sich Europa nicht als solcher. Noch verstehen sich England und Frankreich als regional atomar bewaffnete Kräfte, die kein großes Interesse haben, das Ganze in eine gesamteuropäische und politisch-militärische Doktrin zu verwandeln. Aber wenn der europäische Einigungsprozess gelingen sollte, nicht morgen, auch nicht übermorgen, aber in 15, 20, 30 Jahren, da wird sich für uns, ob wir es wollen oder nicht, diese Frage ganz zentral stellen.

Und dann wird es mit ein paar deutschen Soldaten am Hindukusch nicht getan sein. Wer das nicht will, muss sich dann halt überlegen, welche Alternativen es dazu gäbe!

Sonja Puntscher-Riekmann: Europa als Weltmacht?

Wilfried Haslauer: Meine Vorstellung der künftigen Entwicklung Europas besteht sicher nicht darin, eine politisch militärische Hegemonialmacht zu entwickeln, die dann nach dem Muster der USA Weltpolizist ist. Ich denke, dass Europa in weiten Bereichen sich selbst genug sein kann, sich seiner eigenen Wurzeln besinnen sollte. Ich möchte das an einem kleinen Beispiel darlegen, denn die globale Auseinandersetzung läuft ja nicht nur auf militärischer oder wirtschaftlicher Ebene, die läuft ja auch auf der Ebene der Lebenskultur. Einem chinesischen Wissenschafter ist es gelungen, einer Ratte eine Stammzelle des menschlichen Großhirns zu verpflanzen, was zu einem Aufschrei in der westlichen Wirtschaft geführt hat. Denn was ist dieses Wesen? Ist das schon ein bisschen Mensch? Kann man dieses Wesen töten? Welche Rechte hat dieses Wesen mit der Stammzelle des menschlichen Großhirns? Und die Asiaten haben die Aufregung nicht verstanden, weil sie von ihrer Kultur, ihrer Religion, ihrem Buddhismus, von der Wiedergeburt ausgehen und auch ihre Wiedergeburt in wechselnden Lebewesen sehen, während unsere Wurzeln zutiefst in der Einmaligkeit des Menschen bestehen, in der Würde des Menschen. Dass jeder Mensch, wie Grillparzer sagt, ein Universum für sich ist.

Ich glaube, dass hier gerade in der wissenschaftlichen Entwicklung im Bereich der Biomedizin noch enorme ethische Fragen auf uns zukommen werden, bei denen wir einen eigenen europäischen Standpunkt auf der Grundlage unserer kulturellen Identität – verzeihen Sie, wenn ich das jetzt wieder sage – auch unserer religiösen christlichen Identität noch zu finden haben. Dieser Standpunkt wird uns unmittelbar betreffen, weil es für jeden Einzelnen eine Frage sein wird, was noch an Eingriffen in die menschliche Typologie und Charakterologie zulässig ist und was nicht mehr.
Ich denke, dass dieses Europa eben erst begonnen hat, sich selbst zu finden. Nach Jahrtausenden Entwicklung und blutiger Geschichte ist Europa zu sich selbst aufgebrochen!

Sie haben, Herr Professor Liessmann, in Ihrem Buch über Europa, das Sie schon vor einigen Jahren, längst vor dem Beitritt Österreichs zur EU, geschrieben haben, in sehr pointierten Worten diese Geschichte der mythologischen Figur der Europa, die ich hier doch zum Besten geben darf, geschildert: Europa ging also an der Küste Kleinasiens spazieren, Blumen pflückend und wurde dort von Zeus gesehen. Zeus hat sich sofort in dieses wunderbare Wesen verliebt und hat die Gestalt eines Stiers angenommen, um ihr Vertrauen zu gewinnen. Was ein interessantes Bild ist, dass man die Gestalt eines Stiers annimmt, um das Vertrauen eines jungen Mädchens zu erreichen. Das Mädchen hat Zutrauen gefasst – und ab ging die Post. Der Stier hat die junge Dame entführt. Über die Wellen ging der wilde Ritt Richtung Kreta. Dort nahm Zeus die Gestalt eines Adlers an, begattete Europa, schwebte von dannen, ward nicht mehr gesehen und Europa war und ist seit dem verschollen. Der Vater von Europa, Agenor, schickte seine fünf Söhne auf die Reise, Europa zu suchen. Solange diese Suche nach Europa anhält, ist Europa nicht verloren und das ist vielleicht mein Schlusswort: Die Suche nach Europa ist der Weg in die Zukunft Europas! (Beifall)

AUS DEM PROGRAMM
DES VERLAGS ANTON PUSTET

BÜHNE FREI FÜR DAS SALZBURGER STRASSENTHEATER!

Stellen Sie sich vor: Sie spazieren durch Salzburg und ohne dass Sie sich auch nur in der Nähe eines Theaters aufhalten, finden Sie sich plötzlich vor einer Bühne wieder und lassen sich von der Vorstellung mitreißen. So wie Ihnen geht es noch vielen anderen – und eh Sie es sich versehen, ist eine Stunde vorüber und der Applaus tobt. – Sie sind unvermittelt Zuschauer des Salzburger Straßentheaters geworden.

In Kleinstarbeit hat Sandra Marchart für die Entstehung dieses Buches alles zusammengetragen, was es über das Salzburger Straßentheater seit seiner Gründung im Jahr 1970 zu finden gab: Geschichten, Fotos, Kritiken, lustige Begebenheiten und natürlich alle Stücke und Darsteller zum Nachlesen ...

Sandra Marchart
DAS STRASSENTHEATER KOMMT!
248 Seiten
viele SW- und Farb-Abbildungen
12,6 x 19 cm, Hardcover
EUR 22,– / SFR 39,–
ISBN 978-3-7025-0621-6